TEMAS LABORAIS
(Estudos e Pareceres)

LUÍS MANUEL TELES DE MENEZES LEITÃO
Doutor e Agregado em Direito
Professor da Faculdade de Direito de Lisboa

TEMAS LABORAIS
(Estudos e Pareceres)

VOLUME I

TEMAS LABORAIS
(Estudos e Pareceres)

AUTOR
LUÍS MANUEL TELES DE MENEZES LEITÃO

EDITOR
EDIÇÕES ALMEDINA, SA
Rua da Estrela, n.º 6
3000-161 Coimbra
Tel.: 239 851 904
Fax: 239 851 901
www.almedina.net
editora@almedina.net

PRÉ-IMPRESSÃO • IMPRESSÃO • ACABAMENTO
G.C. – GRÁFICA DE COIMBRA, LDA.
Palheira – Assafarge
3001-453 Coimbra
producao@graficadecoimbra.pt

Março, 2006

DEPÓSITO LEGAL
241079/06

Os dados e as opiniões inseridos na presente publicação
são da exclusiva responsabilidade do(s) seu(s) autor(es).

Toda a reprodução desta obra, por fotocópia ou outro qualquer processo,
sem prévia autorização escrita do Editor,
é ilícita e passível de procedimento judicial contra o infractor.

I – ESTUDOS

A REPARAÇÃO DE DANOS EMERGENTES DE ACIDENTES DE TRABALHO[*]

[*] Publicado originariamente em INSTITUTO DO DIREITO DO TRABALHO (org.), *Estudos do Instituto de Direito do Trabalho*, I, Coimbra, Almedina, 2000, pp. 537-579.

PARTE I – OS VÁRIOS SISTEMAS DE REPARAÇÃO DOS ACIDENTES DE TRABALHO*

1. Generalidades

O conceito jurídico de acidente de trabalho surge pela primeira vez com o advento da sociedade industrial. Efectivamente, é o desenvolvimento das indústrias em escala e a concorrência desenfreada entre as empresas que vai obrigar cada vez mais à utilização de máquinas complexas, muitas vezes em fase ainda experimental, de manejo difícil e com riscos de utilização imprevisíveis que, por sua vez, desencadeiam um aumento substancial do número de acidentes relacionado com a prestação de trabalho[1].

Ao mesmo tempo, a celebração e manutenção do contrato de trabalho assumiu cada vez mais importância, sendo na maior parte dos casos a única fonte de subsistência do trabalhador, e da sua família[2]. Tornou-se

---

* O presente estudo corresponde a uma actualização e desenvolvimento do nosso artigo "Acidentes de trabalho e responsabilidade civil (A natureza jurídica da reparação de danos emergentes de acidentes de trabalho e a distinção entre responsabilidades obrigacional e delitual)", na *ROA* 48 (1988), pp. 773-843, elaborada para efeitos da conferência produzida no curso de pós-graduação em Direito do Trabalho, realizada em 30 de Maio de 2000.

[1] Cfr. ANDRÉ TUNC, "Les problémes contemporains de la responsabilité civile delictuelle", na *RIDC* 90 (1967), pp. 755 e ss., *maxime* pp. 766-768.

[2] Conforme sustentou MENEZES CORDEIRO, *Da situação jurídica laboral; perspectivas dogmáticas do Direito do Trabalho*, Lisboa, Separata da *ROA*, 1982, p. 52, a prestação de trabalho não apresenta especificades próprias em face das outras prestações contratuais. As suas especificidades são sociais, derivantes do facto de a força de trabalho ser a única mercadoria de que habitualmente as pessoas dispõem, tendo que ser colocada no mercado para garantir a sobrevivência do seu titular. Essas especificidades sociais desenvolveram um regime jurídico próprio de protecção laboral, mas esse regime não põe minimamente em causa os fundamentos do direito privado. Discorda-se, por isso, da

por isso, corrente o trabalhador minimizar os riscos derivados desse contrato e, no local de trabalho, por força da sua habituação ao perigo, tornar-se inconsciente e temerário, possibilitando a ocorrência de um acidente a todo o momento[3].

Só que essa ocorrência do acidente vem normalmente desencadear a ruína económica do trabalhador da sua família que ficam sem meios de subsistência. Ora, só numa sociedade individualista se poderia defender a aplicação do princípio *casum sentit dominus* a esta situação, ideia que hoje se recusa. Corresponde à doutrina do Estado Social de Direito a concepção de que o acidente de trabalho vem romper um equilíbrio jurídico existente no contacto social e que se trata, portanto, de um assunto que diz respeito não só ao lesado mas a toda a colectividade[4].

Desenvolve-se assim a consciência de que se torna juridicamente necessária a atribuição de uma reparação pelos acidentes de trabalho. No intuito de dar resposta a essa necessidade foram-se desenvolvendo vários sistemas reparatórios que, atribuindo maiores ou menores garantias consoante os casos, tutelaram a situação do trabalhador vítima de um acidente.

Iremos examinar criticamente cada um desses sistemas, procurando averiguar a sua justiça e a forma pela qual dão resposta à situação do trabalhador lesado, avaliando os seus custos económicos e sociais, em termos de funcionamento[5].

---

perspectiva crítica adoptada por HENRIQUE SEIXAS MEIRELES, *Marx e o Direito Civil (para a crítica histórica do "paradigma civilístico")*, Coimbra, Separata do BFD 35 1990, pp. 303 e ss. e 359 e ss.

[3] Não é correcta a ideia de que os acidentes de trabalho sejam eventos essencialmente fortuitos. As estatísticas demonstram que grande número desses acidentes é devido a erro dos próprios lesados, podendo, portanto, ser imputado a um acto humano. JORGE SINDE MONTEIRO, *Estudos sobre a Responsabilidade Civil*, Coimbra, 1983, pp. 48-49 defende, no entanto, ser absurdo neste caso responsabilizar o trabalhador pelos seus actos. Equivaleria a sustentar que é possível a um operário trabalhar horas e horas seguidas sem cometer uma falha ou desatenção. Daí que este autor defenda que a chamada "falha humana" não corresponde a um acto culposo, em face do art. 487.º, n.º 2.

[4] Cfr. JORGE SINDE MONTEIRO, *op. cit.*, pp. 19-22.

[5] Seguiremos, neste ponto, a obra notável de GUIDO CALABRESI, *The Cost of Accidents. A Legal and Economic Analysis*, New Haven, London, Yale University Press, 1970 (tradução espanhola sob o título *El Coste de los Accidentes. Analisis económico y jurídico de la responsabilidad civil*, Barcelona, Ariel, 1984. Sobre ela, veja-se, entre nós, JORGE SINDE MONTEIRO, "Análise económica do Direito", no BFD 57 (1981), pp. 245 e ss., e JOSÉ CARLOS BRANDÃO PROENÇA, *A conduta do lesado como pressuposto e critério de imputação do dano extracontratual*, Coimbra, Almedina, 1997, pp. 135 e ss. e notas.

2. A responsabilidade civil como sistema de reparação dos acidentes de trabalho

2.1. Pressuposto: a necessidade de um nexo de imputação

A utilização da responsabilidade civil como sistema reparatório dos acidentes de trabalho é condicionada pela necessidade de verificação dos pressupostos do instituto. Seguindo a sua formulação mais sintética, que restringe esses pressupostos a dois (o dano e o nexo de imputação)[6], poderemos dizer que é necessário que o acidente possa ser imputado a outro sujeito através dos diversos títulos de imputação conhecidos (culpa, risco ou sacrifício).

O sistema da responsabilidade civil permite fazer repercutir o acidente na esfera jurídica de outrem, através do surgimento de uma obrigação de indemnização (arts. 562.º e segs. do C.C.), por meio da qual a reparação se efectiva. Neste processo tem cabal importância a escolha do título de imputação uma vez que dele depende não só a existência de reparação como também a determinação do próprio sujeito responsável e, consequentemente, do modo como responde à imputação que efectua o Direito[7].

Torna-se, por isso, necessário efectuar um exame crítico dos diversos títulos de imputação existentes, em função da tutela que atribuem ao trabalhador lesado.

2.2. A culpa como nexo de imputação

2.2.1. Consequências deste sistema

Já foi abandonada em todos os países industrializados a utilização do sistema da responsabilidade por culpa como meio para atribuir uma reparação de danos emergentes de acidentes de trabalho.

---

[6] Cfr. MENEZES CORDEIRO, *Direito das Obrigações*, 2.º, Lisboa, AAFDL, 1980, pp. 280 e ss. e *Tratado de Direito Civil*, I – *Parte Geral*, tomo I, Coimbra, Almedina, 1999, pp. 215 e ss.

[7] Seria, por exemplo, platónico, face à pretendida protecção da situação de carência da vítima, imputar a responsabilidade pelo acidente de trabalho a uma pessoa insolvente.

As características deste sistema mostram-se, com efeito, prejudiciais para uma suficiente tutela da situação do trabalhador lesado, pelas razões que a seguir se indicam.

No entender de CALABRESI[8] o sistema de responsabilidade por culpa apresenta três características essenciais:

a) Pretende prosseguir outros fins além do fim reparatório, designadamente fins de prevenção e sancionatórios;

b) Encara o acidente, numa perspectiva individualista como um assunto que diz respeito unicamente às partes envolvidas imputando os seus custos de acordo com esse entendimento e por forma casuística;

c) Permite que se segurem contra os custos dos acidentes tanto os ofensores como as vítimas, os primeiros através do seguro de responsabilidade civil e os segundos através do seguro de danos.

As consequências deste sistema em matéria de acidentes de trabalho são os seguintes:

a) Relativamente à primeira característica a prossecução acessória de um fim sancionatário implica que se faça do acidente um juízo moral em termos de culpa. Ora, a exigência desse juízo vem prejudicar a atribuição da reparação. Sendo esta de uma necessidade absoluta, em virtude da sua dependência económica da prestação de trabalho, não poderá ficar dependente da prossecução destes fins acessórios devendo antes ter por base um sistema exclusivamente reparatório. A isto acresce que se torna muito difícil elaborar um juízo moral do acidente[9]. Tendo-se tornado este num fenómeno normal da nossa sociedade, inerente à actividade social, só se pode efectuar uma condenação do acto praticado em termos de culpa, quando este for considerado socialmente inaceitável, independentemente da possibilidade de conduzir ou não ao acidente[10]. O resultado é que os acidentes só se

---

[8] Cfr. CALABRESI, *op. cit.*, pp. 243 e ss.
[9] Cfr. CALABRESI, *op. cit.*, pp. 270 e ss.
[10] Isto porque a possibilidade de se verificar um acidente existe em actos que se praticam diariamente que são admitidos por serem socialmente aceitáveis. CALABRESI, *op. cit.*, p. 35 refere neste ponto um exemplo curioso: aceitou-se como necessidade económica a construção do túnel de Monte Branco embora se soubesse que um trabalhador morreria por cada quilómetro de túnel construído.

considerarão culposos em casos chocantes ou no caso de infracção de normas específicas de prevenção e segurança[11].

b) Relativamente à segunda característica surgem-nos as seguintes considerações:

Por um lado a concepção de que o acidente só diz respeito às partes envolvidas é contrária às concepções de solidariedade social vigentes no ordenamento jurídico.

Por outro lado, a imputação dos custos do acidente de acordo com a contribuição culposa das partes para a sua verificação (arts. 483.º e art. 570.º do Código Civil) esquece a situação de necessidade da vítima e é assim forma insuficiente de tutela do trabalhador lesado.

Por último o casuísmo no funcionamento deste sistema vem reduzir ainda mais as possibilidades de reparação dos danos derivados de acidentes[12]. Basta dizer que face ao art. 483, n.º 1 essa reparação vai defender da causa particular de cada acidente, individualizadora do sujeito responsável a título de culpa. Em consequência, não só a obrigação de indemnização pode ser atribuída a qualquer sujeito independentemente da sua solvência, como também será sempre exigido o funcionamento (tradicionalmente lento) dos tribunais, uma vez que não é previsível que os cidadãos reajam pacificamente à imputação baseada na culpa. Haverá, assim, uma multiplicação de processos judiciais, sendo que em qualquer deles o resultado dependerá de eventos incontroláveis, como os meios de prova disponíveis, a convicção do juiz sobre eles ou a perícia do advogado[13]. A efectividade da reparação dos danos emergentes de trabalho fica assim muito dependente de factores aleatórios.

c) Finalmente, é platónica a ideia de deixar à consideração de ambas as partes o segurar-se contra os custos do acidente[14]. Para os trabalhadores a contratação do seguro representa uma diminuição do valor líquido do salário, daí que subestimem a possibilidade

---

[11] Daí a extraordinária difusão dessas normas por via legislativa ou regulamentar.
[12] Cfr. CALABRESI, *op. cit.*, pp. 258 e ss. Entre nós, veja-se também CARLOS ALEGRE, *Acidentes de Trabalho e Doenças Profissionais. Regime Jurídico Anotado*, Coimbra, Almedina, 2000, p. 10.
[13] Cfr. FLORBELA DE ALMEIDA PIRES, *Seguro de Acidentes de Trabalho*, Lisboa, Lex, 1999, p. 22.
[14] Cfr. CALABRESI, *op. cit.*, p. 248.

de verificação de um acidente. Para o empresário o seguro é um custo a onerar a produção, repercutível sobre os consumidores do produto, mas não existe justificação para a sua celebração se a sua responsabilidade ficar dependente dos factores aleatórios referidos atrás. O resultado é que nenhuma das partes se segura.

2.2.2. Consequências de qualificação de reparação dos acidentes de trabalho como responsabilidade delitual

Todas as críticas apontadas ao sistema de responsabilidade por culpa, que demonstram a sua insuficiência como sistema reparatório dos danos emergentes de acidentes de trabalho, são agravados se essa responsabilidade se qualificar como delitual, uma vez que aí passa a correr por conta do trabalhador lesado o ónus de prova de culpa do agente (art. 487.º, n.º 1).

As dificuldades de prova dessa culpa são enormes, até porque os meios de prova estarão quase sempre sob o contrôle efectivo da entidade patronal (ex: o exame das máquinas existentes na empresa pode não ser fiável, já que estas podem ser alteradas ou substituídas; o testemunho dos outros trabalhadores pode não ser verdadeiro pelo receio das consequências sobre a sua situação laboral). Mas mesmo admitindo que o trabalhador sinistrado consegue ter pleno acesso aos meios de prova, não deixa de ser extraordinariamente difícil a efectivação de um juízo moral do acidente, única base para a responsabilização da entidade patronal. O resultado é que o trabalhador fica completamente desprotegido em caso de verificação de um acidente de trabalho[15].

2.2.3. Consequências de qualificação da reparação dos acidentes de trabalho como responsabilidade obrigacional

Uma primeira reacção empreendida no século passado contra esta situação foi a qualificação da responsabilidade emergente de um acidente de trabalho como responsabilidade obrigacional, fundada no contrato de trabalho.

---

[15] Aliás, conforme refere FLORBELA PIRES, *op. cit.*, pp. 21-22, no sistema de responsabilidade civil delitual não se considera sequer existir especificidades próprias a tutelar nos acidentes de trabalho, sendo estes considerados como um fenómeno puramente social, que não é objecto de tratamento jurídico diferenciado.

A defesa desta solução foi empreendida por SAUZET em França e por SAINCTELLETE na Bélgica[16]. Para estes autores, em consequência do nexo de subordinação existente no contrato de trabalho, incumbiria tacitamente à entidade patronal uma obrigação de garantir a segurança do trabalhador. O trabalhador vítima de um acidente poderia, por isso, dirigir-se à entidade patronal que pagaria a indemnização, salvo se conseguisse provar que o acidente ou a lesão provinham de um caso fortuito ou eram devidos a culpa do próprio trabalhador[17].

Esta teoria foi consagrada legislativamente na Suíça, pela Lei de 25 de Junho de 1881 e abandonada trinta anos depois, tendo também obtido algum sucesso nos tribunais belgas[18]. Em França nunca chegou a ser aceite, tendo a jurisprudência sempre defendido que a entidade patronal só se obrigava pelo contrato ao pagamento do salário.

O problema desta construção é, para além da sua artificialidade, o não tutelar suficientemente os interesses do trabalhador. Por um lado é irreal a ideia de que do contrato de trabalho deriva tacitamente uma obrigação de segurança. Mesmo que assim fosse as entidades patronais facilmente a elidiriam através da aposição de cláusulas expressas de não garantia. Por outro lado esta construção deixa o trabalhador desprotegido em face dos acidentes derivados da sua culpa ou de caso fortuito, sendo esses a grande maioria dos acidentes de trabalho, pelo que a protecção que atribui se revela insuficiente.

2.2.4. A teoria da inversão do ónus da prova

O insucesso das teorias contratualistas neste domínio levou à consagração da ideia de que a responsabilidade da entidade patronal só poderia ser delitual. A dificuldade de prova dos acidentes a que aludimos

---

[16] Cfr. SAUZET, *Responsabilité des patrons envers les ouvriers*, Paris, Revue Critique, 1883 e SAINCTELETTE, *De la Responsabilité et de la garantie*, Bruxelles, 1844, obras a que não conseguimos ter acesso.

[17] Para um referência a esta teorização, cfr. YVES SAINT-JOURS, *Traité de Securité Sociale*, III – *Les Accidents du Travail*, Paris, L.G.D.J., 1982, pp. 9 e ss. e RENÉE JAILLET, *La faute inexcusable em matière d'accident du travail et de maladie professionelle*, Paris, L.G.D.J., 1980, pp. 22 e ss.

[18] SAINT-JOURS, *loc. cit.* e JAILLET, *loc. cit.* referem uma decisão da *Cour de Cassation* belga de 8 de Janeiro de 1886, 5.86.5.2.5., que admite a existência de uma obrigação de segurança no contrato de trabalho, embora sustentasse que era ao trabalhador que competia provar a culpa da entidade patronal, o que vem inutilizar a construção.

atrás levou, no entanto, certa doutrina a defender que neste campo se deveria admitir uma inversão do ónus da prova, passando a correr por conta da entidade patronal a prova de que não tinha tido culpa na verificação do acidente[19].

Esta formulação padece exactamente das mesmas críticas que referimos em relação à teoria contratualista, daí que não assegure uma suficiente tutela dos acidentes de trabalho.

2.3. O risco como nexo de imputação dos acidentes de trabalho

2.3.1. Generalidades

A injustiça do sistema da responsabilidade por culpa, que fazia a reparação depender de um juízo moral difícil de efectuar e ainda mais de provar, levou a que se tentasse fundamentar a responsabilidade pelo acidente de trabalho em critérios objectivos.

Surge assim a teoria do risco que consagrou uma responsabilidade objectiva de entidade patronal neste domínio. Essa teoria surge primeiramente em França, por influência das escolas positivistas, iniciando-se com a descoberta do art, 1384 do *Code Civil*, como instituindo um sistema de responsabilidade objectiva[20], sendo a sua aplicação aos acidentes de trabalho defendida principalmente por JOSSERAND e SALEILLES[21], o que viria a ser consagrado legislativamente em França através da Lei de 9 de Abril de 1898. A maioria dos Estados europeus já se tinha porém antecipado na publicação de leis consagrando a responsabilidade objectiva por acidentes laborais, nas quais há que destacar a legislação alemã de 6 de Julho de 1884, a legislação austríaca, de 23 de Dezembro de 1887,

---

[19] Só encontrámos referências a esta teoria no livro de MIGUEL HERNAINZ MÁRQUEZ, *Accidentes del Trabajo y Enfermedades Profissionales*, Madrid, Editorial Revista de Derecho Privado, 1945, pp. 10-11, que nem sequer refere os seus defensores. Daí que pensemos que tenha tido muito pouca aceitação.

[20] BRANDÃO PROENÇA, *op. cit.*, p. 215 refere ter sido o *arrêt Tefaine* de 1896 (caso da explosão da caldeira do rebocador Marie e consequente morte de um mecânico) o primeiro que levou à descoberta do art. 1384, primeira parte, do *Code Civil* como instituindo um princípio geral de responsabilidade do *"fait des choses"*.

[21] Cfr. RAYMOND SALEILLES, *Les Accidents du Travail et La Responsabilité Civile*, Paris, Arthur Rousseau, 1897 e JOSSERAND, *De La Responsabilité des choses inanimées*, Paris, 1897 (não pudémos ter acesso a esta última obra).

a legislação norueguesa de 23 de Julho de 1894, a legislação inglesa de 6 de Agosto de 1897 e a legislação italiana de 17 de Março, de 1898. Diversos Estados dos Estados Unidos procederam igualmente à publicação de legislação desse tipo, a qual em 1921 já abrangia todos os Estados[22].

Entre nós, a consagração da responsabilidade objectiva da entidade patronal ocorreu durante a Primeira República, através da Lei n.º 83, de 24 de Julho de 1913, regulamentada pelos Decretos n.ºs 182, de 18 de Outubro de 1913, e n.º 183, de 24 de Outubro de 1913, a que se seguiu o Decreto n.º 5637, de 10 de Abril de 1919[23].

---

[22] Cfr. GUIDO ALPA /MARIO BESSONE, *La Responsabilitá Civile*, Milano, Giuffrè, 1976, p. 114. A título de exemplo, refira-se que o Estado de Nova York introduziu essa legislação em 1910 (Workmen's Compensation Law), mas ela foi declarada inconstitucional pelo seu Court of Appeals, com o fundamento em que privava a entidade patronal da sua propriedade, sem o *due process of law*, obrigando a uma alteração da constituição do Estado em 1913, para que o Estatuto fosse aprovado. Cfr. *http://www.als.edu/lib/workcomp.html*

[23] A Lei n.º 83, de 24 de Julho de 1913, já estabelecia a atribuição aos trabalhadores do direito à assistência clínica, medicamentos e indemnizações, sempre que tivessem sofrido um acidente de trabalho, "sucedido por ocasião do serviço profissional e em virtude desse serviço" (art. 1.º), presumindo-se como tal o acidente sucedido durante a execução do trabalho (art. 1.º, § único). Esse direito era, no entanto, restrito a certo número de actividades, que a lei tipificava (art. 1.º), estabelecendo-se ainda uma definição restrita de acidente de trabalho como "toda a lesão externa ou interna e toda a perturbação nervosa ou psíquica, que resultem da acção de uma violência exterior súbita, produzida durante o exercício profissional" e "as intoxicações agudas produzidas durante e por causa do exercício profissional, e as inflamações das bolsas serosas profissionais" (art. 2.º). Pelas indemnizações eram responsáveis as entidades patronais, públicas ou privadas (art. 3.º), as quais poderiam transferir essa responsabilidade para companhias de seguros ou sociedades mútuas (art. 3.º, § 2.º, depois regulamentado pelo Decreto n.º 182, de 24 de Outubro de 1913). As indemnizações consistiam numa pensão de montante inferior à perda salarial verificada (art. 6.º), salvo se o acidente tivesse sido provocado dolosamente pela entidade patronal, caso em que a indemnização atingia, pelo menos, a totalidade do salário (art. 18.º). O lesado só perdia o direito a indemnização no caso de ter provocado dolosamente o acidente ou se ter recusado a cumprir as ordens do médico (art. 17.º), tendo, no entanto, o art. 6.º do Decreto n.º 183, de 24 de Outubro de 1913, alargado as causas de exclusão aos casos de acidentes ocorridos for a do local de trabalho e causados por força maior.

O Decreto n.º 5637, de 10 de Maio de 1919 veio ampliar bastante o regime anterior, pois não apenas generalizou a protecção dos acidentes de trabalho a todas as situações de prestação de trabalho, como também institui um seguro social obrigatório contra "desastres no trabalho" (art. 1.º e § único). Outra grande novidade foi a extensão da protecção a "todos os casos de doenças profissionais devidamente comprovados" (art. 3.º, n.º 3), ainda que o carácter vago dessa previsão dificultasse a sua aplicação prática.

Esta legislação seria seguida no Estado Novo pela Lei n.º 1942, de 27 de Julho de 1936[24], e depois pela Lei 2127, de 3 de Agosto de 1965, regulamentada pelo Decreto-Lei n.º 360/71, de 21 de Agosto[25], de que, deve reconhecer-se, a actual legislação pouco difere.

2.3.2. As diversas concepções do risco

O conceito de risco é, no entanto, só por si insuficiente. Sendo toda a actividade susceptível de causar riscos a responsabilidade tornar-se-ia um fenômeno puramente causal. Daí que para responsabilizar o agente só sejam tomados em consideração certos tipos de risco, variáveis de acordo com as diversas concepções da teoria.

A primeira concepção de teoria do risco (*risque-profit*) corresponde ao princípio *ubi commoda, ibi incommoda*. Deriva das ideias de JOSSERAND e SALEILLES segundo os quais se toda a actividade humana é susceptível de criar riscos vem a ser justo que cada um assuma os riscos derivados das actividades de onde tira proveito[26]. A existência de uma vantagem

---

[24] A Lei n.º 1942, de 27 de Julho de 1936 caracterizou-se por estabelecer uma definição mais abrangente de acidente de trabalho, ao nele abranger tanto os acidentes ocorridos no local e no tempo de trabalho como so verificados na execução de ordens ou serviços sob a autoridade da entidade patronal, e ainda os que ocorram na execução de serviços espontaneamente prestados, de que possa resultar proveito para a entidade patronal (art. 1.º). Ficavam, porém, excluídos os acidentes provocados intencionalmente pela vítima, os que resultarem do desrespeito de ordens expressas ou das condições de segurança estabelecidas pela entidade patronal; os que resultarem de ofensas corporais voluntárias; da priovação do uso da razão ou de força maior (art. 2.º). A lei era ainda extensiva a certos casos de doenças profissionais, taxativamente enumerados (art. 8.º).

[25] A Lei 2127, de 3 de Agosto de 1965, apenas entrou em vigor com o diploma regulamentar, e portanto em 19/11/1971. Nos termos da sua Base V,n.º 2 b) em acrescento à legislação anterior, passou a considerar-se igualmente como acidente de trabalho o acidente de trajecto, desde que existisse umm risco especial agravado. Veio ainda a estabelecer-se uma reparação mais benéfica para a vítima quando o acidente resultasse de dolo da entidade patronal (Base XVII). Para além disso, establecue-se a obrigação de as entidades patronais transferirem o risco respeitante aos seus trabalhadores através da celebração de contratos de seguro (Base XLIII), e institui-se um organismo destinado a garantir o pagamento das pensões em caso de insolvência do responsável (Base XLV).

[26] Ao contrário de JOSSERAND, a doutrina de SALEILLES não se funda no art. 1384 do *Code Civil*, partindo antes de uma interpretação objectiva da palavra *faute* do art. 1382 (SALEILLES, *op. cit.*, pp. 8 e ss.). Para este autor, as actividades baseadas num interesse primordialmente económico devem custear as suas perdas, da mesma forma que recebem as vantagens delas resultantes (ID, *ibid*, p. 79).

para a entidade patronal torna-se assim a base sobre a qual se efectua a imputação do acidente de trabalho.

Outra teoria do risco muito difundida em matéria de acidente de trabalho foi a teoria do risco profissional[27]. Para os seus defensores a entidade patronal deve assumir os riscos do trabalho perigoso efectuado pelos operários, dado o facto de esses riscos representarem um encargo geral da indústria, um custo a onerar a produção que, como tal, deve ser repercutido nos consumidores do produto.

Por último surge a teoria do risco de autoridade[28]. Segundo esta formulação, a assunção do risco dos acidentes por parte da entidade patronal é uma consequência de autoridade que esta exerce sobre o trabalhador no âmbito do contrato de trabalho.

Conforme, se pode verificar, a separação destas formulações é muito pouco nítida. É impossível conceber o risco profissional dissociado do proveito ou de autoridade. Também é irreal separar o princípio *ubi commoda, ibi incommoda* do risco profissional ou do risco de autoridade[29]. Por aqui já se pode ver a imprecisão do risco como nexo de imputação, não se podendo considerar este como um critério preciso mas antes como um caminho para obter um resultado socialmente desejado: a responsabilização da entidade patronal, independentemente da sua culpa, pelos danos sofridos pelo trabalhador.

2.3.3. Consequências deste sistema

O sistema de responsabilidade pelo risco representa, porém, uma forma mais justa de imputação do acidente de trabalho, permitindo conseguir três objectivos[30]:

a) Uma maior distribuição dos custos dos acidentes tanto entre as pessoas como no tempo, uma vez que a sua consideração como custos de uma actividade possibilita a sua repercussão nos consumidores através do preço dos produtos, a constituição de poupanças para os suportar, e estimula a efectuação de um seguro;

---

[27] Foram seus principais defensores CABOUET e FAURE (cfr. JAILLET, *op. cit.*, p. 44).
[28] Foi seu principal defensor ROUAST (JAILLET, *op. cit.*, p. 45).
[29] Cfr. MOISE DAHAN, *Securité Sociale et Responsabilité. Étude critique du recors de la Securité Sociale contre le tiers responsible*, Paris, L.G.D.J., p. 23, nota (23).
[30] Cfr. CALABRESI, *op. cit.*, pp. 38-39.

b) Efectua a imputação do acidente a categorias abstractas de sujeitos que são normalmente solventes, neste caso a entidade patronal;
c) Permite atribuir o custo dos acidentes às actividades que normalmente os engendram, prosseguindo assim funções acessórias de prevenção.

A teoria do risco ainda se mostra, no entanto, insuficiente forma de tutela dos acidentes de trabalho. A função acessória de prevenção que prossegue vem limitar a sua protecção aos riscos específicos, excluindo do seu campo, além dos eventos insusceptíveis de caracterização como acidentes de trabalho, a força maior e o facto de terceiro[31]. A necessidade de reparação sentida pelo trabalhador é assim insuficientemente tutelada.

Daí que as leis dos acidentes de trabalho tenham assumido carácter mais vasto que qualquer das concepções do risco. Note-se, a título de exemplo a protecção concedida em caso de acidente de trajecto, que extravasa claramente da zona de riscos derivada da actividade laboral, quase abrangendo situações típicas do denominado *general risk of life*[32].

Por outro lado a difusão do seguro vem destruir a necessidade teórica de imputação pelo risco. Em vez de equação existência de riscos – responsabilidade pelo risco – seguro, não se conseguem os mesmo resultados com uma obrigação de seguro?

2.4. Insuficiência da responsabilidade civil como sistema reparatório dos acidentes de trabalho

Desta análise pensamos poder já concluir que a responsabilidade civil se apresenta insuficiente para tutelar a situação de necessidade do trabalhador, quer no sistema de culpa, quer no sistema do risco. Isto por

---

[31] Em geral, pode ainda ser apontada como crítica à responsabilidade pelo risco o facto de excluir a atribuição de indemnização em caso de culpa do lesado (cfr. arts. 505.º e 570.º do Código Civil). No regime dos acidentes de trabalho, a situação, no entanto, é colmatada ao se exigir uma culpa especialmente grave (cfr. art. 7.º, n.º 1 a) e b) da Lei 100/97, de 13 de Setembro).

[32] Cfr. art. 6.º, n.º 2 a) da Lei 100/97, de 13 de Setembro, e 6.º, n.º 2 do D.L. 143//99, de 30 de Abril.

que as funções acessórias prosseguidas nos diversos títulos de imputação prejudicam a função reparatória e, por isso, a tutela do trabalhador. Para além disso, o indvidualismo patente no sistema da responsabilidade civil, que considera o acidente como assunto respeitante apenas às partes, é contrário às concepções de solidariedade social vigentes no actual ordenamento jurídico, as quais implicam que os encargos respeitantes à reparação por danos emergentes de acidentes de trabalho devem ser suportados por toda a colectividade, não só porque o sinistrado contribuiu utilmente para a sociedade através do seu trabalho, mas também porque esta não deve ficar indiferente à situação de carência de um membro seu[33]. A reparação dos acidentes de trabalho terá, por isso, de ser procurada noutro sistema reparatório.

3. A Reparação do Acidente de Trabalho como dever emergente da relação de trabalho

O reconhecimento de que a obrigação imposta à entidade patronal de reparar o acidente de trabalho tinha conteúdo muito mais vasto do que a imputação pelos riscos da actividade, levou a considerá-la como emergente da relação de trabalho enquanto prestação acessória à retribuição do trabalhador. Foi esta a posição defendida, entre nós, por MANUEL DUARTE GOMES DA SILVA[34], que encontrou, ao que pensamos, acolhimento no art. 19 e) da LCT.

Segundo a posição de GOMES DA SILVA a reparação do acidente de trabalho não se apresenta como uma contrapartida do trabalho prestado, sendo antes uma prestação com a qual a entidade patronal deve contribuir para a vida digna do trabalhador e da sua família, da mesma forma que o trabalhador coopera na actividade da empresa.

Esta posição fundamenta assim a reparação dos acidentes de trabalho na comunhão de esforços existentes na empresa, o que corresponde à teoria que vê na relação de trabalho uma relação comunitário-pessoal[35].

Discordamos da ideia de que a comunhão de interesses possa ser explicativa da obrigação da reparação dos danos emergentes de acidentes

---

[33] Cfr. FLORBELA PIRES, *op. cit.*, p. 20.
[34] Cfr. MANUEL DUARTE GOMES DA SILVA, *O dever de prestar e o dever de inmnizar*, Lisboa, s.e., 1944, p. 146.
[35] Cfr. MENEZES CORDEIRO, *Da situação jurídica laboral*, pp. 13 e ss.

de trabalho. Isto por que essa comunhão de interesses não é diferente da existente em qualquer relação obrigacional[36], norteada, como se sabe, pelo princípio de colaboração inter-subjectiva imposto pela boa fé[37]. Por outro lado a tutela de situação do trabalhador lesado é um resultado de reivindicações laborais[38], representando, portanto, a solução jurídica de um conflito de interesses. Daí que não concordemos com esta formulação.

Afastada a ideia da comunhão de interesses, surge a teoria da remuneração de SCHWERTNER[39] segundo a qual todas as prestações patrimoniais atribuídas pela entidade patronal são contrapartida do trabalho prestado mesmo quando, por razão justificada, esse trabalho seja interrompido. A reparação do acidente de trabalho seria assim uma remuneração da prestação de trabalho.

Esta formulação traz vantagens, uma vez que permite sujeitar a entidade patronal ao pagamento da reparação independentemente de interposição de um nexo de imputação, atribuindo assim maiores garantias ao trabalhador. Pensamos, no entanto, estar afastada da realidade, uma vez que parece esquecer o carácter reparatório da protecção concedida ao acidente de trabalho. A sua fundamentação material não é a relação de trabalho mas o seu inverso: a incapacidade para o trabalho e a necessidade social da sua tutela.

4. A Reparação dos Acidentes de Trabalho através do Sistema da Segurança Social

4.1. Generalidades

Todos os processos atrás examinados asseguram a situação do trabalhador fazendo correr por conta da entidade patronal certos custos do acidente. A concepção de que esse acidente, porém, é um assunto que diz respeito não só à entidade patronal e ao trabalhador mas a toda a colec-

---

[36] Cfr. MENEZES CORDEIRO, *op. ult. cit.*, p. 21.
[37] Sobre este princípio do Direito das Obrigações, cfr. MENEZES CORDEIRO, *Direito das Obrigações*, 1.º vol., Lisboa, AAFDL, 1980, pp. 41 e ss.
[38] Não deve ser subestimado o papel das associações de trabalhadores na reivindicação de leis protectoras dos acidentes de trabalho. Cfr. ALPA/BESSONE, *op. cit.*, p. 108.
[39] Citado por MENEZES CORDEIRO, *Da Situação Jurídica Laboral* (cit.), p. 46.

tividade levou a que se considerasse justo que os acidentes fossem suportados pelo Estado através de um fundo público. Surgem assim os sistemas de Segurança Social.

Em termos de reparação dos acidentes de trabalho, os sistemas de segurança social podem ser construídos de acordo com duas modalidades: a modalidade de seguro social e a modalidade de segurança social universal. Na modalidade de *seguro social*, há uma colectividade, mais ou menos ampla, que é obrigada a custear, através de uma obrigação contributiva para um fundo público, a prevenção dos riscos de danos sofridos por certas categorias de pessoas que a beneficiam. No sistema de *segurança social universal*, verifica-se a oneração de toda a colectividade com deveres de solidariedade social, em ordem a precaver todos os seus membros contra os riscos de infortúnios[40].

4.2. Características deste sistema

O sistema de Segurança Social parte de uma concepção mais adequada à situação do acidente de trabalho, uma vez que se fundamenta no reconhecimento de um direito à segurança económica dos membros da colectividade[41], a qual justifica a reparação dos danos sofridos por eles,

---

[40] Cfr. FLORBELA PIRES, *op. cit.*, pp. 24 e ss. Os seguros foram introduzidos em primeiro lugar na Alemanha por BISMARCK em 1883 (doenças dos trabalhadores de indústria), 1884 (acidentes de trabalho) e 1889 (velhice e invalidez), após o que se expandiram para toda a Europa e Esatdos Unidos. A criação do primeiro sistema generalizado de segurança social foi efectuada pela Lei neo-zelandesa de 1938, tendo essa ideia tido tal aceitação em todos os países industrializados, que a Declaração Universal dos Direitos do Homem veio a reconhcer (art. 22.º) um direito à segurança social. Sobre a evolução histórica do instituto, cfr. SÉRVULO CORREIA, "Teoria Geral da Relação Jurídica de Seguro Social" em *ESC*, ano VII, n.º 27 (Setembro 1968), *maxime* pp. 17 e ss. e ILÍDIO DAS NEVES, *Direito da Segurança Social*, Coimbra, Coimbra Editora, 1996, pp. 147 e ss.

Hoje a protecção contra acidentes de trabalho encontra-se integrada no Direito da Segurança Social em todos os países da União Europeia, com excepção da Bélgica e Portugal, que possuem um sistema privado obrigatório. Entre nós, o art. 63.º, n.º 3, da Constituição impõe claramente a integração dos acidentes de trabalho no sistema da segurança social, mas essa integração, apesar de sempre prevista na Lei de Bases da Segurança Social, tendo vindo a ser sucessivamente adiada (cfr. arts. 72.º e 83.º da anterior Lei 28/84, de 14 de Agosto, e arts. 49.º, n.º 1 d) e 111.º da actual Lei 17/2000, de 8 de Agosto).

[41] O sistema de Segurança Social visa essencialmente garantir a segurança económica das pessoas. Conforme refre ANTÓNIO SILVA LEAL, "O Direito à Segurança Social", em AAVV, *Estudos sobre a Constituição*, 2.º vol., Lisboa, Petrony, 1978, pp. 335 e ss. essa

independentemente da possibilidade de efectuar a imputação desses danos a outrem[42].

A protecção que atribui é informada por princípios de igualdade, universalidade, solidariedade e compreensividade[43] e efectiva-se através da atribuição aos cidadãos de um direito subjectivo público a prestações sociais[44], por forma a colmatar as situações de carência económica.

É evidente que este sistema tutela muito melhor a situação do trabalhador vítima, ao atribuír uma indemnização qualquer que seja a causa do dano[45] e ao garantir a solvência de entidade que a presta (neste caso, o Estado). No entanto, casuisticamente, pode-se verificar ser essa tutela

---

protecção da segurança económica tem variado de acordo com três diferentes concepções do sistema:

a) *a concepção universalista*, segundo a qual o objecto do sistema será assegurar um mínimo vital a todos os cidadãos, definido nacionalmente em independência de uma situação laboral ou económica;

b) *a concepção assistencialista*, segundo a qual o objectivo do sistema seria a protecção das pessoas em situação de carência económica, tendo estas direito às prestações sociais, quando provem estar nessa situação, independentemente da sua causa;

c) *a concepção laborista*, segundo a qual o objecto da protecção é a atribuição do rendimento do trabalho anteriormernte auferido quando se produzam eventos que excluem ou reduzem a capacidade de trabalhar.

Para Silva Leal, o art. 63.º, n.º 1 da Constituição parece informar a concepção universalista, mas o actual art. 63.º, n.º 3, incorpora as concepções assitencialista e laborista. A nosso ver, do art. 63.º não resulta qualquer directiva relativamente ao tipo de sistema a adoptar, limitando-se a exigir a protecção de certas situações.

[42] Conforme refere Almeida Costa, *Direito das Obrigações*, 7.ª ed., Coimbra, Almedina, 1998, pp. 479-480, quer a responsabilidade civil, quer a segurança social procedem à reparação de danos, mas enquanto a responsabilidade civil se baseia numa ideia de justiça individual, ponderando os interesses do autor do facto danoso e da vítima, a segurança social baseia-se em considerações de justiça colectiva.

[43] Para uma exposição científica destes princípios, elaborada por Augusto Venturi, cfr. Sérvulo Correia. *op. cit.*, pp. 38 e ss. Actualmente, os arts. 4.º e ss. da Lei 17/2000, de 8 de Agosto, diltam consideravelmente esta enumeração, consagrando como princípios gerais do sistema de segurança social os princípios da universalidade, da igualdade, da equidade social, da diferenciação positiva, da solidariedade, da inserção social, da conservação dos direitos adquiridos e em formação, do primado da responsabilidade pública, da complementariedade, da garantia judiciária, da unidade, da eficácia, da descentralização, da participação e da informação. A maior parte destes princípios não passa, porém, de ideias jurídicas gerais, de onde é difícil retirar qualquer conteúdo vinculativo.

[44] Cfr. Sérvulo Correia, *op. cit.*, pp. 274 e ss.

[45] Conduzindo assim a um igual tratamento da doença e do acidente, o que não é conseguido pelo sistema da responsabilidade civil. Cfr. Jorge Sinde Monteiro, *Estudos.*, pp. 242 e ss.

incompleta, uma vez que, estando os sistemas de Segurança Social sujeitos a elevados constrangimentos orçamentais, raras vezes atribuem uma reparação completa para os danos, limitando-se a aliviar a situação do lesado[46]. Daqui deriva que a responsabilidade civil não tenha ficado esquecida, mesmo nas situações em que a reparação do dano é contemplada num sistema de segurança social[47].

PARTE II – A ACTUAL SOLUÇÃO DO DIREITO PORTUGUÊS

1. Pressupostos da reparação dos danos emergentes de acidentes de trabalho

1.1. Generalidades

O nosso estudo irá agora incidir sobre a natureza da reparação dos danos emergentes dos acidentes de trabalho, para a qual importa considerar os seus pressupostos e as suas características.

Actualmente, a nível do Direito Comparado encontramos em alternativa os os *sistemas de responsabilidade privada*, em que o empresário é

---

[46] Cfr. ANDRÉ TUNC, Capítulo Introdutório ao vol. XI (*Torts*) da *International Encyclopedia of Comparative Law*, p. 16.

[47] Naturalmente que o advento da Segurança Social tem efeitos negativos na responsabilidade civil. Ao fazer surgir na equação responsabilidade-indemnização a figura do garante social (cfr. SIMONE DAVID-CONSTANT, "L'influence de la Securité Sociale sur la Responsabilité Civile" em *Mélanges offerts à René Savatier*, Paris, Dalloz, 1965, pp. 235 e ss.). Ora, se este facto é benéfico para a vítima, pois vê garantida a indemnização, vem quebrar a tradicional relação que se estabelecia entre ela e o responsável, instituindo-se antes duas relações diferentes entre ela e o garante social (prestação social) e entre este e o responsável (direito de regresso). A responsabilidade civil só aparece assim em segunda fase no recurso contra o responsável (para uma análise das consequências dogmáticas deste recurso, cfr. GENEVIÉVE VINEY, *Le Déclin de la Responsabilité Individuelle*, Paris, L.G.D.J. 1965 e de MOISE DAHAN, *Securité Sociale et Responsabilité*, Paris, L.G.D.J., 1963), passando a ser, nas palavras de JORGE SINDE MONTEIRO, *Estudos*, p. 23, nota (38) um direito dos pressupostos do regresso. Não se deve, porém, esquecer que a reparação pelo dano moral e pelo dano sobre coisas só pode ser conseguida através do recurso à Responsabilidade Civil, o que mostra como este instituto está longe do crepúsculo.

obrigado a assumir os riscos resultantes das actividades económicas que explora, que podem ser colmatados com um sistema de seguro obrigatório, e os *sistemas de responsabilidade social*, em que a assunção do risco é efectuada por pessoas colectivas de direito público (como as "caixas de previdência"), as quais são sustentadas financeiramente pelas contribuições patronais ou por transferências do orçamento de Estado, e os *sistemas mistos*, em que coexistem os dois regimes, podendo o lesado optar pelo recurso a um ou outro sistema, ou ser sujeito a um limite mínimo de cobertura social, recorrendo à responsabilidade privada pelo excedente[48].

Entre nós, as doenças profissionais já são claramente abrangidas por um sistema de seguro social, ficando as prestações respectivas a cargo de um organismo público, primeiramente a Caixa Nacional de Seguros de Doenças Profissionais, criada pelo Decreto-Lei n.º 44. 307, de 27 de Abril de 1962 e agora o Centro Nacional de Protecção contra os Riscos Profissionais (art. 29.º da Lei 100/97, de 13 de Setembro e arts. 82.º e ss. do Decreto-Lei n.º 248/99, de 2 de Julho. Em relação aos acidentes de trabalho, foi prevista na Lei n.º 28/84, de 14 de Agosto, a sua integração no sistema de segurança social (art. 19.º), mas tal nunca foi concretizado pelo legislador, que manteve em vigor (art. 83.º, n.º 2) o regime da Lei 2127, de 3 de Agosto de 1965 e Decreto-Lei 360/71, de 21 de Agosto, agora substituídos, com poucas modificações pela Lei 100/97, de 13 de Setembro e Decreto-Lei 480/99, de 9 de Novembro. A recentemente publicada Lei 17/2000, de 8 de Agosto, mantém essa previsão de integração (art. 111.º), que não se sabe se alguma vez virá a ser concretizada.

Efectivamente, ao contrário do que sucede na generalidade dos países industrializados, entre nós ainda não se verificou a integração total do regime dos acidentes de trabalho no âmbito do Direito da Segurança Social[49], surgindo-nos dois sistemas distintos de protecção[50]:

---

[48] Cfr. ANTÓNIO TAVARES DA SILVA, "O enquadramento jurídico dos acidentes de trabalho", na RDES 34 (1992), pp. 417-447 (420).

[49] Contra essa integração, PEDRO ROMANO MARTINEZ, *Direito do Trabalho*, II-2, 3.ª ed., Lisboa, 1999, p. 210, e LUÍS GONÇALVES DA SILVA, *A greve e os acidentes de* trabalho, Lisboa, AAFDL, 1998, p. 55, nota (99), com o argumento de que Segurança Social passa por dificuldades financeiras, afirmando-se excessivamente burocratizada. A favor dessa integração, FLORBELA PIRES, *op. cit.*, p. 25, nota (37). A verdade, no entanto, e conforme refere ILÍDIO RODRIGUES, *op. cit.*, pp. 730 e ss, é que a dicotomia existente na protecção dos riscos profissionais, em que parte é integrada no sistema da segurança social e parte permanece for a dele se apresenta como manifestamente inadequada, quer para as entidades patronais, quer para os trabalhadores.

[50] Cfr. ILÍDIO NEVES, *op. cit.*, p. 33.

a) Um sistema público, aplicável à função pública, nos termos do Decreto-Lei 38523, de 23 de Novembro de 1951;

b) Um sistema privado de base empresarial e estrutura jurídica de seguro comercial, embora legalmente obrigatório, nos termos da Lei 100/97, de 13 de Setembro, e Decreto-Lei 143/99, de 30 de Abril;

Restringindo o nosso exame ao sistema privado, verifica-se que actualmente a protecção contra acidentes ocorre tanto quanto aos trabalhadores dependentes (art. 2.º da Lei 100/97, de 13 de Setembro), como em relação aos trabalhadores independentes (art. 3.º da mesma Lei), ainda que os sistemas variem. Em relação aos trabalhadores independentes, eles são obrigados a efectuar um seguro contra danos próprios, de acordo com o regime do D.L. 159/99, de 17 de Maio. Em relação aos trabalhadores dependentes, é à entidade empregadora que incumbe efectuar as prestações em que se corporiza a reparação (art. 10.º da referida Lei), ainda que ela esteja obrigada a proceder à transferência da sua responsabilidade para uma instituição seguradora (art. 37.º da referida Lei).

A reparação dos acidentes de trabalho em relação aos trabalhadores independentes não pode ser assim vista como uma situação de responsabilidade civil, já que se baseia totalmente num seguro contra danos próprios. Já em relação aos trabalhadores dependentes é controvertida a sua qualificação como responsabilidade civil, conforme iremos verificar de seguida, através da análise do seu regime.

O exame dos pressupostos da reparação de danos emergentes de acidentes de trabalho demonstra que não são tutelados todos os danos produzidos pela actividade laboral. A sua reparação está dependente de três ordens de factores:

a) *a categoria de trabalhador protegido*, uma vez que só são protegidos pela reparação a cargo da entidade empregadora os trabalhadores por conta de outrem, determinados nos termos do art. 2.º, n.º 2 da Lei 100/97 e do art. 12.º do Decreto-Lei 143/99, de 30 de Abril; relativamente aos trabalhadores independentes, cabe-lhes a eles assegurar a sua própria protecção contra os riscos de trabalho, ainda que a lei lho imponha (art. 3.º da Lei 100/97);

b) *a causa do dano*, uma vez que só são tutelados os danos derivados de acidentes de trabalho ou de acidentes de trajecto (Art. 6.º da da Lei 100/97 e art. 6.º do Decreto-Lei 143/99), sendo, porém, exigido que não se verifiquem certos factores que, a darem-se, descaracterizam o acidente (art. 7.º da Lei 100/97).

c) *a espécie do dano*, uma vez que só é tutelado o dano sofrido na pessoa da vítima que provoque a morte ou redução na capacidade de trabalho ou de ganho (art. 6.º, n.º 1, da Lei 100/97).

Examinemos sucintamente cada um desses pressupostos.

2. A categoria do trabalhador protegido

A nossa lei restringe a protecção do regime jurídico dos acidentes de trabalho aos trabalhadores por conta de outrem (Lei 100/97, art. 2.º, n.º 2) que são definidos em função da sua vinculação por um contrato de trabalho ou por um contrato legalmente equiparado, ou por uma situação de formação prática, como acontece com os praticantes, aprendizes, e estagiários ou ainda pela prestação de um serviço na dependência económica da pessoa servida[51]. Este regime vem ainda a ser aplicável aos administradores, directores, gerentes ou equiparados, quando remunerados (n.º 3).

Resulta da lei que são necessários dois pressupostos para se estar na categoria de trabalhador protegido:

a) a prestação de trabalho a outrem, quer como actividade (art. 1152.º do C.C.) quer como resultado (art. 1154.º), incluindo o exercício de funções de gerência, administração, ou direcção de pessoas colectivas;

b) a dependência económica do trabalhador em relação à pessoa a quem presta trabalho, considerada como elemento natural em caso de existência de um contrato de trabalho[52], mas que a

---

[51] Poderão, por exemplo, abranger-se aqui os agentes que dependam economicamente do principal. Cfr. ROMANO MARTINEZ, *op. cit.*, p. 200.

[52] Tem-se levantado na doutrina a questão de saber se a dependência económica do trabalhador é um elemento do contrato de trabalho. Com MONTEIRO FERNANDES, *Direito do Trabalho, I – Introdução. Relações individuais*, 11.ª ed. Coimbra, Almedina, 1999, p. 134, entendemos que a dependência económica não é uma característica jurídica do contrato de trabalho, uma vez que pode haver casos em que essa dependência não se verifica, os quais não descaracterizam o contrato como de trabalho. Pensamos, no entanto, que essa dependência económica é uma característica social desse contrato e que o Direito não pode ficar indiferente a essa realidade social. Daí que se admita que o legislador dela faça uma presunção absoluta no caso de contrato de trabalho, e que seja com base nela que se efectua a equiparação dos casos de prestação de serviços à prestação de trabalho.

lei também vem presumir em certos casos de prestação de trabalho como resultado (cfr. art. 12.º, n.º 3 do D.L. 143/99, de 30 de Abril).

O âmbito de protecção da nossa lei fica assim delimitado funcionalmente: visa tutelar a situação das pessoas economicamente dependentes da sua prestação de trabalho a outrem quando essa prestação é impossibilitada pela sua incapacidade física.
Mas não por qualquer causa, como iremos ver de seguida.

3. A causa do dano

A reparação de danos no regime jurídico dos acidentes de trabalho está sujeita a um pressuposto causal. Resulta, com efeito, do art. 6.º, n.º 1 da Lei 100/97 a exigência de que o dano tenha derivado directa ou indirectamente de um acidente de trabalho ou de um acidente a ele equiparado, ainda que em concorrência com outras causas, como a predisposição patológica, a doença ou lesão anterior e a lesão ou doença que seja consequência do tratamento (art. 9.º, n.º 1, 2 e 5 da Lei 100/97). Essa causalidade é presumida quando a lesão ocorre em seguida ao acidente (art. 6.º, n.º 5 da Lei 100/97).
A lei vem então exigir como pressuposto da reparação que a causa do dano esteja incluída dentro de uma certa zona de riscos. Essa zona é delimitada através de uma relação com a prestação de trabalho. Não se exige, de acordo com a nossa interpretação do art. 6.º da Lei 100/97, um nexo de causalidade entre a prestação de trabalho e os danos. O nexo de causalidade só tem de se verificar entre o acidente e os danos. A relação entre o acidente e a prestação de trabalho é uma relação diferente, de natureza etiológica, que se estabelece através da ocorrência do acidente no momento em que o trabalhador pratica actos, de alguma forma ligados à sua prestação de trabalho[53].

---

[53] Em sentido diferente, ROMANO MARTINEZ, op. cit., p. 204, exige uma relação de causa adequada entre o acidente e o trabalho. Pensamos, porém, que essa exigência tornaria inútil o art. 7.º da Lei 100/97, que é bastante mais restritivo no estabelecimento da descaracterização do acidente de trabalho. Na hipótese de o acidente ter sido causado por uma brincadeira de um colega no local e tempo de trabalho, poderá haver responsabilização desse colega ao abrigo do art. 31.º da Lei 100/97, mas não deixa de haver acidente de trabalho, uma vez que essa situação não é excluída no art. 7.º da Lei 100/97.

Assim, é considerado acidente de trabalho o acidente que se verifica no momento da prática dos seguintes actos:

a) *actos devidos na prestação de trabalho*, como sucede quando o acidente se verifica "no local e no tempo de trabalho" (art. 6.º, n.º 1, da Lei 100/97);

b) *actos possibilitadores dessa prestação*: é o que sucede no acidente de trajecto, em que, ao contrário do que resultava do regime anterior, actualmente os arts. 6.º, n.º 2 a) da Lei 100/97 e art. 6.º do D.L. 143/99 define em termos bastantes amplos como todo o ocorrido no trajecto de e para o local de trabalho, independentemente do meio de transporte utilizado ou dos riscos do percurso;

c) *actos valorizadores dessa prestação*, como sucede nos casos de execução de serviços espontaneamente prestados e de que possa resultar proveito económico para a entidade empregadora, frequência de cursos de formação profissional, ou fora do local e do tempo de trabalho, quando na execução de serviços determinados pela entidade empregadora ou por esta consentidos (art. 6.º da Lei 100/97, als. b), d) e f);

d) *actos normal ou eventualmente inerentes a essa prestação*, como a extensão do local de trabalho, os actos preparatórios ou as interrupções laborais (art. 6.º, n.ºs 3 e 4 da Lei 100/97).

e) *actos correspondentes ao exercício de alguns direitos laborais*, como o de reunião ou representação de trabalhadores, procura de emprego durante o crédito de horas, recebimento de remuneração ou de assistência por acidente de trabalho (arts. 6.º n.º 2 c) e e) da Lei 100/97 e 6.º n.º 4 do D.L. 143/99, de 30 de Abril)[54].

O acidente descaracteriza-se como de trabalho quando for devido a dolo da vítima, ou de acto ou omissão que importe violação sem causa justificativa das condições de segurança, a negligência grosseira[55], à

---

[54] Não se encontra aqui, no entanto, abrangida a situação de greve, salvo se o trabalhador se encontrar no cumprimento dos serviços mínimos. Cfr. PEDRO ROMANO MARTINEZ, *Direito do Trabalho*, II-2, 3.ª ed., Lisboa, 1999, p. 210, nota (1), MARIA DO ROSÁRIO PALMA RAMALHO, "Sobre os Acidentes de Trabalho em Situação de Greve", na *ROA* 53 (1993), pp. 521-574 (*maxime* 567 e ss.) e LUÍS GONÇALVES DA SILVA, *op. cit.*, pp. 90 e ss.

[55] Tem sido discutido na jurisprudência se esta negligência grosseira (a anteriormente denominada "falta grave e indesculpável") é apreciada em concreto, tomando-se em consideração a diligência particular da vítima, ou em abstracto, segundo um padrão geral de conduta. A jurisprudência tem-se orientado maioritariamente no primeiro sentido,

privação da sua razão não derivada da prestação de trabalho ou a caso de força maior, entendida esta como facto devido a forças inevitáveis da natureza, estranho à prestação de trabalho[56] (art. 7.º da Lei 100/97). Naturalmente que o ónus da prova dos factos que importam a descaracterização incumbe à entidade patronal ou seguradora[57].

São ainda excluídos da protecção legal os acidentes derivados da restação de serviços eventual ou ocasional, ou de curta duração em actividades de exploração familiar ou não lucrativa (art. 8.º da Lei 100/97).

Que poderemos concluir desta delimitação? A nosso ver, que a reparação do dano só é atribuída quando a sua causa corresponder à verificação de um risco da situação laboral estando excluídos da reparação os danos estranhos a essa situação. Poder-se-a, por isso, pensar que existe aqui uma imputação pelo risco a entidade patronal, semelhante à dos arts. 499.º e segs. do Código Civil?

Pensamos que não. São tutelados riscos mais vastos do que os que qualquer imputação pelo risco permitiria atribuir à entidade patronal. A tutela do acidente de trajecto é um exemplo típico. Não é o proveito da entidade patronal nem o risco profissional ou o risco de autoridade que pode justificar a atribuição de uma reparação nesta situação[58].

---

o que a levou a considerar falta grave e indesculpável um trabalhador de 16 anos cair de um atrelado de tractor quando atirava pedras a um cão (ac. STJ 11/6/1980 (SANTOS VÍTOR), no BMJ 298 (1980), pp. 187-191) um trabalhador surdo atravessar a via por detrás de um autocarro, expondo-se a um atropelamento por uma motorizada (Ac. RE 8/10/1987 (COSTA SOARES) em *CJ* XII (1987), 4, pp. 321-322). Pelo contrário, não foi considerada como falta grave e indesculpável um menor de quinze anos ter atravessado uma passadeira com um sinal vermelho (Ac. STJ 30/1/1987 (MELO FRANCO), no *BMJ* 363 (1987), pp. 378-383); um trabalhador de obra ter-se atirado a um poço para socorrer um colega que nele tinha caído (Ac. STJ 19/5/1989 (LICÍNIO CASEIRO), no *BMJ* 387 (1989), pp. 415-423); e um trabalhador se introduzir numa vala não escorada, sendo vitimado por um desabamento de terras (Ac. STJ 29/4/1991 (SOUSA MACEDO), no *BMJ* 406 (1991), pp. 489-494.

[56] A jurisprudência considerou como tal a morte do trabalhador devida à queda de uma parede da fábrica onde trabalhava, provocada por vento ciclónico (ac. RP 2/7/1979 (SALVIANO DE SOUSA), na *CJ* IV (1979), 5, pp. 1515-1517. Foi, porém, recusada essa qualificação num caso de morte de um pastor alentejano, que foi atingido por um raio, por se ter considerado esse fenómeno como um risco inerente às condições de trabalho (Ac. STJ 30/3/1989 (MÁRIO AFONSO), no *BMJ* 385 (1989), pp. 491-495).

[57] Neste sentido, cfr. Ac. RL 7/5/1979 (BELO SALGUEIRO), no *BMJ* 291 (1979), p. 530 (sumário), e Ac. RL 14/5/1979 (BELO SALGUEIRO), em *CJ* IV (1979), 3, pp. 839-841, Ac. RC 11/3/1982 (FREDERICO CARVALHÃO), no *BMJ* 317 (1982), p. 304 (sumário), Ac. STJ 8/10/1991 (PRAZERES PAIS), em *BMJ* 410 (1991), pp. 565-569.

[58] Para uma análise da discussão em França sobre o fundamento da equiparação do acidente de trajecto ao acidente de trabalho, cfr. MOISE DAHAN, *Securité Sociale et Responsabilité*, Paris, L.G.D.J., 1963, pp. 206 e ss.

A protecção da lei é restringida a certo tipo de riscos. Mas esses não são os derivados da actividade da entidade patronal. *São antes os que o próprio trabalhador corre ao colocar no mercado a sua força de trabalho.*

Encontramos então o terceiro pressuposto da aplicação do regime jurídico dos acidentes de trabalho: o de que a causa do dano possa ser considerada um risco da colocação da força de trabalho no mercado.

4. A espécie do dano

A delimitação do dano indemnizável constitui um problema que tem levantado amplas discussões equacionadas quer no próprio conceito jurídico do dano, quer na sua relevância em termos do desencadeamento dos mecanismos reparatórios.

No campo dos acidentes de trabalho, o art. 6.º da Lei 100/97 considera dano "a verificação da lesão corporal, perturbação funcional ou doença da qual resulte redução na capacidade de trabalho ou de ganho ou a morte". As incapacidades de trabalho são classificadas pelo art. 9.º do D.L. 143/99, como podendo ser temporárias ou permanentes, sendo as incapacidades temporárias classificadas em parciais ou absolutas e as incapacidades permanentes em parciais, absolutas para o trabalho habitual e absolutas para todo e qualquer trabalho. Nos termos do art. 10.º do D.L. 143/99, a determinação das incapacidades é efectuada de acordo com a Tabela Nacional de Incapacidades por Acidentes de Trabalho e Doenças Profissionais, que actualmente consta do D.L. 341/93, de 30 de Setembro.

Desta disposição podemos desde logo inferir que a lei só atende a um tipo específico de dano, referenciado em relação à lesão de um bem físico de personalidade, seja ele a vida ou a integridade física. Tratando-se esse de um bem pessoalíssimo e, portanto, insusceptível de avaliação pecuniária, poderíamos pensar estar-se aqui perante uma reparação por danos não patrimoniais (art. 496.º n.º 1).

Mas essa ideia é, neste caso, infundada e corresponde a uma concepção errónea de identificação do dano com a lesão de um bem e não com a frustração das suas utilidades[59].

---

[59] Encontramos por vezes na doutrina a ideia de que a destruição de bens de personalidade dá lugar apenas à reparação por danos morais. Assim, VAZ SERRA, "Obrigação de indemnização (Colocação. Fontes. Conceito e espécies de dano. Nexo causal. Extensão do dever de indemnização). Direito de abstenção e de remoção", no *BMJ* 84 (1959),

É óbvio que com a perda de um membro, por exemplo, se verificam principalmente danos não patrimoniais, representantes do desgosto, sofrimento e da modificação de vivências daí derivada. Mas é erróneo pensar que a vítima não sofreu danos patrimoniais. Um trabalhador que não tenha outras fontes de rendimento além da sua força de trabalho, sofre um grave prejuízo económico quando sofre um dano físico, o que corresponde a um dano patrimonial.

Ora, quando o art. 6.º da Lei 100/97 se refere unicamente à morte ou redução da capacidade de trabalho ou de ganho, sem abranger outros danos, está unicamente a contemplar os prejuízos patrimoniais derivados da lesão sofrida[60], o que aliás se verifica pela fixação de indemnização

pp. 5-303 (9) refere que tanto há dano quando se diminui o património – dano patrimonial – como quando se ofende o corpo, a vida, a honra, o bem-estar e o crédito – dano não patrimonioal. PESSOA JORGE, *Ensaio sobre os pressupostos da responsabilidade civil*, Lisboa, C.E.F., 1968, reimp., Coimbra, Almedina, 1995, p. 373 chama, no entanto, a atenção para o facto de a lesão de bens de personalidade poder dar origem a danos patrimoniais, como a perda de capacidade para o trabalho.

A nosso ver, esse é um problema que deve ser resolvido mediante uma correcta construção científica do conceito de dano. Parece-nos, neste ponto, de aceitar a construção efectuada por GOMES DA SILVA, *O dever de prestar e o dever de indemnizar*, Lisboa, 1944, p. 80, que defende ser o dano a privação de um ou mais benefício concretamente considerados (frustração de um ou mais fins em especial) ou de uma generalidade de benefícios (perda da utrilidade do bem), motivada pela colocação do bem com o qual era lícito ao prejudicado atingir esse benefício em situação de ele não o poder utilizar para tal fim. Não nos parecem justas as críticas que lhe foram feitas por CASTRO MENDES, *Do conceito jurídico de prejuízo*, Lisboa, Separata do Jornal do Foro, 1953, a p. 26, uma vez que correspondem a uma averiguação do dano em relação a um resultado final obtido e não à frustração de uma utilidade sentida pelo sujeito. A definição que este autor dá de dano: "a diminuição do auxílio, efectiva ou potencialmente necessário, que nos é devido pelos outros homens ou que podemos extrair das coisas com o objectivo de prosseguirmos os nossos fins", não nos parece adequada aos danos físicos da pessoa. Quando estes sucedem, o auxílio que nos é devido pelos outros homens aumenta de acordo com os princípios de solidariedade social que nos regem e não se verifica a diminuição do auxílio que podemos extrair das coisas (uma vez que a pessoa não pode ser considerada uma coisa).

Definiríamos então o dano como a frustração das utilidades que um sujeito retira de um bem. No caso de lesão de bens de personalidade, essa frustração pode ser de duas ordens:

a) frustração de utilidades económicas – dano patrimonial;
b) frustração de utilidades espirituais – dano não patrimonial.

[60] Ao contrário do que refere MARIA DO ROSÁRIO RAMALHO, *ROA* 53 (1993), pp. 550 e ss., não partece correcto falar aqui de um duplo resultado danoso, tratando-se antes de uma restrição aos danos que podem resultar de uma lesão específica, limitando-se a indemnização a alguns deles. No mesmo sentido, ROMANO MARTINEZ, *op. cit.*, p. 220, nota (1).

em dinheiro em função da retribuição (art. 17.º da Lei 100/97 e arts. 41.º e segs. do Decreto-Lei 143/99) e pelo facto de ser considerada reconstituição natural a restauração da capacidade de trabalho ou de ganho da vítima (art. 10.º a) da Lei 100/97).

Verificamos, então, que neste domínio só são reparáveis os danos patrimoniais, ficando a reparação por danos morais dependente da verificação dos normais pressupostos da responsabilidade civil[61].

Pensamos, no entanto, que nem sequer todos os danos patrimoniais derivados da lesão física podem ser objecto desta reparação. Vejamos um exemplo real retirado de uma recolha de casos efectuada por FERNANDO MANUEL OLIVEIRA E SÁ[62]: Uma operária sofre amputação de dedos da mão esquerda em consequência de um acidente de trabalho. Sendo o seu trabalho a pintura em loiças, considerou-se que o acidente em quase nada influiu na sua capacidade de trabalho, sendo-lhe atribuído um coeficiente de incapacidade permanente parcial de 2,4 %. Verifica-se, porém, que essa operária passa a ter extraordinárias dificuldades em executar trabalhos domésticos como lavar a roupa ou a loiça. Imagine-se, então, que por força da sua incapacidade era obrigada a contratar uma empregada doméstica para efectuar esses serviços, tendo que lhe pagar um salário. É óbvio que do acidente resultaram danos não cobertos pela reparação atribuída. E não parece haver dúvida de que se trata de danos patrimoniais.

Verificamos então que a reparação de danos emergentes de acidentes de trabalho está limitada a um dano patrimonial específico. Importa precisar o seu conteúdo para chegarmos a alguma conclusão sobre a natureza dessa reparação.

Examinemos de novo o art. 6.º, n.º 1 da Lei 100/97 que exige que o acidente produza «lesão corporal, perturbação funcional ou doença de que resulte a redução na capacidade de trabalho ou de ganho ou a morte».

Parece-nos óbvio que esta disposição se refere a uma situação onde se verifica uma multiplicidade de danos patrimoniais e não patrimoniais (a lesão de um bem da personalidade física)[63] mas a reparação de danos é limitada em função de um factor: a prestação de trabalho a outrem.

Só importa então considerar o dano patrimonial que deriva da impossibilitação dessa prestação de trabalho. No regime jurídico dos

---

[61] Cfr. o art. 18.º, n.º 2 da Lei 100/97

[62] FERNANDO MANUEL OLIVEIRA E SÁ, "A Segurança Social em Acidentes de Trabalho. Equívocos e Abdicações", em *RDES*, 22 (1975), p. 124

[63] Note-se que curiosamente é incluída no regime jurídico dos acidentes de trabalho a lesão de aparelhos de prótese e ortopedia (art. 38.º do D.L. 143/99, de 30 de Abril).

acidentes de trabalho só é considerado dano reparável a frustração das utilidades que derivavam para o trabalhador e seus familiares da regular colocação no mercado da sua força de trabalho.

5. Conclusão

De todas as considerações feitas neste capítulo resulta a conclusão de que a reparação de danos emergentes dos acidentes de trabalho está sujeita aos seguintes pressupostos:

 a) Prestação de trabalho a outrem, quer como actividade, quer como resultado;
 b) Dependência económica dessa prestação, averiguada pela existência de um contrato de trabalho ou presumida nos outros casos de prestação de trabalho;
 c) Verificação de um acidente, compreendido dentro dos riscos genéricos da colocação da força de trabalho no mercado;
 d) Verificação de um dano muito específico: a frustração das utilidades económicas derivadas dessa colocação.

Por aqui se vê como regime juridico dos acidentes de trabalho tem como centro gravitacional a dependência económica do trabalhador em relação à sua prestação de trabalho, sendo esse o ponto de partida e o ponto de chegada da tutela assegurada.

Esse regime é assim baseado numa concepção de *homo oeconomicus*[64], o que explica esta restrição à reparação de danos. Essa restrição pode ser, no entanto, criticada[65] em face do esquecimento dos múltiplos outros aspectos de vigência humana como os biológicos, psicológicos, sociais e culturais, que não deixem, de se repercutir na prestação de trabalho.

É importante verificar que estes pressupostos não são os da responsabilidade civil. Verifica-se, com efeito, um dano mas não existe qualquer nexo de imputação desse dano a outra pessoa[66]. A protecção é

---

[64] Cfr. CALABRESI, *op. cit.*, pp. 258 e ss.
[65] CALABRESI, *op. cit.*, p. 248
[66] MENEZES CORDEIRO, *Tratado de Direito Civil*, I – *Parte Geral*, t. 1, Coimbra, Almedina, 1999, p. 219 refere que a reparação de danos emergentes de acidenmtes de trabalho corporiza uma imputação pelo risco baseada em profundas motivações de justiça social. Pensamos que é uma fórmula demasiado vaga. As razões de justiça social podem

limitada a uma zona de riscos mas *estes são os que o próprio trabalhador corre ao colocar no mercado a sua força de trabalho*, nada tendo a ver com os riscos de actividade ou de autoridade da entidade patronal[67].

Não existindo um nexo de imputação dificilmente se poderá falar em responsabilidade civil. A nosso ver o que aqui existe é uma derrogação muito restrita do princípio *casum sentit dominus* não explicável através daquele instituto.

Procuremos então analisar as características desta reparação de danos, o que nos permitirá avançar ideias sobre a sua natureza jurídica.

PARTE III – CARACTERÍSTICAS E NATUREZA JURÍDICA DA REPARAÇÃO DE DANOS EMERGENTES DE ACIDENTES DE TRABALHO

1. Generalidades

Cabe agora averiguar qual a natureza jurídica da reparação atribuída ao trabalhador, para o que importa analisar os traços mais salientes do seu regime.

Neste ponto, verificamos o seguinte:

a) A entidade patronal está em princípio sujeita a indemnizar o trabalhador, mas tem a obrigação de transferir essa responsabilidade para uma companhia seguradora, sob pena de coima se o não fizer (art. 37.º da Lei 100/97 e art. 67.º do Decreto-Lei 143/99.

b) A indemnização é atribuída com base em tarifas legais em função da remuneração auferida (arts. 20.º e ss. da Lei 100/97 e arts. 41.º

---

ser fundamento para atribuição de um direito á reparação do dano, mas não se podem considerar como constituindo um título de imputação para efeitos da responsabilidade civil, a qual não se baseia na socialização do dano, mas na individualização de um sujeito responsável.

[67] ROMANO MARTINEZ, *op. cit.*, p. 182, concorda que a actual legislação já não permite falar de risco profissional, pelo que considera que o acidente de trajecto representa a adopção do risco de autoridade, entendido como "risco de integração empresarial". É manifesto, no entanto, que não é a autoridade da entidade patronal sobre o trabalhador que justifica que ela suporte os danos sofridos por este no seu percurso diário para e do local de trabalho.

e segs. do Decreto-Lei 143/99), as quais, conforme se referiu, não cobrem senão uma parte do dano sofrido.

c) Os créditos derivados de acidentes de trabalho são inalienáveis, impenhoráveis e irrenunciáveis (art. 35.º da Lei 100/97).

Vejamos que conclusões poderemos retirar da análise destas características.

2. O Seguro obrigatório de responsabilidade

A existência de uma obrigação de transferir a responsabilidade que caberia à entidade patronal para uma companhia seguradora, através da contratação de um seguro de responsabilidade[68] vem a ter extraordinários efeitos na reparação dos danos emergentes de acidentes de trabalho.

Referimos atrás que o facto de essa reparação vir a cobrir riscos mais vastos do que os que qualquer imputação pelo risco permitiria atribuir à entidade patronal afastava certa possibilidade de a qualificarmos como responsabilidade civil. A existência de um seguro obrigatório da responsabilidade vem a confirmar essa primeira impressão. Parece claro que o que a lei pretende não é responsabilizar a entidade patronal, mas sim garantir que o trabalhador lesado obtenha uma reparação do dano sofrido. Através deste processo o que a lei faz é assegurar a solvência da entidade sobre quem vai recair a obrigação de indemnização[69].

Poder-se-ia, no entanto, afirmar que a existência dessa obrigação de seguro teria unicamente como efeito a alteração da fisionomia da responsabilidade civil, uma vez que vem permitir que seja um património colectivo, constituído através das contribuições de muitos indivíduos, a suportar o dano em lugar do sujeito responsável[70]. Mas estar-se-ia ainda

---

[68] Cfr. arts. 37.º da Lei 100/97 e arts. 59.º e ss. do D.L. 143/99, de 30 de Abril

[69] CALABRESI, *op. cit.*, pp. 56 e ss., denomina os processos que visam atingir este objectivo de "métodos da bolsa grande" (*deep pocket*). A ideia de que devam ser as entidades melhor colocadas economicamente a suportar os danos parece à primeira vista absurda, mas é um processo eficaz de remover os custos económicos do acidente. Em face da lei da utilidade marginal do dinheiro (a mesma quantia vale muito menos para um rico do que valerá para um pobre), a suportação dos custos do acidente por uma pessoa economicamente solvente acarreta menos prejuízos do que os que seriam sofridos por alguém que não estivesse nessas condições.

[70] Cfr. GENEVIÉVE VINEY, "De la responsabilité personelle à le repartition des risques", em *Archives de Philosophie du Droit*, t. 22 (*La responsabilité*), Paris, Sirey, 1977,

perante o sistema da responsabilidade civil, uma vez que a reparação não é atribuída se não se verificarem os pressupostos desse instituto.

Discordamos desta ideia, por nos parecer puramente teórica e formalista e, por isso mesmo, afastada da realidade prática. A responsabilidade civil não representa aqui a razão da obrigação o seguro. Se assim fosse, a função deste seguro teria de ser a protecção da entidade patronal contra o risco de eventuais acções de responsabilidade, o que não é o que acontece. A verdadeira função deste seguro é outra: a de garantir a reparação do trabalhador.

Pensamos, por isso, que quando a lei fala em «responsabilidade» é unicamente no intuito de delimitar uma zona de riscos que são objecto da obrigação de seguro. A «responsabilidade» é aqui concebida como mera construção para chegar à cobertura do risco, único factor importante na prática[71]. A prova de que essa «responsabilidade patronal» era meramente teórica é o facto de a evolução legislativa ter vindo continuamente a alargar a zona de riscos inicialmente tutelada, abrangendo actualmente, conforme se referiu, situações de risco a que falta qualquer conexão com a entidade patronal. Este seguro assume-se, portanto, cada vez mais como um seguro directo no interesse das vítimas[72].

O nosso regime jurídico dos Acidentes de Trabalho é, então, dificilmente qualificável como responsabilidade civil. A nosso ver, apresenta-se muito mais próximo do sistema da Segurança Social. A reparação efectua-se através de um seguro privado obrigatório, mas o fundamento deste seguro é comum ao fundamento da Segurança Social: a tutela da segurança económica do trabalhador[73].

---

e SINDE MONTEIRO, *Estudos*, pp. 29 e ss., que referem que o seguro efectua uma colectivização da responsabilidade civil, fazendo perder o carácter tradicionalmente individualista que tinha este instituto.

[71] Refere RENÉ SAVATIER, *Les Métamorphoses economiques et socialaes du Droit Civil d'aujourd'hui*, Paris, Dalloz, 1964, p. 357, que no domínio do seguro obrigatório de responsabilidade, as contas efectuam-se sempre entre o segurador e o sinistrado, fazendo desaparecer como intermediário inútil a pessoa teoricamente responsável.

[72] JOSÉ LUÍS HEREDERO, *La responsabilidad sin culpa*, Barcelona, Nauta, 1964, p. 174.

[73] No sentido de que os fundamentos do seguro obrigatório de responsabilidade e do sistema de segurança social são comuns, cfr. GIUSEPPE CARACCIOLO, "Obbligo contributivo e rischio nullo nela assicurazioni contro gli infortuni", na *Rivista Italiana di Diritto del Lavoro*, 3 (1984), pp. 345 e ss., *maxime*, pp. 364 (34) e 365.

3. O carácter tarifário e limitado da reparação

Verifica-se, para além disso, que a reparação é atribuída em abstracto, com base em tarifas legais que não cobrem senão uma parte do dano sofrido (cfr. os arts. 20.º e ss. da Lei 100/97 e arts. 41.º e segs. do Decreto-Lei 143/99). Esta derrogação ao princípio da reparação integral (cfr. o art. 562.º do Código Civil, em sede da obrigação de indemnização) necessita de ser coerentemente explicada.

A atribuição da reparação dos danos emergentes de acidentes de trabalho calculada com bases em tarifas legais foi instituída pela primeira vez na lei francesa de 1898[74]. No pensamento dos seus autores estava a ideia de estabelecer um compromisso entre os interesses da vítima e os interesses da entidade patronal, não prejudicando os empresários franceses em face da concorrência internacional. Com base num cálculo estatístico da contribuição de cada uma dessas partes para os acidentes, estabeleceu-se uma tabela de indemnizações abaixo do montante real do dano. A redução dos direitos da vítima que isso representava foi explicada através do recurso à noção de transacção. A vítima transigiria no montante de indemnização recebendo em troca a garantia da sua efectividade[75].

Discordamos da possibilidade de se conceber uma transacção estabelecida por lei. Parece-nos uma construção artificiosa. A explicação para o carácter limitado da reparação terá de ser outra.

A nosso ver, o facto de o regime jurídico dos acidentes de trabalho atribuir uma reparação limitada demonstra que ele apenas limitadamente exerce uma função indemnizatória. A sua função principal não é a de reparar o dano sofrido mas sim a de tutelar a situação do trabalhador que, economicamente dependente de uma prestação de trabalho, vê essa prestação impossibilitada pela sua incapacidade física, ficando, em consequência, sem meios de subsistência. Neste pressuposto podemos afirmar que a reparação de danos emergentes de acidentes de trabalho não tem uma carácter estritamente reparatório, sendo a sua função antes de carácter alimentar. As suas características são como que as de uma obrigação de alimentos fundada numa situação de necessidade o que, só por si, explica o seu carácter limitado (cfr. o art. 2004.º do Código Civil). Nessa

---

[74] Cfr. RENÉE JAILLET, *op. cit.*, pp. 42 e ss. e MOISE DAHAN, *op. cit.*, pp. 45 e ss.
[75] Essa ideia também é utilizada no Parecer da Câmara Corporativa sobre a proposta de lei n.º 67, suplemento n.º 74 ao Diário das Sessões da Assembleia Nacional, de Fevereiro de 1936.

medida, estamos bastante próximos do sistema de segurança social, onde vigora, como se sabe, o princípio da compensação relativa, apenas se reparando parcialmente a perda ou redução dos rendimentos de trabalho[76].

4. A inalienabilidade, impenhorabilidade e imprescritibilidade dos créditos derivados de acidentes de trabalho

O art. 35.º da Lei 100/97 estabelece que os créditos derivados de um acidente de trabalho são inalienáveis, impenhoráveis e imprescritíveis. A nosso ver, essas características confirmam a natureza de prestação social da reparação de danos emergentes de acidentes de trabalho. Verifica-se que a sua atribuição tem por função aliviar a situação de carência em que o trabalhador se encontra.

A lei vem por isso impedir que essa reparação possa vir a desempenhar qualquer outra função económica.

5. Conclusão: A natureza jurídica da reparação de danos emergentes de acidentes de trabalho

Da análise que efectuámos pensamos poder concluir que o regime jurídico actualmente consagrado se afasta do sistema de responsabilidade pelo risco.

Efectivamente, as características que atrás examinámos não são as da responsabilidade civil[77]. Nesta a indemnização deve, em princípio[78]

---

[76] Cfr. MARIA JOÃO TOMÉ, "Segurança Social (Direito da)", em *Dicionário Jurídico da Administração Pública*, 1.º Sup, 1998, pp. 439-458.

[77] Cfr, MOISE DAHAN, *op. cit.*, p. 49.

[78] Por vezes, verifica-se no campo da responsabilidade civil, a fixação de limites indemnizatórios abaixo do montante do dano (cfr. arts. 494.º, 508.º e 510.º C.C.). Essas situações revestem claramente cariz excepcional, em face do art. 562.º. No domínio da responsabilidade por culpa, esse limite parece como consequência da prossecução de um função sancionatória e, portanto, só em casos restritos deverá prejudicar a função geral de reparação dos danos. Já a utilização de limites indemnizatórios no domínio da imputação pelo risco, que prossegue apenas acessoriamente funções de prevenção, parece contraditória e reveladora da insegurança do legislador em estabelecer certos casos de responsabilidade objectiva.

reparar integralmente o dano sofrido pela última (art. 562.º do Código Civil) sendo portanto proporcional a esse prejuízo. Esse dano é, no entanto livremente apreciado pelo Tribunal, não podendo a reparação atribuída exceder o pedido do lesado.

No regime jurídico dos acidentes de trabalho, como vimos, a indemnização é calculada em abstracto com base em tarifas legais abaixo da medida do dano. Os juizes não têm, em consequência, qualquer poder de apreciação, tendo de determinar a indemnização com base numa tabela precisa, calculada em função da retribuição-base, da gravidade e da duração da incapacidade para o trabalho (20.º e ss. da Lei 100/97).

Pensamos, por isso, que o regime jurídico dos acidentes de trabalho é estranho ao instituto da responsabilidade civil.

Qual será então o fundamento da reparação atribuida em sede de acidentes de trabalho? Verificámos atrás que essa reparação tem um carácter híbrido, simultaneamente indemnizatório e alimentar. Vimos também que essa reparação tem como ponto de partida e ponto de chegada a situação de dependência económica do trabalhador da sua prestação de trabalho. O que a lei vem garantir é que essa situação não seja afectada pela superveniência de qualquer acidente.

O seu fundamento terá, portanto, de ser o reconhecimento legislativo de um direito absoluto do trabalhador a sua segurança à semelhança do sistema da Segurança Social[79]. No domínio na legislação dos acidentes de trabalho o dano só revela se e enquanto atenta contra a segurança económica do trabalhador.

A lei vai evitar que o acidente provoque a sua ruína económica atribuindo-lhe uma reparação.

O processo através do qual a lei atribui uma tutela desse direito à segurança é a imposição de um dever jurídico à entidade patronal. Tendo esse direito à segurança carácter de direito absoluto discordamos, como aliás referimos atrás, que o dever jurídico que incumbe a entidade patronal tenha por base o contrato de trabalho. Segundo pensamos, trata-se de uma obrigação imposta por lei e fundada em razões de solidariedade social. A sua imposição à entidade patronal, funda-se numa presunção de capacidade económica, derivada da utilização do factor trabalho por essa entidade. Pensamos, por isso, que *esse dever se pode qualificar como um dever de assistência social*.

Em princípio esse dever terá unicamente como objecto a celebração de um contrato de seguro. A contratação do seguro vai permitir que seja

---

[79] Cfr. MOISE DAHAN, *op. cit.*, p. 19.

um património colectivo, a entidade seguradora a cobrir os riscos de verificação dos acidentes. Esse dever restringe-se então à obrigação de pagar o prémio do seguro, obrigação que só com muito artifício se poderá chamar «responsabilidade civil».

Note-se, aliás, que esse encargo se repercute sobre todos os consumidores do produto através do preço de venda. No fundo este regime institui um mecanismo de reparação colectiva. A lei só proibe que o seu custo seja repercutido sobre o trabalhador (cfr. art. 36.º da Lei 100/97).

Entendemos então que a nossa legislação de acidentes de trabalho consagrou, através do recurso a seguros efectuados por entidades privadas, um sistema de fundamentos semelhantes aos da segurança social[80].

---

[80] Esta argumentação, por nós já referida na *ROA* 48 (1988), pp. 823 e ss. foi contestada por FLORBELA PIRES, *op. cit.*, pp. 34 e ss., que sustenta que apesar da tendência expansiva da protecção concedida às vítimas dos acidentes de trabalho, este regime ainda não abandonou o campo da responsabilidade civil, não se podendo argumentar com o caso do seguro obrigatório de responsabilidade, já que não existe incompatibilidade entre a responsabilidade civil e a obrigação de seguro, como o demonstra o regime dos acidentes de veículos. Esta autora contesta a possibilidade de qualificação deste seguro como seguro de danos, atento o facto de não serem as vítimas a celebrá-lo.

Há que precisar o seguinte: a nosso ver, a responsabilidade civil pressupõe sempre um nexo de imputação do dano sofrido a outrem, consistente numa razão de justiça específica que justifica que o dano deixe de ser suportado por quem o sofreu (culpa, risco ou sacrifício). No caso da responsabilidade pelo risco, essa imputação baseia-se na atracção de uma zona específica de riscos por outrem que não o lesado, que lhe são atribuídos em virtude da actividade, proveito ou contrôle que exerce sobre essa zona. É manifestamente o que acontece nos acidentes causados por veículos, pelo que apesar da garantia do seguro de responsabilidade, não deixamos de estar perante a responsabilidade civil.

No caso dos acidentes de trabalho, a protecção concedida ao trabalhador abrange riscos fora de qualquer conexão com a actividade, proveito ou contrôle da entidade patronal, abrangendo quase riscos gerais de vida do trabalhador. Ora, a atribuição a outrem da reparação de riscos gerais da vida alheios não se concebe como uma situação de responsabilidade (a que título?), tendo antes cariz de dever previdencial ou assistencial, que neste caso se corporiza na obrigação de seguro (ou na reparação dos danos, em caso de não cumprimento desta obrigação), o qual é por isso muito próximo de um seguro contra danos sofridos por terceiros. O facto de a obrigação de seguro recair sobre a entidade patronal não é argumento em sentido contrário, uma vez que também é sobre ela que recai a maior parte das obrigações contributivas dos seus trabalhadores para a segurança social. Finalmente, a instituição de uma obrigação de seguro contra danos por parte dos trabalhadores independentes não será precisamente argumento para demonstrar que a responsabilidade civil não passa neste caso de uma construção para assegurar que a entidade patronal procede ao seguro contra danos dos seus trabalhadores dependentes? Efectivamente, fará algum sentido defender-se que o seguro dos trabaladores independentes visa protegê-los da eventualidade de sofrerem danos, enquanto o seguro dos trabalhadores dependentes visa antes proteger a entidade patronal de eventuais acções de responsabilidade pelo risco?

A absorção desse regime pelo direito da segurança social, prevista quer no art. 72.º da Lei n 28/84 de 14 de Agosto, quer no art. 111.º da Lei 17/2000, de 8 de Agosto, mas sucessivamente adiada permitirá uma distribuição mais eficaz dos custos dos acidentes por toda a colectividade, cavando ainda mais o fosso em relação ao processo de individualização de um sujeito responsável, representado pelo instituto da responsabilidade civil.

PARTE IV – O PROBLEMA DO CONCURSO DA RESPONSABILIDADE CIVIL COM A REPARAÇÃO DE DANOS EMERGENTES DE ACIDENTES DE TRABALHO

1. Posição do problema

Concluímos atrás que o regime jurídico dos acidentes de trabalho tinha por função tutelar a segurança económica da vítima permitindo-lhe obter uma reparação pelo prejuízo sofrido não subordinada à verificação dos pressupostos da responsabilidade civil. Não queremos no entanto, concluir este estudo sem referir as consequências de, em certos casos, esses pressupostos se verificarem. Trata-se, então, do problema do concurso de responsabilidade civil com o dispositivo da Lei de Acidentes de Trabalho.

Parece-nos óbvio que a protecção da vítima assegurada por este regime não vai impedir o acidente de desencadear os efeitos jurídicos que derivam a sua imputação a um sujeito. A responsabilidade civil não fica assim posta de parte no domínio dos acidentes de trabalho.

As dificuldades que derivam da coexistência destes dois sistemas reparatórios são, no entanto, enormes[81]. Poder-se-á pensar numa cumulação de indemnizações? E, em caso de essa cumulação não ser possível, como conciliar os dois regimes em face da diferente consideração da culpa do lesado (cfr. os arts. 570.º do Código Civil e art. 7.º da Lei 100//97), da diferente cobertura dos danos e da distinta determinação da indemnização a atribuir?

É desse problema que nos pretendemos ocupar agora.

---
[81] Cfr. GENEVIÉVE VINEY, *Le Déclin*, pp. 68 e ss.

2. A não cumulabilidade de indemnizações

A concorrência destes dois sistemas de reparação do dano não pode seguramente gerar cumulação de indemnizações. A quantia que excedesse o dano sofrido já não estaria compreendida no objecto do dever de indemnizar (cfr. o art. 562.º do Código Civil), representando antes um verdadeiro enriquecimento sem causa (arts. 473.º e segs. do Código Civil).

Tal não vai impedir, no entanto, que a lei admita a possibilidade de o trabalhador lesado recorrer ao instituto da responsabilidade civil a fim de obter uma maior indemnização pelo dano sofrido. É o que acontece no art. 18.º e no art. 31.º da Lei 100/97, que passaremos a analisar de seguida.

3. O acidente de trabalho devido a dolo ou culpa da entidade patronal ou do seu representante

Conforme verificámos atrás a tutela dos riscos do trabalho foi desencadeada pelo facto de ser extraordinariamente difícil provar a culpa da entidade patronal na verificação do acidente. A lei não abdicou no entanto da possibilidade de efectuar um juízo moral do acidente e de lhe atribuir os correspondentes efeitos[82]. Nestes termos, o art. 18.º da Lei

---

[82] Referimos acima a dificuldade que existe em efectuar um juízo moral de um acidente de trabalho. Daí que a lei francesa (art. L 468 do *Code de la Securité Sociale*) só admita a agravação das taxas de indemnização, em caso de verificação de uma culpa excepcional da entidade patronal, a denominada *faute inexcusable*. Cfr. RENÉE JAILLET, *op. cit.*, passim e YVES SAINT-JOURS, *op. cit.*, pp. 197 e ss.

A lei italiana (art. 10.º do D.P.R. de 30/6/1965) também estabeleceu que a entidade patronal só seria obrigada a indemnizar a totalidade do dano, no caso de existir condenação penal. A doutrina entende que este regime se funda na menor gravidade do dano sofrido pelo trabalhador, quando não existe responsabilidade criminal e na inoportunidade de aplicação da responsabilidade civil neste caso, por razões de pacificação social (cfr. GIUSEPPE MARANDO *Le azioni di R.C. per infortuni sul lavoro e malattie professionali*, Milano, Giuffrè, 1977, p. 47 e ALIBRANDI, *Infortuni sul lavor e malattie professionali*, Milano, Giuffrè, 1969, p. 756. Duvidoso é, porém, saber se no nosso direito também se existe uma culpa excepcionalmente grave para responsabilizar a entidade patronal. Ao que parece, tal não sucede, uma vez que a não previsão nesta sede de qualquer critério de apreciação da culpa implica claramente a aplicação do art. 487.º, n.º 2, e, portanto, a sujeição da entidade patronal à responsabilidade por culpa leve (no mesmo sentido, CARLOS ALEGRE, *op. cit.*, pp. 103-104). Em termos práticos, porém, as dificuldades de determinação da culpa neste caso podem levar a que esta disposição só seja aplicável a casos excepcionalmente graves. Este é um facto com que o jurista tem que contar.

100/97 vem determinar um agravamento da tarifa legal de indemnização no caso de o acidente tiver sido provocado pela entidade patronal ou do seu representante, ou resultar da falta de observação das regras sobre segurança, higiene ou saúde no trabalho, passando nesse caso a tarifa a ser igual à retribuição no caso de incapacidade total ou morte, ou abranger a redução da capacidade, em caso de incapacidade parcial. Por outro lado o art. 37.º, n.º 2, estabelece que nesse caso a entidade seguradora será apenas subsidiariamente responsável pelas prestações normais previstas nessa lei.

A questão de saber qual o fundamento deste regime foi objecto de grande discussão quer em França, onde se segue uma solução semelhante[83], quer entre nós[84]. A dúvida residia no facto de, sendo considerada a tarifa normal como a indemnização do dano sofrido, a aprovação dessa taxa ainda se poderia considerar indemnização ou teria antes o carácter de uma pena pecuniária a imposta à entidade patronal. Em França a doutrina apresentou-se profundamente dividida tendo, no entanto, a jurisprudência se inclinado a favor do seu carácter penal[85]. Entre nós, aquando da elaboração da Lei 1942, a Câmara Corporativa pronunciou-se também no sentido de a agravação da tarifa legal se considerar uma pena pecuniária, uma vez que tratando-se de indemnização deveria ter sempre como medida o dano causado e não a culpa do agente. Que se trataria de uma pena evidenciá-lo-ia a regra de que nesse caso a entidade seguradora só responde a título subsidiário (hoje art. 37.º, n.º 2 da Lei 100/97)[86].

A nosso ver, trata-se de uma discussão fútil. Discutir se o art. 18.º da Lei 100/97 consagra ou não uma pena pecuniária é, no fundo, estar a discutir a função da responsabilidade civil. A dificuldade da Câmara Corporativa foi ter considerado a reparação de danos emergentes de acidentes de trabalho como responsabilidade civil, o que torna incompreensível a agravação da taxa em caso de culpa da entidade patronal. Tendo nós considerado essa reparação como fundada num dever de assistência social e de características híbridas, simultaneamente indemnizatórias e alimentares pensamos que, pelo contrário, o art. 18.º é um caso de responsabilidade civil. Representa uma imputação do dano a um sujeito a título de culpa e, como tal, acarreta as funções acessórias de prevenção

---

[83] Art. L. 468 do *Code de la Securité Sociale*. Cfr. JAILLET, *op. cit.*, pp. 277 e ss.
[84] Cfr. o Parecer da Câmara Corporativa que precedeu a elaboração da Lei n.º 1942, no *Diário das Sessões*, Suplemento n.º 74, de 7/2/1936, p. 426 P e Q.
[85] Cfr. RENÉ JAILLET, *loc. cit.*.
[86] Cfr. Parecer da Câmara Corportaiva, *loc. cit.*

e sanção que esse sistema prossegue. Neste caso, uma vez que está assegurada uma reparação para o dano (cfr. o art. 37.º, n.º 2 da Lei 100/97) a função sancionatória do instituto torna-se mais visível[87] sendo por isso que surge esta discussão.

O art. 18.º da Lei 100/97 é, então, um caso de responsabilidade civil da entidade patronal no domínio dos acidentes de trabalho. Note-se, no entanto, que este agravamento da taxa de indemnização, apesar de actualmente ser igual à retribuição ou redução da incapacidade, pode não ser suficiente para cobrir a totalidade do dano patrimonial sofrido[88], uma vez que tem como limite a retribuição do trabalhador, sendo que o acidente pode provocar-lhe outros danos patrimoniais[89].

O que a lei chama agravação de indemnização não representa senão uma limitação de responsabilidade subjectiva da entidade patronal fundada, a nosso ver, numa contrapartida prestada a essa entidade em face da sua oneração com o dever de assistência social, a que referimos atrás. Coloca-se-nos porém, a questão de saber se esta solução é justificada.

Discutiu-se em Itália se o facto de a responsabilidade da entidade patronal pelo acidente de trabalho se a afastar do direito comum[90], não representaria uma violação inconstitucional do principio da igualdade em face do lesado (art. 3.º da Constituição Italiana). A doutrina italiana pronunciou-se em sentido contrário[91], considerando que a posição do trabalhador lesado era objecto de tutela de um conjunto de normas que abrangiam os acidentes derivados da sua culpa e de caso fortuito ao mesmo tempo que os derivados da culpa da entidade patronal. A posição do trabalhador lesado vista em função deste conjunto de normas não representaria, então, qualquer infracção ao principio de igualdade.

---

[87] Refere GENEVIÈVE VINEY, *Le Déclin*, pp. 311 e ss., que a abolição dos limites indemnizatórios em caso de verificação da culpa é explicável por um retorno à função sancionatória do instituto, quando se liberta da função reparatória. Neste enquadramento é, porém, contestável a manutenção dos limites indemnizatórios, ainda que mais elevados no art. 18.º da Lei 100/97.

[88] O art. 18.º, n.º 2 remete a reparação do dano moral para o direito comum da responsabilidade civil.

[89] Conforme refere ROMANO MARTINEZ, *op. cit.* p. 187 além dos danos sobre coisas (v.g. relógio), poderá dar-se o caso de o trabalhador prestar ainda trabalho noutra empresa, sendo o acidente causa de perda também do segundo salário que auferia.

[90] Está sujeita ao D.P.R. de 30/6/1965

[91] Cfr. DE CUPIS, "Constituzionalità della limitazione della responsabilità civile dell'impreditore per l'infortunio sul lavoro", recolhido em ID, *Studi e questioni di diritto civile*, Milano, Giuffrè, 1974, pp. 335 e ss. e GIUSEPPE MARANDO, *op. cit.*, pp. 56 e ss.

Discordamos desta solução por que confunde as consequências da verificação de uma responsabilidade civil com o regime dos acidentes de trabalho sendo estes, como vimos atrás, sistemas com fundamentos diferentes. A partir do momento em que existe um nexo de imputação do dano a um sujeito as normas da responsabilidade civil devem ser plenamente aplicadas, independentemente de quem seja esse sujeito. O estabelecimento de uma limitação da reparação, que vigora mesmo em casos de dolo ou mera culpa da entidade patronal, é uma solução de duvidosa constitucionalidade, também em face do art. 13.º da nossa Constituição. Neste ponto a solução correcta seria a lei admitir a possibilidade de o lesado optar por demandar a entidade patronal segundo as regras da responsabilidade civil, o que apenas se admite em relação aos danos morais (art. 18.º, n.º 2, da Lei 100/97)[92].

O art. 18.º da Lei 100/97 admite, por outro lado, um caso de responsabilidade pelo risco, a da entidade patronal pelos actos do seu representante. Interessa-nos examinar o conteúdo dessa responsabilidade e o seu fundamento.

O que está em causa quando a lei fala em «representante» não parece ser uma verdadeira representação em sentido jurídico mas antes o facto de a entidade patronal admitir outra pessoa a exercer os poderes de autoridade e direcção a que o trabalhador se subordinou pelo contrato de trabalho. Neste ponto podemos encontrar duas soluções típicas[93]:

a) Delegação dos poderes de direcção noutro membro da empresa por força da normal hierarquia de funções dos seus membros.
b) Transferência dos poderes da direcção para outro empresário, como no caso de cessão de mão de obra, ou trabalho em comum sob a direcção de outrem.

O primeiro caso é semelhante à responsabilidade pelo facto de outrem prevista nos arts. 500.º e 800.º do Código Civil. A lei imputa o dano a uma pessoa diferente daquela que o causou tendo em atenção o anexo de subordinação existente entre os dois, conseguindo que seja uma única entidade económica, a empresa, a suportar os danos causados. Trata-se, então, da responsabilidade indirecta.

---

[92] ROMANO MARTINEZ, op. cit., pp. 188 e ss., vem defender não ter a Lei 100/97 pretendido afastar a responsabilidade civil subjectiva da entidade patronal, pelo que o trabalhador poderia continuar a recorrer a ela. Esta solução é, proém, dificilmente defensável em face do teor do art. 18.º, n.º 2.
[93] Cfr. YVES SAINT-JOURS, op. cit., pp. 211 e ss.

No segundo caso a responsabilidade funda-se não num nexo de subordinação, que não existe, mas antes em razões de prevenção. Pretende-se evitar que a entidade patronal ponha os seus trabalhadores ao serviço de empresários pouco diligentes, que eles não escolheram ao celebrar o contrato de trabalho.

A lei admite um direito de regresso da entidade patronal contra o representante. O facto de, por natureza, o direito de regresso só se poder efectuar pela quantia paga equivale a estender o privilégio da limitação da responsabilidade em relação ao representante. Conforme referimos atrás é de entender que este regime do art. 18.º da Lei 100/97 se apresenta contraditório por confundir os pressupostos de dois sistemas reparatórios distintos.

4. O acidente de trabalho causado por terceiros ou companheiros de trabalho

Quando o acidente de trabalho é causado por terceiros ou companheiros de trabalho a lei já adopta uma solução correcta, admitindo a possibilidade de o lesado intentar uma acção segundo o direito civil contra o responsável. Se a vítima receber desse responsável alguma indemnização a entidade patronal ou seguradora ficará desonerada da sua obrigação até esse montante, tem direito a ser reembolsada pela vítima das quantias que tiver dispendido e terá direito de regresso contra o responsável se a vítima não lhe tiver exigido a indemnização no prazo de um ano a contar da data do acidente (art. 31.º da Lei 100/97).

Podemos verificar, em face deste norma, que a reparação de danos emergentes de acidentes de trabalho se apresenta como que subsidiária em relação à responsabilidade civil. Pode-se ver, portanto, que o dever da assistência social, que incumbe à entidade patronal e dá origem à protecção do seguro, cessa no momento em que a vítima adquire uma indemnização através da responsabilidade civil. Pode haver lugar, portanto, à repetição do indevido (art. 31.º, n.º 2 da Lei 100/97 e art. 476.º e segs. do Código Civil) ou a um direito de regresso contra o responsável (cfr. art. 31.º, n.º 4 da Lei 100/97).

Discutível é determinar qual o verdadeiro conteúdo desse direito de regresso. Por exemplo, a seguradora que despende com a vítima certas quantias em consequência das prestações a que está obrigada por força do art. 10.º da Lei 100/97, tem direito de regresso unicamente pelas prestações que pagou à vítima ou também pelas despesas com o médico na fixação da taxa de incapacidade ou dos inquéritos com o acidente?

As caixas de Segurança Social francesas levantaram este problema, defendendo não só a possibilidade de recorrer contra o responsável por essas quantias, como também a de invocar inclusive os danos morais sofridos pela vítima quando a condenação em danos patrimoniais não chegasse para cobrir essas despesas[94].

A nosso ver, esta questão tem solução legal expressa. O fundamento deste direito de regresso reside no art. 592.º do Código Civil, que estabelece uma sub-rogação legal quando o terceiro que cumpre a obrigação está, por qualquer forma, interessado na satisfação do crédito. É este, obviamente, o caso em análise.

Quem está obrigado a indemnização por força do primado jurídico da responsabilidade civil em relação ao regime dos acidentes de trabalho é o terceiro responsável. A entidade patronal ou seguradora tem, no entanto, interesse na satisfação desse crédito, uma vez que, por força do seu dever de assistência, estaria obrigada à indemnização se se frustrasse o estabelecimento de uma responsabilidade. Ora, com base no art. 593.º do Código Civil o sub-rogado só adquire os poderes que competiam ao credor na medida da satisfação dada ao seu direito. Parece óbvio, então, que a entidade patronal ou seguradora só tem direito de regresso pelas quantias efectivamente pagas ao trabalhador lesado. Não pode, por isso, invocar danos morais sofridos pela vitima, uma vez que a indemnização que atribui não cobre esses danos.

Pensamos que essas despesas da entidade patronal ou seguradora constituem parte do objecto do dever de assistência social que se mantém, existindo ou não fundamento para atribuir a reparação de danos emergentes de acidentes de trabalho. O mesmo se passa com a obrigação de primeiros socorros. Cfr. o art. 7.º, n.º 3, da Lei 100/97 e o 24.º do Decreto-Lei 143/99.

5. Conclusão

Como pudemos verificar o regime dos acidentes de trabalho limita-se a tutelar a segurança económica do trabalhador, atribuindo uma reparação mínima do dano emergente do acidente, quando essa reparação não

---

[94] Cfr. MOISE DAHAN, *op. cit.*, pp. 166 e ss.

possa ser obtida através das regras da responsabílidade civil. Não é, no entanto, afastada a aplicação deste instituto uma vez que, como vimos, este assegura uma reparação integral do dano. Daí que o dever de assistência social que cabe à entidade patronal se reduza a um conteúdo mínimo quando se consegue imputar o dano a um responsável. No entanto, quando esse responsável é a entidade patronal essa responsabilidade é limitada devido à sua oneração com o dever de assistência social.

O PROCEDIMENTO ADMINISTRATIVO TRIBUTÁRIO DE LIQUIDAÇÃO E COBRANÇA DAS CONTRIBUIÇÕES PARA A SEGURANÇA SOCIAL*

---

* Publicado originariamente em TRIBUNAL DE CONTAS (org.), *Seminário "Direito da Segurança Social"*, Lisboa, 2000, pp. 199-220.

1. Introdução

O tema que nos é atribuído neste conferência diz respeito ao procedimento administrativo de liquidação e cobrança das contribuições para a segurança social. A sua exposição será dividida em várias partes. Na primeira parte analisaremos genericamente o problema do Direito da Segurança Social. Na segunda parte, abordar-se o problema da natureza jurídica das contribuições para a segurança social, em ordem a determinar qual o regime que lhe deve ser aplicado. Finalmente, será abordado o problema do procedimento administrativo para a sua liquidação e cobrança.

2. O Direito da Segurança Social

O desenvolvimento do Direito da Segurança Social parte do reconhecimento de um direito à segurança económica por parte dos dos membros da colectividade. Historicamente, esse sistema inicia-se com a criação dos seguros sociais, introduzidos em primeiro lugar na Alemanha por BISMARCK, sucessivamente em 1883 (doenças dos trabalhadores da indústria), 1884 (acidentes de trabalho) e 1889 (velhice e invalidez), após o que se expandiram para toda a Europa e Estados Unidos. A especialidade desses seguros derivava do facto de segurarem o risco em termos colectivos e tipicficados e não em termos individuais, sendo assim proporcionais aos salários, e sustentados tanto pelos trabalhadores e empregadores, como pelo próprio Estado[1].

Nos Estados Unidos, o processo vai sofrer um novo desenvolvimento com o *Social Security Act*, de 1935, surgido no quadro da política

---

[1] Cfr. ILÍDIO NEVES, *Direito da Segurança Social. Princípios Fundamentais numa Análise Prospectiva*, Coimbra, Coimbra Editora, 1996, p. 150 e MARIA JOÃO TOMÉ, "Segurança Social (Direito da)", em *Dicionário Jurídico da Administração Pública*, 1.º Sup, 1998, pp. 439-458.

do *New Deal* do Presidente Roosevel, que pela primeira vez, procurou proteger certas categorias da população em situação de carência, através da instituição de seguros de desemprego e velhice-morte a favor dos trabalhadores, de outras medidas de assistência a idosos, órfãos e pessoas desamparadas[2].

Posteriormente, é a Lei neo-zelandesa de 1938 a primeira a criar um sistema generalizado de segurança social, que levou a Declaração Universal dos Direitos do Homem de 1948 a reconhecer no seu art. 22.º, um direito à segurança social.

Hoje em dia é unânime o reconhecimento da enorme importância financeira das contribuições para a segurança social[3]. No último Orçamento de Estado a receita por elas gerada atinge 1708 milhões de contos, apenas sendo apenas ultrapassada na estrutura dos impostos pelo IVA como 1736 milhões de contos.

O regime geral das contribuições para segurança social consta actualmente do Decreto-Lei 199/99, de 7 de Maio, que instituiu a denominada "taxa contributiva global". O art. 3.º deste diploma fixa esta taxa em 34,75%, dos quais 23,75% competem à entidade empregadora e 11% ao trabalhador beneficiário. Já o art. 10.º deste diploma vem referir que "o montante das contribuições a pagar à segurança social é determinado pela aplicação das taxas previstas neste diploma às remunerações legalmente consideradas como base da incidência contributiva". Nesta norma, encontra-se assim uma referência clara ao acto de liquidação.

3. Natureza das contribuições para a segurança social

A natureza das contribuições para a segurança social constitui uma *vexata questio* na nossa doutrina, uma vez que a segurança social apesar de actualmente já ser em parte financiada por um adicional ao IVA e por transferências do orçamento de Estado continua a ser na sua maior parte sustentada pelas contribuições próprias que lhe são directamente destinadas, o que justifica que se discuta a sua qualificação ou não como impostos.

Para SÉRVULO CORREIA, as contribuições para a previdência teriam a natureza de taxas, uma vez que a relação de seguro social se caracteri-

---

[2] Cfr. ILÍDIO NEVES, *op. cit.*, p. 153.
[3] Cfr. SALDANHA SANCHES, *Manual de Direito Fiscal*, Lisboa, Lex, 1998, p. 26.

zaria pelo seu carácter unitário e sinalagmaticidade, o que leva a que a contribuição, por não ser unilateral mas antes contrapartida das prestações de segurança social, revista necessariamente o carácter de taxa[4].

Para ALBERTO XAVIER, as contribuições para segurança social não revesteriam a natureza de impostos, uma vez que existiria um nexo sinalagmático entre as contribuições efectuadas e as prestações auferidas pelos beneficiários, o que lhes retiraria o cariz de unilateralidade, que está na base do imposto. No entanto, como nelas o pressuposto da constituição da obrigação não consiste nem numa prestação de serviços administrativa, nem na utilização do domínio público nem na remoção de um limite jurídico à actuação dos particulares, a sua natureza não deveria ser a de uma taxa, mas antes a de um prémio de seguro de direito público, efectuado em benefício próprio por parte dos beneficiários, e obrigatoriamente imposto em benefício de terceiros, quando realizado por estranhos[5].

Pelo contrário, NUNO SÁ GOMES veio defender uma natureza mista das contribuições para a segurança social, considerando que constituem um prémio de seguro de Direito público, quando realizadas pelo próprio beneficiário, mas que constituem verdadeiros impostos sujeitos a um regime especial, quando realizadas por terceiros[6]. A esta posição veio posteriormente aderir ANTÓNIO BRAZ TEIXEIRA[7].

A verdade, no entanto, conforme salienta SALDANHA SANCHES, é que as denominadas contribuições parafiscais possuem em relação ao contribuinte todas as características do imposto, designadamente o seu carácter unilateral, coactivo e ausência de fins punitivos, apenas dele se distinguindo por uma afectação financeira específica, a determinadas entidades, e não aos fins gerais do Estado[8]. Ora, em relação às contribuições para a segurança social, a sua afectação à tutela da segurança económica das pessoas, representa, no fundo um fim geral do Estado, o que aliás é demonstrado pelo facto de o orçamento autónomo da segurança social, receber regularmente subsídios do orçamento geral do Estado.

---

[4] Cfr. SÉRVULO CORREIA, "Teoria Geral da Relação Jurídica de Seguro Social", em *ESC* ano VII, n.º 27, pp. 11-343 (306 e ss.).

[5] Cfr. ALBERTO XAVIER, *Manual de Direito Fiscal*, I, Lisboa, 1981, p. 69.

[6] Cfr. NUNO SÁ GOMES, *Manual de Direito Fiscal*, I, Lisboa, C.E.F., 1993, p. 321.

[7] Cfr. ANTÓNIO BRAZ TEIXEIRA, "Natureza jurídica das contribuições para a previdência", em AAVV, *Estudos de Comemoração do XX aniversário do Centro de Estudos Fiscais*, Lisboa, DGCI, 1983, pp. 47-61.

[8] Cfr. SALDANHA SANCHES, *Manual de Direito Fiscal*, Lisboa, Lex, 1998, p. 25.

Daí que este autor questione a não sujeição destas contribuições aos princípios gerais dos impostos como o da legalidade e, eventualmente, o da progressividade[9]. JOSÉ CASALTA NABAIS, citando VALINE, fala neste caso de uma "fiscalidade que não ousa dizer o nome", sendo assim recondutível ao imposto[10].

Actualmente, a Lei Geral Tributária adoptou uma consideração ambígua, uma vez que o art. 3.º parece abranger estas contribuições no âmbito desta lei, já que as considera tributos, mas o n.º 3 remete o seu regime geral para lei especial.

4. O Procedimento de liquidação e cobrança das contribuições

4.1. A aplicação do Código de Procedimento e Processo Tributário

Suscita-se, assim, antes de tudo uma questão: a aplicação ou não a esta situação do regime do Código de Procedimento e Processo Tributário. É uma questão, para cujo exame é importante salientar a evolução histórica verificada neste domínio.

Inicialmente, na vigência da Lei 2115, de 18 de Junho de 1962 eram os tribunais de trabalho os competentes para regular os litígios entre as instituições de previdência social e as entidades empregadores, nos termos dos arts. 169.º e ss. do Decreto n.º 45266 e do Código de Processo de Trabalho. Nesse sistema, admitia-se uma *acção de transgressão*, em caso de não cumprimento das normas de identificação dos beneficiários, declaração dos tempos de trabalho e remunerações, e pagamento das contribuições, uma *acção de condenação*, em caso de posterior não entrega das folhas de remunerações, mesmo depois de pagas as respectivas multas, e uma *acção de execução*, para cobrança coerciva, quando estivessem apenas em causa dívidas de contribuições[11]. Consequentemente, era manifesto o afastamento da segurança social do procedimento e processo tributário, e a sua plena integração no regime laboral, sendo a infracção às respectivas obrigações encarada como uma transgressão laboral.

---

[9] Cfr. SALDANHA SANCHES, *op. cit,*, pp. 26 e ss.
[10] Cfr. JOSÉ CASALTA NABAIS, *O dever fundamental de pagar impostos*, Coimbra, Almedina, 1998, p. 257.
[11] Cfr. ILÍDIO NEVES, *op. cit.*, p. 367.

Esta solução veio apenas a ser modificada a partir de 1976, já que o Decreto-Lei 511/76, de 3 de Julho, completado e alargado pelos Decretros-Lei n.ºs 348/80, de 3 de Setembro, e 449/82, de 13 de Novembro, que veio atribui aos então designados tribunais das constribuições e impostos a competência jurisdicional para conhecimento das questões relativas à obrigação contributiva, como seja a declaração de início de actividade por parte das empresas, identificação dos beneficiários, declaração de tempos de trabalho e remunerações, pagamento de contribuições, juros de mora e aplicação de multas pelas transgressões cometidas.

A Lei 28/84, de 14 de Agosto, veio confirmar esta orientação, ao determinar no seu art. 46.º, n.º 2, que "a cobrança coerciva das contribuições para a segurança social é feita através do processo de execução fiscal, cabendo aos respectivos tribunais a competência para conhecer das impugnações ou contestações suscitadas pelas entidades executadas". No entanto, essa lei não veio dispor sobre as contra-ordenações, tendo antes a Lei 38/87, de 23/12 (Lei Orgânica dos Tribunais Judiciais) determinado no seu art. 66.º que a competência para conhecer dos recursos relativas à aplicação de coimas no âmbito da segurança social pertencia aos tribunais de trabalho, o que implicou algum retrocesso em relação à submissão da segurança social ao procedimento e processo tributário.

Já o Código de Processo Tributário, aprovado pelo D.L. 154/91, de 23 de Abril, veio estabelecer que o processo relativo ao exercício dos direitos tributários, incluindo os de natureza parafiscal, reger-se pelo disposto no referido Código em tudo o que não seja estabelecido por lei especial. Esse Código previa inclusivamente no art. 154.º, um regime especial para a impugnação das receitas parafiscais.

A solução adoptada no art. 3.º, n.º 1, alínea a) da Lei Geral Tributária foi a de abranger no seu âmbito as receitas parafiscais, ainda que admitindo a sua remissão para legislação especial. Da mesma forma, o actual Código de Procedimento e Processo Tributário refere expressamente no seu art. 1.º a sua aplicação ao procedimento tributário, ressalvando, porém, a legislação especial sobre a liquidação e cobrança dos tributos parafiscais. Daqui parece resultar, portanto, que a legislação sobre a liquidação e cobrança dos tributos parafiscais constitui um regime especial, o que torna o Código de Processo Tributário apenas aplicável subsidiariamente.

No entanto, o regime legal do procedimento administrativo de liquidação e cobrança das contribuições para a segurança social encontra-se muito pouco disciplinado legislativamente, o que nos deixa algumas dúvidas sobre as soluções aplicáveis. No entanto, parece clara a existência de alguma inadequação do regime do Código de Procedimento e Processo Tributário para regulação do regime das contribuições para a segurança social. Efectivamente, apesar da regulamentação detalhada nos arts. 54.º e ss. da LGT e 44.º e ss. do CPPT, a verdade é que o procedimento de liquidação e cobrança dos tributos pressupõe normalmente uma declaração do contribuinte, mas não se esgota nessa declaração, havendo um contrôle da declaração pela administração tributária, a que se segue o acto de liquidação, destinado a tornar certa e líquida a obrigação tributária que, salvo nos casos de autoliquidação, incumbe à administração fiscal (cfr. arts. 59.º e ss. do CPPT).

Diferentemente, se passam as coisas no âmbito do sistema contributivo da segurança social. Efectivamente, e fazendo referência ao regime geral dos trabalhadores por conta de outrem, o que se verifica é a previsão da obrigatoriedade da incrição dos trabalhadores como beneficiários e das entidades patronais como contribuintes (art. 1.º do D.L. 103/80, de 9 de Maio), sendo, após a inscrição de ambos, as entidades patronais obrigadas da entregar as folhas de remunerações (art. 4.º), agora designadas declarações de remuneração após as alterações de regime instituídas pelo Decreto-Lei 199/99, de 8 de Junho, e pelo Decreto-Regulamentar 26/99, de 27 de Outubro, e a proceder ao respectivo pagamento, quer das suas contribuições, quer das contribuições devidas pelos trabalhadores, que são pagas por retenção na fonte, em virtude de desconto no seu salário. No caso do regime especial dos trabalhadores independentes, a obrigação declarativa do exercício da actividade recai sobre os próprios (art. 17.º, n.º 1 do D.L. 328/93, de 25 de Setembro, na redacção do Decreto-Lei 240/96, de 14 de Dezembro, os quais devem escolher uma remuneração convencional como base para a incidência das contribuições (art. 34.º do D.L. 328/93, de 25 de Setembro).

Verifica-se, assim, que no âmbito do sistema contributivo, todas as operações indispensáveis à liquidação das contribuições devidas estão a cargo dos contribuintes, já que, no regime dos trabalhadores por conta de outrem, são as entidades empregadoras que identificam e quantificam as remunerações objecto da incidência nas declarações que entregam, relativamente a cada trabalhador, e são também as entidades empregadoras, que aplicam as taxas relativas às remunerações declaradas, apurando assim aritmeticamente o montante das contribuições devidas. Tal implica que as instituições de segurança social fiquem normalmente reduzidas a uma actividade puramente passiva, apenas se limitando a receber as declarações respectivas e o acto de pagamento das contribuições[12], salvo se houver incumprimento por parte do sujeito passivo, hipótese em que procedem à liquidação oficiosa das contribuições.

A situação não deixa, porém, de ser equiparável ao processo de liquidação de um dos nossos impostos mais importantes: o IVA, que também se baseia essencialmente na autoliquidação, apenas ocorrendo a liquidação oficiosa, quando esta não corre dentro dos prazos legais, e possui obrigações acessórias declarativas destinadas ao contrôle da actuação do sujeito passivo. Estamos aqui, assim, plenamente perante um procedimento tributário, o que justifica claramente a aplicação do Código de Procedimento e Processo Tributário, em tudo o que não esteja expressamente regulado.

4.2. O procedimento tributário de liquidação e cobrança das contribuições

A) *A obrigação de comunicação de admissão de trabalhadores*

Examinaremos, por isso, em seguida os passos desse procedimento:
Antes de tudo, temos uma obrigação acessória, quer das entidades empregadoras (sujeito passivo e contribuinte), quer do próprio trabalhador (contribuinte), que é a de comunicar a admissão dos trabalhadores na empresa. Nos termos do art. 2.º do D.L. 124/84, de 18 de Abril, na redacção do D.L. 330/98, de 2 de Novembro, essa declaração, que é independente da inserção dos novos trabalhadores na declaração de remunerações desse mês, incumbe às entidades empregadoras e deve ser realizada no início da produção de efeito do contrato de trabalho, até ao fim da primeira metade do período normal de trabalho. Caso essa declaração seja incumprida, além de tal facto constituir contra-ordenação nos termos do art. 13.º do D.L. 64/89, de 25 de Fevereiro, presume-se que a admissão ocorreu no 1.º dia do 3.º mês anterior ao do incumprimento, com obrigação de a entidade patronal pagar as contribuições respectivas, salvo se o trabalhador estiver a receber subsídios de doença ou de desemprego, caso em que as contribuições são devidas desde a data em que o trabalhador começou a receber os referidos subsídios. Parece, no entanto, que esta situação não representa nem uma sanção pecuniária,

---

[12] Cfr. ILÍDIO NEVES, *op. cit.*, p. 403.

nem uma obrigação de pagamento de contribuições fictícias, existindo antes uma mera presunção relativamente ao momento de verificação do pressuposto de incidência, que naturalmente poderá ser elidida por prova em contrário[13].

Mas também o trabalhador, nos termos do art. 3.º do D.L. 124/84, de 18 de Abril, na redacção do D.L. 330/98, de 2 de Novembro, fica obrigado a comunicar às instituições da segurança social o início da sua actividade e o da vinculação a uma nova entidade empregadora. O incumprimento desta obrigação tem como consequência a irrelevância desse período de laboração para efeitos do pagamento de contribuições, se a entidade empregadora não tiver cumprido as respectivas obrigações, a menos que seja autorizado o pagamento de contribuições prescritas, nos termos dos arts. 9.º e ss. do D.L. 124/84, de 18 de Abril.

Em face deste regime, a obrigação declarativa das entidades empregadoras e dos trabalhadores pode qualificar-se como um dever de cooperação que, de acordo com a definição de SALDANHA SANCHES, consiste num "dever de comportamento, resultante de uma obrigação que tem por objecto uma prestação de facto, de conteúdo não directamente pecuniário, com o objectivo de permitir à administração a investigação e determinação de factos fiscalmente relevantes"[14]. Trata-se de deveres de cooperação, que no caso das entidades empregadoras são directamente conexas com a sua situação de devedora das contribuições, uma vez que o seu cumprimento visa possibilitar a cobrança das contribuições. Em relação aos trabalhadores, parece que já não se verifica essa conexão, uma vez que, em virtude do sistema de retenção na fonte, não são eles os sujeitos passivos da relação tributária, mas apenas os seus contribuintes económicos. Daí que a obrigação que lhes é imposta vise essencialmente um contrôle do cumprimento das obrigações que recaem sobre a entidade empregadora, ainda que se verifique um benefício, que é o previsto no art. 11.º do D.L. 124/84, de 18 de Abril: se o trabalhador efectuar essa declaração e tiver efectivamente prestado trabalho é-lhe considerado o período de actividade para efeitos do reconhecimento do direito e para cálculo das prestações de segurança social, independentemente do pagamento efectivo de contribuições. Nessa medida, pode-se considerar que a entrega da declaração pelo trabalhador constitui para ele um ónus.

---

[13] Neste sentido, ILÍDIO NEVES, *op. cit,*, p. 406.

[14] Cfr. SALDANHA SANCHES, *A quantificação da obrigação tributária. Deveres de cooperação, autoavaliação e avaliação administrativa*, Lisboa, C.E.F., 1995.

B) *A obrigação de entrega da declaração de remunerações e pagamento das contribuições*

Após a declaração inicial, a entidade empregadora fica obrigada a entregar mensalmente as declarações de remunerações, em suporte de papel ou informático (art. 4.º do D.R. 26/99, de 27 de Outubro, que regulamenta o D.L. 199/99, de 8 de Junho) até ao dia 15 do mês seguinte àquele a que digam respeito (art. 4.º do D.R. 26/99, de 27 de Outubro), e proceder no mesmo prazo ao pagamento das contribuições devidas (art. 10.º, n.º 1 do D.L. 199/99, de 8 de Junho). Esta declaração de remunerações constitui uma declaração tributária, não sendo como tal uma declaração de vontade, mas antes uma declaração de ciência, pelo que se prevê inclusivamente a possibilidade de a instituição de segurança social solicitar à entidade empregadora a correcção da declaração (art. 9.º do D.R. 26/99). No entanto, essa declaração tem também natureza performativa, produzindo os efeitos jurídicos de uma autoliquidação das contribuições devidas, que vincula necessariamente a entidade empregadora ao seu pagamento concomitante das contribuições liquidadas na declaração de remunerações[15].

Funcionando, assim, como autoliquidação, a declaração de remunerações fica sujeita ao regime da liquidação constante da Lei Geral Tributária e do Código de Procedimento e Processo Tributário. No entanto, vem defender ILÍDIO NEVES que os efeitos deste documento ultrapassam os de uma simples liquidação tributária, uma vez que determina o surgimento de dois créditos distintos, um a favor da instituição da segurança social e outro a favor dos beneficiários, sendo o crédito a favor da instituição de segurança social de natureza financeira, constituindo uma receita do subsistema contributivo, e o crédito a favor do beneficiário de natureza jurídico-social, permitindo-lhe registar remunerações em seu nome, e estabelecer assim a determinação concreta do seu direito à segurança social[16].

Por nosso lado, discordamos desta orientação, uma vez que nos parece que os efeitos da declaração de remunerações não ultrapassam os da liquidação tributária, já que o direito do beneficiário às prestações do sistema de segurança social só se constitui quando ele se encontra numa das situações em que a lei reconhece o direito a essas prestações e a

---

[15] Cfr. ILÍDIO NEVES, *op. cit.*, p. 408.
[16] Cfr. ILÍDIO NEVES, *op. cit.*, p. 409.

declaração de remunerações, sendo um dos pressupostos normais para a formação desse direito, não se apresenta sempre como imprescindível, como se verifica nas situações de equivalência à entrega de contribuições (arts. 24.º e ss. do D.L. 45.266, de 23 de Setembro de 1963).

Reconduzimos assim os efeitos da declaração de remunerações a uma autoliquidação tributária, em que se verifica simultaneamente a declaração das remunerações como pressuposto da incidência das contribuições e a respectiva liquidação, através da aplicação das taxas correspondentes, sendo no mesmo prazo realizado o pagamento das importâncias devidas. Caso se verifique erro na realização da autoliquidação por parte do contribuinte, esta poderá assim proceder à sua impugnação que, no entanto, é obrigatoriamente precedida de reclamação, nos termos do art. 131.º do CPPT.

C) A liquidação oficiosa de contribuições

Cabe agora examinar, porém, a situação que ocorre no caso de os sujeitos passivos não cumprirem os deveres de colaboração que sobre eles incumbem, designadamente não entregando as declarações de remunerações ou não procedendo ao seu pagamento. Nesse caso, deve ocorrer a liquidação oficiosa das contribuições, uma vez que o art. 25.º, n.º 4 da Lei 28/84, de 14 de Agosto, não permite que o beneficiário seja prejudicado no seu direito às prestações se o não pagamento das contribuições resultou de facto que lhe não é imputável. Este regime encontra-se pressuposto no art. 29.º do Decreto n.º 45.266, de 23 de Setembro de 1963, que determina no seu n.º 1 que "a falta de pagamento de contribuições, quando imputável às entidades patronais não prejudica o direito às prestações por parte dos beneficiários, desde que estes tenham o tempo de inscrição regulamentar e a instituição possua elementos comprovativos da prestação de trabalho durante o período a que respeita aquela falta". Nessa situação, o n.º 2 prevê ainda que "se não forem conhecidas as remunerações respeitantes ao período em falta considerar-se-ão como tais para efeitos de cálculo das prestações pecuniárias, aquelas sobre que tenham recaído as últimas prestações pagas, ficando a entidade patronal responsável pelo excesso de prestações".

Assim, na falta de realização da autoliquidação pelas entidades empregadoras, terá que ocorrer a liquidação oficiosa das contribuições nos termos do art. 59.º, n.º 6 do CPPT, que dispõe que "sempre que a entidade competente tome conhecimento de factos tributários não declarados pelo sujeito passivo e do suporte probatório necessário, o procedimento de liquidação é instaurado oficiosamente pelos competentes serviços". Esta liquidação oficiosa constitui um acto tributário, que se caracteriza, nos termos do art. 60.º do CPPT, por ser definitivo quanto à fixação dos direitos dos contribuintes, sem prejuízo da sua eventual revisão ou impugnação, nos termos legais. Como tal, tem que ser obrigatoriamente fundamentado, nos termos do art. 77.º da Lei Geral Tributária, e devidamente notificado aos sujeitos passivos, sob pena de ineficácia (art. 36.º do CPPT). Aliás, o próprio início do procedimento deve ser comunicado aos contribuintes, nos termos do art. 69.º, n.º 2 da LGT.

Analisando agora os meios de defesa dos contribuintes em relação a este acto tributário, parece, em primeiro lugar que estará vedada ao contribuinte a utilização dos recursos hierárquicos, previstos nos arts. 66.º e ss. do CPPT. Efectivamente, a natureza jurídica das instituições de segurança social não se compadece com o recurso hierárquico e o recurso tutelar não é admissível, por não se encontrar expressamente contemplado, ao contrário do que exige o art. 177.º do CPA[17].

O contribuinte poderá, no entanto, reagir contra o acto através da reclamação graciosa, nos termos dos arts. 68.º e ss. do CPPT, estando-lhe igualmente aberta a via da impugnação judicial, sendo os fundamentos comuns.

A impugnação judicial encontra-se prevista nos arts. 99.º e ss. do CPPT, sendo neste caso os seus fundamentos *o erro na qualificação dos elementos que integram a incidência contributiva*, como por exemplo, o abranger remunerações que a lei exclui, *a incompetência da instituição de segurança social* (ex: exigência das contribuições por Centro Regional de Segurança Social diferente), *ausência ou vício da fundamentação legalmente exigida* (invocação de fundamento legal inexistente) e *preterição de outras formalidades legais*.

No caso de o fundamento da impugnação for o erro na autoliquidação, esta é obrigatoriamente precedida de reclamação (art. 131.º do CPPT). No caso de a entidade empregadora entregar montantes superiores aos descontados aos trabalhadores poderá a impugnação fazer-se por acerto nos contribuições seguintes (art. 132.º, n.º 2 CPPT)) ou precedida de reclamação no caso contrário (art. 132.º, n.º 3 CPPT).

---

[17] Neste sentido, ILÍDIO NEVES, *op. cit.*, p. 417.

D) A cobrança das contribuições

A cobrança das contribuições ocorre, em primeiro lugar com o pagamento, que deve ser feito perante as instituições de crédito ou perante as tesourarias da segurança social (art. 1.º do D.L. 236/91, de 28 de Junho), e por transferência bancária, numerário ou cheque (art. 2.º D.L. 236/91, de 28 de Junho). Além disso, a lei admite a possibilidade de a dívida ainda se extinguir por dação em cumprimento ou compensação (arts. 8.º e 10.º do D.L. 411/91, de 17 de Outubro), prevendo-se ainda a possibilidade de retenções das importâncias a pagar pelo Estado ou outras pessoas colectivas de direito público (art. 11.º do D.L. 411/91).

Caso a cobrança não ocorra, pode ocorrer a prescrição das contribuições, cujo prazo é fixado em 10 anos, nos termos do art. 53.º da Lei 28/84. No entanto, o normal é a instituição de segurança social efectuar diligências para proceder à cobrança, nos termos legais. Face ao art. 16.º do D.L. 411/91, o não pagamento das contribuições acarreta a obrigação de pagar juros de mora, que actualmente se regem pelo D.L. 73/99, de 16 de Março. Para além disso, o não pagamento das contribuições acarreta limitações jurídico-financeiras, constantes do art. 15.º do D.L. 411/91.

A cobrança coerciva faz-se através do processo de execução fiscal, nos termos do art. 148.º a) do CPPT. Face ao art. 24.º da Lei Geral Tributária, e seguindo um regime legal existente desde 1980 são subsidiariamente responsáveis pelo pagamento das contribuições os membros dos corpos sociais e os que exerçam de facto funções de administração nas sociedades, cooperativas e empresas públicas. Actualmente, porém, e nos termos do art. 23.º, n.º 4, da Lei Geral Tributária, a reversão necessita de audição prévia dos responsáveis e declaração fundamentada dos pressupostos e da extensão da sua responsabilidade, a incluir na citação.

A TRIBUTAÇÃO DOS RENDIMENTOS DE TRABALHO DEPENDENTE EM IRS[*]

---

[*] Publicado originariamente na *Ciência e Técnica Fiscal,* n.º 408 (Outubro-Dezembro de 2002), pp. 7-34, e também em INSTITUTO DO DIREITO DO TRABALHO (org.), *Estudos do Instituto de Direito do Trabalho*, IV, Coimbra, Almedina, 2005, pp. 225-248.

1. Introdução

O tema da nossa conferência respeita à tributação dos rendimentos do trabalho dependente[1]. Neste âmbito, a carga fiscal que vem especificamente incidir sobre este tipo de rendimentos reconduz-se essencialmente a duas situações: o Imposto sobre o Rendimento das Pessoas Singulares (IRS), cuja categoria A contempla especificamente esta matéria e as contribuições para a segurança social, que vêm complementar essa tributação no âmbito da parafiscalidade[2]. Face à amplitude do tema, optámos, no entanto, por restringir a nossa análise à tributação no âmbito da categoria A do IRS.

Analisemos assim esta tributação:

2. A incidência real da categoria A do IRS

2.1. Generalidades

A categoria A do IRS restringe-se aos rendimentos de trabalho dependente, os quais são normalmente delimitados por serem contrapartida de uma prestação de actividade laboral, seja ela abrangida pelo Direito Privado, seja pelo Direito Público. No entanto, o art. 2.º do Código abrange igualmente toda uma série de situações, que dificilmente se podem enquadrar nessa categoria, o que implica ter que se construir um enquadramento do facto tributário na categoria A, com base em critérios económicos e não exclusivamente jurídicos.

---

[1] O presente artigo corresponde ao texto escrito da conferência que efectuámos em 12 de Março de 2003, no Curso de Pós-Graduação em Direito do Trabalho, organizado pelo Instituto de Direito do Trabalho da FDL

[2] Nos termos do art. 3.º do D.L. 199/99, de 8 de Junho a sua taxa é actualmente de 34,75% das quais cabem 11% ao trabalhador e 23,75% à entidade patronal.

É, no entanto, possível estabelecer, no âmbito da norma de incidência da categoria A uma distinção entre o núcleo central de incidência, que nos aparece referido no n.º 1 do art. 2.º do C.I.R.S. e situações que apenas por conexão vêm a ser abrangidas nesta categoria, que são objecto de uma detalhada enumeração no art. 2.º, n.º 3 C.I.R.S.

2.2. O núcleo central da categoria A do IRS (art. 2.º, n.º 1 C.I.R.S.)

2.2.1. Generalidades

No âmbito do núcleo central da categoria A do IRS incluem-se as remunerações derivadas das seguintes quatro situações jurídicas (art. 2.º, n.º 1 C.I.R.S.):

1. Trabalho por conta de outrem, prestado ao abrigo de contrato individual de trabalho ou de outro a ele legalmente equiparado;
2. Trabalho prestado ao abrigo de contrato de aquisição de serviços ou outro de idêntica natureza, sob a autoridade e direcção da pessoa ou entidade que ocupa a posição de sujeito activo na relação jurídica dele resultante;
3. Exercício de função, serviço ou cargo público;
4. Situações de pré-reforma, pré-aposentação ou reserva, com ou sem prestação de trabalho, bem como de prestações atribuídas, não importa a que título, antes de verificados os requisitos exigíveis nos regimes obrigatórios de segurança social aplicáveis para a passagem à situação de reforma, ou, mesmo que não subsista o contrato de trabalho, se mostrem subordinadas à condição de serem devidas até que tais requisitos se verifiquem, ainda que, em qualquer dos casos anteriormente previstos, sejam devidos por fundos de pensões ou outras entidades, que se substituam à entidade originariamente devedora.

Examinemos sucessivamente estas situações:

2.2.2. Trabalho por conta de outrem, prestado ao abrigo de contrato individual de trabalho ou de outro a ele legalmente equiparado (art. 2.º, n.º 1 a) C.I.R.S.)

A primeira situação prevista no art. 2.º, n.º 1 a) do Código abrange as situações relativas às remunerações devidas por um contrato de trabalho, definido no art. 1152.º do Código Civil e no art. 10.º do Código do Trabalho, como aquele pelo qual uma pessoa se obriga, mediante retribuição a prestar a sua actividade intelectual ou manual a uma pessoa, sob autoridade e direcção desta, e que se contrapõe ao contrato de prestação de serviços, em que a prestação característica é apenas o resultado do trabalho intelectual ou manual, e não a actividade (art. 1154.º do Código Civil). Assim, no âmbito desta categoria abrange-se os rendimentos resultantes da prestação de trabalho enquanto actividade e não de trabalho enquanto resultado, uma vez que esta gera uma situação de trabalho independente, em princípio abrangida antes pela categoria B.

A norma de incidência abrange tanto os contratos de trabalho sujeitos ao regime geral, como os regimes especiais da prestação de trabalho, designadamente o *contrato de trabalho a termo* (arts. 129.º e ss. CT), o *contrato de trabalho temporário* (arts. 18.º e ss. do D.L. 358/89, de 17 de Outubro, alterado pela Lei 39/96, de 31 de Agosto e pela Lei 146/99, de 1 de Setembro), o *contrato de serviço doméstico* (D.L. 235/92, de 24 de Outubro), *o contrato de trabalho do praticante* desportivo (Lei 28/98, de 26 de Junho), o *contrato de trabalho rural* (PRT para a agricultura de 8 de Junho de 1979), o *contrato de trabalho portuário* (D.L. 280/93, de 13 de Agosto, e o D.L. 298/93, de 28 de Agosto) e o *contrato de trabalho de estrangeiros* (Lei 20/98, de 12 de Maio, e futuramente arts. 86.º e ss. CT).

Já não constituirão, no entanto, situações de trabalho subordinado os casos do contrato de aprendizagem (arts 16.º e ss. do D.L. 205/96, de 25 de Outubro), que constitui antes uma situação de prestação de serviços[3].

Controversa tem sido neste âmbito a tributação dos porteiros, onde se tem hesitado na sua qualificação como contrato de trabalho, parecendo a melhor posição a de que constitui um contrato misto de locação e prestação de serviços[4]. No entanto, a verdade é que a PRT de 2/5/1975, alterada pela PRT de 20/6/1975 determinou a sujeição dos porteiros ao regime do contrato de trabalho, o que motivou que um Despacho da DGCI de 26/9/1989 viesse a qualificar a sua retribuição como enquadrável na categoria A do IRS[5].

---

[3] Cfr. PEDRO ROMANO MARTINEZ, *Direito do Trabalho*, Coimbra, Almedina, 2002, p. 649

[4] Cfr. ROMANO MARTINEZ, *op. cit.*, p. 658.

[5] Cfr. ANDRÉ SALGADO DE MATOS. *Código do Imposto sobre o Rendimento das Pessoas Singulares Anotado*, Lisboa, ISG, 1999, pp. 66-67.

Abrangem-se ainda nesta situação os contratos em que exista uma equiparação legal ao contrato de trabalho. Estarão nesta situação, por força do art. 13.º CT, todos os contratos que tenham por objecto a prestação de trabalho, sem subordinação jurídica, desde que o trabalhador deva considerar-se na dependência económica do beneficiário da actividade.

2.2.3. Trabalho prestado ao abrigo de contrato de aquisição de serviços ou outro de idêntica natureza, sob a autoridade e direcção da pessoa ou entidade que ocupa a posição de sujeito activo na relação jurídica dele resultante (art. 2.º, n.º 1 b) C.I.R.S.)

Tem sido bastante controvertida a interpretação a dar à alínea b) do art. 2.º, n.º 1 do CIRS, que faz referência ao contrato de aquisição de serviços, sob a autoridade ou direccção da pessoa que ocupa a posição de sujeito activo da relação jurídica dele resultante. É manifesto que, ao se fazer referência à prestação de trabalho sob a autoridade ou direcção doutrem, o legislador se refere a situações de trabalho dependente, permitindo que a administração fiscal enquadre a situação na categoria A, sempre que conclua existir autoridade ou direcção de outrem, mesmo que as partes tenham optado pela qualificação do tipo contratual da prestação de serviços.

Para além disso, certos contratos legalmente qualificados como de prestação de serviços, mas que pressupõem uma efectiva relação de trabalho com outra entidade que não o beneficiário de serviço são aqui enquadrados. É o que sucede com o contrato de utilização de trabalho temporário (arts. 9.º e ss. do D.L. 358/89, de 17 de Outubro) ou com o contrato de cedência temporária (arts. 17.º e ss. do D.L. 358/89, de 17 de Outubro) ou com a cedência ocasional de trabalhadores (arts. 322.º e ss. CT)[6].

Já quanto à prestação de serviços em geral (art. 1154.º), designadamente as modalidades típicas do mandato, depósito e empreitada, esta não é enquadrável no âmbito da categoria A. Deve, no entanto, salientar-se que se a prestação de serviços for realizada a uma única entidade é permitido ao sujeito passivo optar pela tributação de acordo com as regras da categoria A, mantendo-se essa opção por um período de três anos (art. 28.º, n.º 8 do C.I.R.S.).

---

[6] Cfr. ANDRÉ SALGADO DE MATOS, *op. cit.*, p. 69.

2.2.4. *Exercício de função, serviço ou cargo público (art. 2.º, n.º 1 c) C.I.R.S.)*

Outra situação abrangida no âmbito do núcleo central da categoria A do IRS diz respeito à função, serviço ou cargo público. Abrange-se, portanto, aqui todo e qualquer servidor público, que exerça a sua actividade no âmbito da administração pública, orgãos políticos ou tribunais e quer trabalhe para o Estado, para as Regiões Autónomas ou para as Autarquias Locais. Incluem-se aqui, portanto, os titulares de cargos políticos e altos cargos públicos, os magistrados, os militares no activo, e os empregados na administração pública. De acordo com o D.L. 184/89, de 2 de Junho, alterado pela Lei 25/98, de 26 de Maio, a relação jurídica de emprego na administração pública tanto pode abranger a nomeação (art. 6.º) como o contrato de pessoal (art. 7.º), sendo que o contrato de pessoal por sua vez tanto pode ser contrato administrativo de provimento (art. 8.º), como contrato de trabalho a termo certo, sendo que neste último caso é regido pela lei geral de trabalho relativa aos contratos a termo (art. 9.º). A Administração pode ainda celebrar contratos de prestação de serviços (art. 10.º), os quais não são obviamente enquadráveis no âmbito da categoria A.

2.2.5. *Situações de pré-reforma, pré-aposentação ou reserva, com ou sem prestação de trabalho, bem como de prestações atribuídas, não importa a que título, antes de verificados os requisitos exigíveis nos regimes obrigatórios de segurança social aplicáveis para a passagem à situação de reforma, ou, mesmo que não subsista o contrato de trabalho, se mostrem subordinadas à condição de serem devidas até que tais requisitos se verifiquem, ainda que, em qualquer dos casos anteriormente previstos, sejam devidos por fundos de pensões ou outras entidades, que se substituam à entidade originariamente devedora (art. 2.º, n.º 1 d) C.I.R.S.)*

Numa formulação extremamente complexa, abrangem-se nesta norma várias situações:

A) Pré-reforma

A pré-reforma, regulada pelo D.L. 261/91, de 15 de Julho, consiste de acordo com o seu artigo 3.º, na situação de suspensão ou redução da prestação de trabalho realizada com o acordo do trabalhador maior de 55 anos em que este recebe temporariamente uma prestação pecuniária mensal, até passar à situação de pensionista, regressar à actividade ou se extinguir o contrato de trabalho.

B) Pré-aposentação

A pré-aposentação consiste num instituto jurídico próximo da pré--reforma aplicável aos membros da polícia de segurança pública, tendo esse regime sido instituído pelo D.L. 417/86, de 19 de Dezembro, alterado pelo D.L. 458/88, de 14 de Dezembro e pelo D.L. 58/90, de 14 de Fevereiro, e cujos requisitos constam do art. 77.º do Estatuto da Polícia de Segurança Pública, aprovado pelo Decreto-Lei n.º 151/85, de 9 de Maio, com a redacção que lhe foi conferida pelo Decreto-Lei n.º 447/91, de 27 de Novembro. Esse instituto foi depois extensivo ao pessoal de vigilância da Direcção Geral dos Serviços Prisionais, pelo D.L. 316/91, de 18 de Janeiro e aos funcionários públicos, anteriormente inseridos no Quadro de Excedentes Interdepartamentais, pelo art. 7.º do D.L. 14/97, de 11 de Janeiro.

A pré-aposentação, no âmbito da PSP ocorre obrigatoriamente aos 60 anos (salvo para as categorias de sub-intendente, intendente ou superintendente, em que ocorre antes aos 65 anos, e de comissário principal, que ocorre aos 62 anos), podendo ainda ser concedida aos que tenham mais de 55 anos de idade ou 36 de serviço ou sejam considerados incapazes para o serviço activo, embora não para outras funções. Pode realizar--se com ou sem manutenção da prestação de actividade, uma vez que implica apenas a manutenção da disponibilidade para o serviço e implica o recebimento de uma prestação idêntica ao salário do trabalhador.

No caso dos funcionários anteriormente inseridos no QEI, caracteriza-se por suspender o vínculo à função pública e atribuir o direito à percepção de uma prestação pecuniária mensal correspondente a 50% da respectiva remuneração base e dos subsídios de Natal e de férias, a suportar pelo serviço ou organismo de origem.

C) Reserva

A reserva consiste numa situação semelhante à anterior, aplicável aos militares, constituindo uma fase intermédia entre o activo e a reforma. A reserva é regulada pelos art. 143.º e 153.º e ss. do Estatuto dos Militares das Forças Armadas, aprovado pelo Decreto-Lei n.º 236/99, de 25 de Junho. Pode implicar ou não a cessação da prestação normal de serviço efectivo e determina o recebimento de uma remuneração, sujeita a critérios vários. Também se aplica o regime da reserva aos militares da Guarda Nacional Republicana, nos termos do art. 77.º do Estatuto, aprovado pelo D.L. 265/93, de 31 de Julho.

D) Prestações pagas antes de verificados os requisitos para a passagem à reforma

As prestações pagas, não importa a que título, antes de verificados os requisitos dos regimes obrigatórios de segurança social aplicáveis para a passagem à situação de refoma, ou mesmo que não subsista o contrato de trabalho, se mostrem subordinadas à condição de serem devidas até que tais requisitos se verifiquem, mesmo que sejam devidas por fundos de pensões ou outras entidades, que se susbtituam à entidade originariamente devedora. Trata-se neste caso de situações semelhantes à pré-reforma, ainda que não enquadráveis no respectivo regime (por, por exemplo, o trabalhador ainda não ter atingido os 55 anos), sendo que a entidade empregadora ou outra entidade conveciona com o trabalhador a suspensão ou redução da prestação de trabalho mediante a atribuição de uma remuneração até se atingir a idade da sua aposentação.

Conforme se pode verificar, trata-se de situações ainda não abrangidas na categoria H (rendimentos de pensões) e que, por isso, são tributáveis no âmbito da categoria A do IRS.

2.2.6. Natureza das remunerações abrangidas nesta sede

A lei tem o cuidado de especificar o cariz abrangente da norma de incidência, referindo que as remunerações são tributadas, independentemente da sua qualificação jurídica abrangendo por isso, designadamente, ordenados, salários, vencimentos, gratificações, percentagens, comissões, participações, subsídios ou prémios, senhas de presença, emolumentos, participações em coimas ou multas e outras remunerações acessórias, ainda que periódicas, fixas ou variáveis, de natureza contratual ou não (art. 2.º, n.º 2 C.I.R.S.)[7]. Não há, portanto, qualquer possibilidade de

---

[7] Conforme refere SALDANHA SANCHES, *Manual de Direito Fiscal*, 2.ª ed., Coimbra, Coimbra Editora, 2002, p. 208, e nota (11), estabelece-se neste caso uma previsão normativa que visa, através da sucessiva enumeração abranger todas as modalidades contratuais possíveis de percepção deste tipo de rendimento.

aplicar, em sede de IRS o conceito de retribuição constante dos arts. 249.º e ss. CT, que apenas inclui "a retribuição-base e todas as outras prestações regulares e periódicas feitas, directa ou indirectamente, em dinheiro ou em espécie" (art. 249.º, n.º 2). Efectivamente, as gratificações, os prémios de assiduidade e a participação nos lucros, apesar de excluídas do conceito de retribuição nos arts. 261.º e 262.º CT integram o conceito de remuneração objecto de incidência da categoria A do IRS.

É, no entanto, de salientar que este conceito abrangente de remuneração continua a ter que estar em conexão com a prestação de trabalho ou outras prestações abrangidas na categoria A, sem o que o enquadramento fiscal pode ser outro.

2.3. Situações periféricas introduzidas no âmbito da categoria A do IRS

2.3.1. Generalidades

Na disposição do art. 2.º, n.º 3 do CIRS vem o legislador introduzir ainda uma referência a situações periféricas que não fazendo parte do núcleo central da categoria A do IRS vêm a ser, no entanto, a ela equiparadas. Entre elas incluem-se as seguintes:

2.3.2. Remunerações dos órgãos estatutários de gestão das pessoas colectivas e entidades equiparadas, com excepção dos que nela participem como revisores oficiais de contas (art. 2.º, n.º 3 a) C.I.R.S.)

Nunca se considerou a existência de uma relação laboral em relação aos órgãos estatutários das pessoas colectivas. No entanto, a lei fiscal vem integrá-la totalmente no âmbito da tributação do trabalho dependente. Exceptuam-se apenas os revisores oficiais de contas, uma vez que os seus rendimentos são tributados na categoria B.

2.3.3. Remunerações acessórias (fringe benefits)

Outra situação que se encontra prevista no âmbito do IRS como objecto de tributação são as denominadas remunerações acessórias (*fringe benefits*), definidas na cláusula geral do art. 3.º b) como os direitos, benefícios ou regalias não incluídos na remuneração principal que sejam auferidos devido à prestação de trabalho, ou em conexão com esta e constituam para o seu beneficiário uma vantagem económica[8]. O que caracteriza estas remunerações é o facto de terem normalmente um carácter complementar relativamente à retribuição devida pela prestação de trabalho, ainda que constituam um encargo directo ou indirecto da entidade patronal e façam parte dos benefícios que o trabalhador recebe por virtude dessa prestação e que por isso se consideram corresponder a uma manifestação da sua capacidade contributiva. Neste caso, podem estar em causa prestações com natureza pecuniária como subsídios, abonos ou pagamento de determindas despesas, mas também prestações sem natureza pecuniária como a atribuição de casa ou automóvel de função, o fornecimento de refeições no local de trabalho, etc[9]. A atribuição destes benefícios muitas vezes é realizada com fins de planeamento fiscal, uma vez que a disponibilidade do dinheiro como meio geral de pagamentos permitiria sempre ao trabalhador a sua utilização para a aquisição de quaisquer destes benefícios. Assim, se se generaliza a prática de estas serem atribuídos pela entidade patronal é precisamente pela dificuldade em efectuar a sua tributação, minorando-se assim a carga fiscal que incide sobre o trabalhador[10]. Daí a necessidade de a lei fiscal estender a tipificação a alguma destas realidades, o que é realizado pelo art. 2.º, n.º 3 C.I.R.S. Na verdade se tal não acontecesse, daí resultaria que a lei fiscal efectuaria um tratamento discriminatório de contribuintes com idêntica capacidade contributiva, consoante a sua retribuição fosse paga normalmente ou através da atribuição de vantagens acessórias (violação da equidade horizontal), bem como poderia tributar de forma mais gravosa contribuintes de menores rendimentos, que não recebiam vantagens acessórias (violação da equidade vertical). Para além disso, a não

---

[8] Cfr. MARIA DOS PRAZERES RITO LOUSA, "Aspectos gerais relativos à tributação das vantagens acessórias", na *CTF* 374 (Abril-Junho 1994), pp. 7-62 e VASCO BRANCO GUIMARÃES, "As componentes não tributadas das remunerações e outras formas de obtenção do rendimento líquido", na *CTF* 395 (Julho-Setembro 1999), pp. 39-68.

[9] Cfr. PRAZERES LOUSA, *op. cit.*, p.

[10] Outras razões poderão existir para a concessão de vantagens acessórias, como o intuito de evitar a mobilidade do trabalhador. Efectivamente, o trabalhador a quem são atribuídos benefícios em espécie tem menos tendência para mudar o posto de trabalho, devido ao conforto que já lhe é proporcionado por esses benefícios. No entanto, o enquadramento fiscal é a razão principal para a concessão destas vantagens.

tributação das vantagens acessórias colocaria problemas de eficiência económica e neutralidade fiscal, dado que estabeleceria a orientação do consumo dos contribuintes para certos sectores de actividade, levando ao desenvolvimento desse sectores em prejuízo de outros. Finalmente, a não tributação das vantagens acessórias funcionaria como um estímulo ao incumprimento das obrigações tributárias por parte dos contribuintes que se sentiriam discriminados por não auferirem estas vantagens.

Grande parte do conteúdo desta norma já resultava do disposto no art. 2.º, n.º 2, podendo assim ela considerar-se como interpretativa da incidência da remuneração, explicando que ela abrange entre outras as seguintes situações:

1) Os abonos de família e respectivas prestações complementares, na parte em que não excedam os limites legais estabelecidos;

O abono de família é objecto de uma exclusão da incidência enquanto se mantiver dentro dos limites legais, operando-se assim uma derrogação à sua previsão no âmbito do art. 2.º, n.º 2 do C.I.R.S., onde se abrangem todos e quaisquer abonos. Trata-se de uma situação que se justifica por constituir uma forma de protecção da família, revestindo assim a natureza de um benefício fiscal. Efectivamente, o facto de o Código do IRS adoptar o sistema do quociente conjugal (*splitting*) em lugar do quociente familiar (divisão pelo número de membros do agregado familiar) implica um desfavorecimento fiscal das famílias numerosas. O benefício consistente na não tributação parcial do abono de família constitui assim uma forma de minorar essa situação[11].

2) O subsídio de refeição, na parte em que exceder em 50% o limite legal estabelecido ou em 70% sempre que o respectivo subsídio seja atribuído através de vales de refeição.

O subsídio de refeição é objecto de tributação nos termos gerais, mas existe uma delimitação negativa da incidência do imposto até ao limite legal, acrescido de 50%. Assim, estariam isentas do imposto os subsídios de refeição que não excedessem os seguintes limites por cada dia de trabalho: em 1998 de 4.49 euros (Portaria 29-A/98, de 16 de

---

[11] Cfr. VASCO GUIMARÃES, *op. cit.*, p. 51.

Janeiro); em 1999, de 4,68 euros (Portaria 147/99, de 27 de Fevereiro); em 2000 de 4,86 euros (Portaria 239/2000, de 29 de Abril; em 2001 de 5,09 euros (Portaria 80/2001, de 8 de Fevereiro) e em 2002 de 5,24 euros (Portaria 88/2002, de 28 de Janeiro)[12].

A parte objecto de isenção pode elevar-se ao limite legal acrescido de 70%, quando o pagamento for efectuado através de vales de refeição, o que constitui um benefício fiscal suplementar a essa forma de pagamento, justificada pelo facto de assegurar a efectiva utilização dessa importância em refeições.

3) As importâncias dispendidas, obrigatória ou facultativamente, pela entidade patronal com seguros e operações do ramo "vida", contribuições para fundos de pensões, fundos de poupança-reforma ou quaisquer regimes complementares de segurança social, desde que constituam direitos adquiridos e individualizados dos respectivos beneficiários, bem como as que, não constituindo direitos adquiridos e individualizados dos respectivos beneficiários, sejam por estes objecto de resgate, adiantamento, remição ou qualquer forma de antecipação da correspondente disponibilidade ou, em qualquer caso, de recebimento do capital, mesmo que estejam reunidos os requisitos legais para a passagem à situação de reforma e esta se tenha verificado.

Estão em causa naturalmente nesta disposição as contribuições da entidade patronal para sistemas facultativos de protecção social, determinando a lei que essas contribuições são consideradas rendimento do trabalho dependente e tributadas na esfera do trabalhador em dois casos: o de constituirem direitos adquiridos e individualizados dos respectivos beneficiários –, esclarecendo o n.º 9 desta disposição que se consideram direitos adquiridos dos respectivos beneficiários aqueles cujo exercício não depende da manutenção do vínculo laboral, ou como tal considerado para efeitos fiscais – ou quando venham a ser objecto de alguma forma de antecipação da disponibilidade, ainda que estejam preenchidos os requisitos para a passagem à reforma ou esta se tenha verificado. Daqui resulta que as contribuições para os sistemas da segurança social só não são consideradas rendimento de trabalho dependente quando sejam respeitantes ao regime geral de segurança social ou quando, embora

---

[12] Cfr. JOSÉ ALBERTO PINHEIRO PINTO, *Fiscalidade*, Lisboa, Areal Editores, s.d., p. 132.

respeitante a regimes complementares, não constituam direitos adquiridos e individualizados dos beneficiários e não sejam objecto de qualquer forma de antecipação da disponibilidade. Para além disso, o art. 2.º, n.º 8 a) determina que não constituem rendimento tributável as prestações efectuadas pelas entidades patronais para regimes obrigatórios de segurança social, ainda que de natureza privada, que visem assegurar exclusivamente benefícios em caso de reforma, invalidez ou sobrevivência.

A previsão destes dois casos no âmbito das remunerações acessórias sujeitas a tributação tem duas explicações distintas: Relativamente ao facto de constituirem direitos dos beneficiários, verifica-se que as contribuições são dedutíveis à colecta do I.R.S., pelo que se fossem suportados pela entidade patronal sem constiuirem rendimento no sujeito passivo constituiram uma forma de dedução fraudulenta. O art. 86.º do C.I.R.S. vem, por isso, estabelecer que no caso de estas contribuições serem pagas por terceiro só podem ser objecto da dedução no caso de terem sido comprovadamente objecto de tributação no sujeito passivo. O segundo caso visa evitar que através da antecipação da disponibilidade do rendimento, o sujeito pasivo viesse a conseguir receber as quantias em dinheiro, sem passar pelo crivo da tributação no âmbito desta categoria[13].

4) Os subsídios de residência ou equivalentes ou a utilização da casa de habitação fornecida pela entidade patronal.

A atribuição de subsídio de residência, ou mesmo o fornecimento de casa de habitação por parte da entidade patronal, constitui igualmente uma vantagem acessória para o sujeito passivo, na medida em que este, ao não suportar encargos com a aquisição da sua própria residência, obtém uma poupança, que na concepção de rendimento como acréscimo patrimonial é susceptível de tributação[14]. Esta norma tem sido, porém, objecto de uma interpretação restritiva pela nossa jurisprudência, na medida em que em sucessivas decisões se tem sustentado não poder

---

[13] Cfr. ANDRÉ SALGADO DE MATOS, *op. cit.*, p. 82.
[14] Conforme refere SALDANHA SANCHES, "Antigas e novas remunerações em espécie: o seu regime fiscal", em PEDRO ROMANO MARTINEZ (org.), *Estudos do Instituto de Direito do Trabalho*, Coimbra, Almedina, 2001, pp. 387-396 (393) "suportar a despesa com habitação do empregado da empresa significa atribuir-lhe uma parte importante do rendimento".

ser objecto de tributação o fornecimento de casa de função a magistrados ou o pagamento de subsídio de compensação, em caso de não fornecimento[15].

5) Os resultantes de empréstimos sem juros ou a taxa de juro inferior à de referência para o tipo de operação em causa, concedidos ou suportados pela entidade patronal, com excepção dos que se destinem à aquisição de habitação própria permanente, de valor não superior a 27.000.000$00 (€ 134675,43) e cuja taxa não seja inferior a 65% da prevista no art. 10.º do D.L. 138/98, de 16 de Maio.

Esta norma visa abranger uma situação muito comum nos contratos de trabalho celebrados com instituições financeiras, que é a atribuição ao trabalhador de empréstimos sem juros ou com taxa de juro abaixo do preço de mercado. Ao contrário do que parece resultar da redacção da lei é manifesto que neste caso o que vem a ser objecto de tributação é a diferença entre a taxa de juro efectivamente praticada pela instituição financeira e a taxa de juro aplicável ao empréstimo em causa, como aliás refere o art. 24.º, n.º 3 C.I.R.S. Existe ainda no entanto um benefício fiscal atribuído a certos empréstimos para aquisição de habitação própria permanente, que permite a dedução à colecta de 30% dos juros suportados, como o limite de euros 527, 99 (art. 85.º, n.º 1 a) C.I.R.S.).

6) As importâncias despendidas pela entidade patronal com viagens e estadas, de turismo e similares, não conexas com as funções exercidas pelo trabalhador ao serviço da mesma entidade.

Existe também uma vantagem acessória, na situação de a entidade patronal fornecer ao trabalhador viagens e estadas não conexas com as suas funções, o que justifica que este benefício venha a ser igualmente objecto de tributação. Não são aqui, no entanto, inseridas as faculdades que as empresas de aviação, transporte marítimo ou ferro-

---

[15] Neste sentido, vide os Ac. STA 19/1/1994 (FERREIRA TORMENTA) e Ac. STA 12/10/1994 (HERNÂNI FIGUEIREDO), na *RLJ* 127 (1994-1995), respectivamente pp. 105-113 e 361-363, ambos com anotações desfavoráveis de TEIXEIRA RIBEIRO, na mesma Revista, a pp. 113-115 e 363-365. Cfr. ainda ID, "A noção de rendimento na reforma fiscal", na mesma Revista, a pp. 322-324.

viário, oferecem aos seus empregados para nelas viajarem, uma vez que neste caso não existe qualquer importância despendida pela entidade patronal.

7) Os ganhos derivados de planos de opções, de subscrição, de atribuição ou outros de efeito equivalente, sobre valores mobiliários ou direitos equiparados, ainda que de natureza ideal, criados em benefício de trabalhadores ou membros de órgãos sociais, incluindo os resultantes da alienação ou liquidação financeira das opções ou direitos ou de renúncia onerosa ao seu exercício a favor da entidade patronal ou de terceiros, e, bem, assim, os resultantes da recompra por essa entidade, mas, em qualquer caso, apenas na parte em se revista de carácter remuneratório, dos valores mobiliários ou direitos equiparados, mesmo que os ganhos apenas se materializem após a cessação da relação de trabalho ou de mandato social.

É extremamente comum atribuir como vantagem acessória, em virtude da ligação que estabelecem à empresa *shares ou stock options*, ou seja, opções de subscrição ou de compra de acções oferecidas aos trabalhadores que as podem exercer, num prazo determinado, para subscrever ou comprar acções da sociedade por um preço previamente estabelecido. Normalmente os próprios direitos de opção têm um valor de mercado e podem ser negociados antes do prazo para o seu exercício.

O rendimento tributável consiste essencialmente na diferença entre o valor de aquisição e o valor de alienação do valor mobiliário, ainda que a lei o limite ao ganho de natureza remuneratória. É de referir que a alienação onerosa dos valores mobiliários já é susceptível de ser tributada no âmbito da categoria G[16], mas tem sido tendência comum nas legislações o seu enquadramento no âmbito da tributação das remunerações acessórias[17]. Actualmente as regras da definição do cálculo desta forma de tributação constam do art. 24.º, n.º 4 C.I.R.S[18].

---

[16] Por esse motivo, MANUEL FAUSTINO, *op. cit*, p. 75 chegou a defender a não tributação deste rendimento na categoria A.

[17] Cfr. PRAZERES LOUSA, *op. cit.*, p. 36.

[18] Cfr. ainda JORGE FIGUEIREDO "Da tributação dos planos de opção de compra e subscrição de acções pelos trabalhadores: uma abordagem integrada", em *Fisco* 53 (Abril 1993), pp. 30-38.

8) Os rendimentos, em dinheiro ou em espécie, pagos ou colocados à disposição a título de direito a rendimento inerente a valores mobiliários ou direitos equiparados, ainda que estes se revistam de natureza ideal, e, bem assim, a título de valorização patrimonial daqueles valores ou direitos, independentemente do índice utilizado para a respectiva determinação, derivados de planos de subscrição, de atribuição ou outros de efeito equivalente, criados em benefício de trabalhadores ou membros de órgãos sociais, mesmo que o pagamento ou colocação à disposição ocorra apenas após a cessação da relação de trabalho ou de mandato social.

À semelhança do que sucede na norma anterior, enquadra-se na categoria A os rendimentos dos valores mobiliários resultantes de planos de subscrição, atribuição ou outros criados em benefício dos trabalhadores ou membros de órgãos sociais, ainda que esse rendimento seja recebido apenas após a extinção da respectiva relação.

9) Os resultantes da utilização pessoal pelo trabalhador ou membro de órgão social de viatura automóvel que gere encargos para a entidade patronal, quando exista acordo escrito entre o trabalhador ou membro do órgão social e a entidade patronal sobre a imputação àquele da referida viatura automóvel.

Nesta hipótese, o art. 24.º, n.º 5, estabelece que o rendimento anual corresponde ao produto de 0,75% do seu custo de aquisição multiplicado pelo número de meses de utilização do automóvel. É, no entanto, de referir que a tributação raramente ocorrerá neste caso, dada a exigência do acordo escrito entre a entidade patronal e o trabalhador para que esta tributação ocorra. Ora, o trabalhador dificilmente aceitará celebrar esse acordo, em virtude de passar a ser tributado em IRS por este montante. Mas também a entidade patronal não tem qualquer interesse na celebração desse acordo, uma vez que deixará de ficar sujeita à tributação autónoma das reintegrações da viatura, nos termos do art. 81.º, n.º 6 C.I.R.C. sendo que a sua taxa corresponde a apenas 20% da taxa de IRC mais elevada. Não se torna assim vantajoso, quer para a entidade patronal, quer para o trabalhador a celebração desse acordo, que acarreta consequências fiscais desfavoráveis para ambos[19].

---

[19] Cfr. José Alberto Pinheiro Pinto, *op. cit*, p. 133.

10) A aquisição pelo trabalhador ou membro de órgão social, por preço inferior ao valor de mercado, de qualquer viatura que tenha originado encargos para a entidade patronal.

Neste caso, o art. 24.º, n.º 6, estabelece que o rendimento consiste na diferença positiva entre o respectivo valor de mercado e o somatório dos rendimentos anuais tributados como rendimentos decorrentes da atribuição de uso com a importância paga a título de preços de aquisição, referindo ainda o n.º 7 que se considera como valor de mercado o que corresponder à diferença entre o valor de aquisição e o produto desse valor pelo coeficiente de desvalorização constante de tabela a aprovar por portaria do Ministro das Finanças.

A percepção deste rendimento é objecto de uma presunção legal, presumindo-se que a viatura foi adquirida pelo trabalhador ou membro de órgão social, quando seja registada no seu nome, no de qualquer pessoa que integre o seu agregado familiar ou no de outrem por si indicada, no prazo de dois anos a contar do exercício em que a viatura deixou de originar encargos para a entidade patronal.

2.3.4. Os abonos para falhas devidos a quem, no seu trabalho tenha que movimentar numerário na parte em que excedam 5% da remuneração mensal fixa (art. 2.º, n.º 3 c) C.I.R.S)

O abono para falhas consiste numa remuneração normalmente atribuída a quem movimento dinheiro no seu trabalho, destinada a permitir cobrir eventuais falhas de caixa. Há aqui uma exclusão da incidência da tributação desse subsídio, até ao limite de 5% da remuneração mensal fixa. Se exceder esse limite, apenas o excesso será tributado. Naturalmente que para efeitos de cálculo desse montante se contam os subsídios de Natal e de férias, apenas se excluindo as remunerações que não tenham natureza fixa[20].

---

[20] Neste sentido, MANUEL FAUSTINO, *op. cit.*, p. 75.

2.3.5. As ajudas de custo e as importâncias auferidas pela utilização de automóvel próprio em serviço da entidade patronal, na parte em que ambas excedam os limites legais ou quando não sejam observados os pressupostos da sua atribuição aos servidores do Estado e as verbas para despesas de deslocação, viagens ou representação de que não tenham sido prestadas contas no termo do exercício fixa (art. 2.º, n.º 3 d) C.I.R.S)

Estabelece-se neste caso uma tributação das ajudas de custos e das importâncias auferidas pela utilização de automóvel próprio ao serviço da entidade patronal, mas apenas quando excedam os limites legais ou não sejam prestadas contas no termo do exercício[21]. O regime legal das ajudas de custo consta do D. L. 106/98, de 24 de Abril, relativamente a deslocações no território nacional e do D.L. 192/95, de 28 de Julho, relativamente a deslocações ao estrangeiro. Parece, no entanto, que aplicação desse regime abrange apenas os limites quantitativos das ajudas de custos e não os limites qualitativos que existem para os servidores do Estado, designadamente o alojamento em hotel de três estrelas (art. 2.º, n.º 1 b) do D.L. 192/95)[22]. Os limites diários para as ajudas de custos foram os seguintes: em 1998, de 48,46 euros no território nacional e de 115,01 euros no estrangeiro (Portaria 29-A/98, de 16 de Janeiro); em 1999, de 49,92 euros no território nacional e de 118,46 euros no estrangeiro (Portaria 147/99, de 27 de Fevereiro); em 2000 de 51,18 euros no teritório nacional e 121,43 euros no estrangeiro (Portaria 239/2000, de 29 de Abril; em 2001 de 53,07 euros no território nacional e 125,93 euros no estrangeiro (Portaria 80/2001, de 8 de Fevereiro) e em 2002 de 54,53 euros no território nacional e de 129,39 euros no estrangeiro (Portaria 88/2002, de 28 de Janeiro).

Já em relação às importâncias auferidas pela utilização de automóvel próprio ao serviço da entidade patronal, os seus valores foram os seguintes: em 1998 0,29 euros por quilómetro (Portaria 29-A/98, de 16

---

[21] Esta solução para a tributação das ajudas de custo constitui um especialidade, uma vez que face ao conceito de rendimento-acréscimo, qualquer pagamento de ajudas de custo deveria ser qualificado como rendimento, o que no entanto, em face do IRS, apenas ocorre, uma vez ultrapassados os limites legais. Cfr. João Ricardo Catarino, "Ajudas de custo – algumas notas sobre o regime substantivo e fiscal", em *Fisco*, n.º 97/ /98 (Setembro de 2001), pp. 77-91 (79).

[22] Cfr. João Ricardo Catarino, *Fisco*, n.º 97/98 (Setembro de 2001), pp. 83 e 86.

de Janeiro); em 1999 e 2000, 0,30 euros por quilómetro (Portaria 147/ 99, de 27 de Fevereiro e Portaria 239/2000, de 29 de Abril; em 2001 0,32 euros por quilómetro (Portaria 80/2001, de 8 de Fevereiro) e em 2002 de 0,33 por quilómetro (Portaria 88/2002, de 28 de Janeiro)[23].

> *2.3.6. Quaisquer indemnizações resultantes da constituição, extinção ou modificação de relação jurídica que origine rendimentos de trabalho dependente, incluindo as que respeitem ao incumprimento das condições contratuais, ou sejam devidas pela mudança de local de trabalho fixa (art. 2.º, n.º 3 e) C.I.R.S), sem prejuízo do disposto no n.º 4 do art. 2.º C.I.R.S*

São também abrangidas na incidência da categoria A do IRS as indemnizações devidas pela constituição, extinção ou modificação da relação jurídca que origine rendimentos desta categoria. Em face da norma do art. 12.º, o IRS não incide em princípio sobre indemnizações, com excepção dos casos referidos nessa mesma norma. No entanto, no âmbito da categoria A a percepção de indemnizações pela constituição, modificação ou extinção da relação é igualmente considerada como rendimento de trabalho dependente e tributada nesta sede.

Refere, no entanto, o n.º 4 do art. 2.º que a tributação só incide na parte que exceda uma vez e meia o valor médio das retribuições regulares com carácter de retribuição sujeitas a imposto, auferidas nos últimos doze meses, multiplicado pelo número de anos ou fracção de antiguidade ou de exercício de funções na entidade devedora. O art. 2.º, n.º 6 especifica que nesse valor não são incluídas as importâncias relativas aos direitos vencidos durante os referidos contratos e situações, designadamente remunerações por trabalho prestado, férias, subsídios de férias e de Natal.

A importância sujeita a tributação é assim calculada de acordo com a seguinte fórmula[24]:

$$R = I - 1{,}5 \times n \left(\frac{Rm \times 14}{12} \right)$$

---

[23] Cfr. José Alberto Pinheiro Pinto, *op. cit*, p. 132.
[24] Seguimos DGCI (org.), *IRS*, p. 31.

sendo:

R – rendimento tributável
I – indemnização
n – número de anos ou fracção de antiguidade ao seviço na entidade pagadora da indemnização
Rm – remuneração mensal, incluindo as diuturnidades

Esta exclusão de tributação deixa, porém, de se aplicar caso nos 24 meses seguintes seja criado novo vínculo profissional ou empresarial, independentemente da sua natureza, com a mesma entidade, caso em que as importâncias serão tributadas pela totalidade. Nos termos do art. 2.º, n.º 5, é também considerada como criação de um vínculo empresarial com a mesma entidade a situação em que se estabeleçam com a entidade patronal relações através de uma sociedade em que o beneficiário ou uma pluralidade de beneficiários, isoladamente ou em conjunto com elementos do agregado familiar possuam 50% do capital, salvo se essas relações forem inferiores a 50% do volume de vendas ou prestações de serviços do exercício.

Também deixa de se aplicar esta exclusão de tributação, caso o sujeito passivo tenha beneficiado nos últimos cinco anos de idêntica situação (art. 2.º, n.º 7).

2.3.7. A quota-parte, acrescida dos descontos para a segurança social, que constituam encargo do beneficiário, devida a título de participação nas companhas de pesca aos pescadores que limitem a sua actuação à prestação de trabalho fixa (art. 2.º, n.º 3 f) C.I.R.S)

Regula-se aqui a situação das remunerações auferidas pelos pescadores em regime de companha, as quais normalmente compreendem uma parte fixa e uma parte variável em função do pescado. Essas remunerações, acrescidas dos correspondentes descontos para a segurança social, são assim qualificadas como trabalho dependente[25].

---

[25] Cfr. MANUEL FAUSTINO, *op. cit.*, p. 77.

2.3.8. As gratificações auferidas pela prestação ou em razão da prestação de trabalho, quando não atribuídas pela entidade patronal (art. 2.º, n.º 3 g) C.I.R.S)

São tributadas no âmbito do art. 2.º, n.º 2, C.I.R.S. as gratificações fornecidas pela entidade patronal. Esta norma visa estender essa tributação às gratificações fornecidas por terceiros, desde que por alguma forma conexas com a prestação de trabalho. Estarão nesta situação os empregados de casinos e os polícias.

2.3.9. Outras situações

A enumeração é do art. 2.º, n.º 3 C.I.R.S. é claramente exemplificativa, pelo que outro tipo de vantagens acessórias, ainda que não enumeradas poderão ser aqui incluídas. Entre elas insere-se por exemplo, o fornecimento de parqueamento próprio, benefício valioso nas áreas urbanas sujeitas a estacionamento tarifado[26]. Já não são, porém, consideradas vantagens económicas o fornecimento de vestuário ou fardamento necessário ao exercício de certas profissões[27].

3. Benefícios fiscais em sede da categoria A de IRS

No âmbito da categoria A de IRS surgem-nos alguns benefícios fiscais.

Assim, existe em primeiro lugar uma isenção de IRS para os deficientes com uma grau de invalidez superior a 60%, nos termos do art. 16.º do E.B.F. Essa isenção abrange 50% do rendimento, com o limite de 13.774,86 euros, limite esse que é majorado em 15% quando o grau de invalidez seja superior a 80%.

Há também uma isenção para o pessoal diplomático e consular e das organizações estrangeiras ou internacionais, quanto às remunerações auferidas nessa qualidade, conforme determina o art. 35.º do E.B.F., isenção essa que, no entanto, não prejudica o englobamento desses rendimentos para efeitos de determinação de taxa.

---

[26] Cfr. PRAZERES LOUSA, *op. cit.*, p. 30.
[27] Neste sentido, MANUEL FAUSTINO, *op. cit.*, p. 75.

São também isentos de IRS, de acordo com o disposto no art. 36.º do E.B.F., os militares e forças de segurança em missões de salvaguarda de paz, sendo que essa isenção também não prejudica o englobamento dos rendimentos, para efeito de determinação de taxa.

Para além disso, existe ainda uma isenção para rendimentos auferidos no âmbito de acordos e relações de cooperação: nos termos do art. 37.º E.B.F. Mais uma vez esta isenção não prejudica o englobamento dos referidos rendimentos para efeitos de determinação de taxa.

Finalmente, existe uma isenção para os rendimentos auferidos por eclesiásticos católicos no exercício do seu múnus espirirual, de acordo com o art. VIII da Concordata. A isenção é, no entanto, restrita a esses rendimentos pelo que outras actividades exercidas fora desse múnus serão naturalmente objecto de tributação[28].

4. A determinação da matéria colectável no âmbito da categoria A do IRS

Consistindo o IRS num imposto global sobre o rendimento, os rendimentos obtidos em categoria devem ser incluídos na declaração de rendimentos das pessoas singulares, a qual deve ser entregue anualmente relativamente aos rendimentos do ano anterior, nos termos dos arts. 57.º e ss. C.I.R.S. A administração fiscal tem, porém, intervenção de contrôle dessa declaração, nos termos referidos no art. 65.º C.I.R.S.

Para efeitos de determinação da matéria colectável, há que efectuar a dedução de perdas nas categorias B e F, a que se refere o art. 55.º C.I.R.S. Em relação à categoria A não há possibilidade de dedução de perdas. Admitem-se, porém, o abatimento das prestações a que o sujeito passivo seja obrigado, de acordo com o art. 56.º C.I.R.S.

A tributação em categoria A é, no entanto, objecto de uma dedução específica, no montante de 72% de 12 vezes o salário mínimo nacional mais elevado (art. 25.º, n.º 1 a) C.I.R.S.), sendo que no entanto se as contribuições para a segurança social excederem esse montante, a dedução passa a efectuar-se pelo valor total dessas contribuições (art. 25.º, n.º 2). Para além disso, a dedução pode ser elevada a 75% de 12 vezes o saário mínimo nacional mais elevado, desde que a diferença resulte de quotizações para ordens profissionais ou importâncias comprovadamente

---

[28] Cfr. SALGADO DE MATOS, *op. cit.*, p. 93.

pagas relativas a despesas de formação profissional, desde que a entidade formadora seja organismo de direito público ou entidade oficialmente reconhecida (art. 25.º, n.º 4, C.I.R.S.). Finalmente, esse limite é ainda elevado em 50%, quando se trate de titular deficiente em montante igual ou superior a 60% (art. 25.º, n.º 6 C.I.R.S.).

Para além disso, são ainda dedutíveis na categoria A "as indemnizações pagas pelo trabalhador à sua entidade patronal por rescisão unilateral do contrato de trabalho sem aviso prévio em resultado de sentença judicial ou de acordo judicialmente homologado ou, nos restantes casos, a indemnização de valor não superior à remuneração de base correspondente ao aviso prévio" (art. 25.º, n.º 1 b) C.I.R.S) e as quotizações sindicais acrescidas de 50%, na parte em que não constituam contrapartida de benefícios de saúde, educação, apoio à terceira idade, habitação, seguros ou segurança social e desde que não excedam, em relação a cada sujeito passivo, 1% do rendimento desta categoria (art. 25.º,, n.º 1 c) C.I.R.S.).

5. Taxas e liquidação do imposto

A liquidação consiste, conforme se sabe, no processo de aplicação das taxas de imposto à matéria colectável. As taxas de imposto encontram-se referidas no art. 68.º C.I.R.S., variando de acordo com seis escalões entre 12% e 40%. No caso de contribuintes casados, ocorre uma tributação da totalidade do rendimento familiar, que no entanto é sujeito a um quociente conjugal (*splitting*: art. 69.º C.I.R.S.), ou seja à divisão por dois para efeitos de determinação de taxa, que depois é multiplicado por dois para se apurar a colecta do IRS. Não se optou, assim, pela solução do quociente familiar, que implicaria a divisão do rendimento colectável pelo número de membros do agregado familiar.

Há, no entanto, uma limitação à tributação dos rendimentos predominantemente originados em trabalho dependente, uma vez que o art. 70.º, n.º 1, estabelece que "da aplicação das taxas estabelecidas no art. 68.º não pode resultar, para os titulares de rendimentos predominantemente originados em trabalho dependente, a disponibilidade de um rendimento líquido de imposto inferior ao valor anual do salário mínimo nacional mais elevado acrescido de 20%, nem resultar qualquer imposto para os mesmos rendimentos, cuja matéria colectável, após a aplicação do quociente conjugal, seja igual ou inferior a 1667,63 euros", Em relação às famílias numerosas, o art. 70.º, n.º 2 estabelece que não são aplicadas as taxas estabelecidas no art. 68.º quando em relação a agregados familiares com três ou quatro dependentes o rendimento colectável seja igual ou inferior ao valor anual do salário mínimo nacional mais elevado, acrescido de 60% ou, em relação a agregados familiares com cinco ou mais dependentes, o rendimento colectável seja igual ou inferior ao valor anual do salário mínimo nacional mais elevado, acrescido de 120%.

A colecta do IRS apurada por virtude do cálculo acima referido pode ser ainda objecto de deduções. As deduções à colecta encontram-se previstas nos arts. 78.º e ss. C.I.R.S., abrangendo a dedução relativa aos sujeitos passivos, seus dependentes e ascendentes (art. 79.º), à dupla tributação internacional (art. 81.º), às despeas de saúde (art. 82.º), às despesas de educação e formação (art. 83.º), aos encargos com lares (art. 84.º), a encargos com imóveis e equipamentos novos de energias renováveis ou que consumam gás natural (art. 85.º), prémios de seguros (art. 86.º), despesas com aconselhamento jurídico e patrocínio judiciário (art. 87.º) e benefícios fiscais (art. 88.º).

No âmbito das deduções à colecta que constituem benefícios fiscais, incluem-se, por exemplo, as deduções à colecta relativas a conta poupança habitação (art. 18.º E.B.F.), planos de poupança reforma, poupança-educação e poupança-reforma/educação (art. 21.º, n.º 2, do E.B.F.), planos de poupança em acções (art. 24.º, n.º 2 E.B.F.) aquisição de acções em ofertas públicas de venda realizadas pelo Estado (art. 60.º E.B.F.) e aquisição de computadores e outros equipamentos informáticos (art. 64.º E.B.F.).

6. Responsabilidade pelo pagamento do imposto

No âmbito da categoria A do IRS, a responsabilidade pelo pagamento do imposto cabe primariamente à entidade patronal como substituto tributário, uma vez que os art 98.º e ss., estabelecem uma imposição de retenção na fonte. Para efeitos dessa retenção, há que distinguir entre as remunerações fixas e não fixas. Às fixas aplicam-se as taxas da respectiva tabela (art. 3.º do D.L. 42/91). Às variáveis aplicam-se as tabelas constantes do art. 100.º C.I.R.S.. Por força da regra da substituição tributária, constante do art. 103.º C.I.R.S., a responsabilidade pelo pagamento das importâncias retidas é do substituto ficando o susbtituído desonerado desse pagamento. No entanto, como a retenção na fonte tem a natureza de pagamento por conta do imposto devido a final, cabe ao substituído a responsabilidade originária pelo imposto não retido e ao substituído a responsabilidade subsidiária. Assim, em princípio na categoria A é à entidade patronal que cabe a responsabilidade primária pela retenção e entrega do IRS devido pelos trabalhadores.

Há que salientar ainda uma extensão desta responsabilidade pelo pagamento, em relação aos trabalhadores estrangeiros, uma vez que o art. 144.º, n.º 4 da Lei dos Estrangeiros (D.L. 244/98, de 8 de Agosto, alterado pela Lei 9/97, de 26 de Julho, pelo D.L. 4/2001, de 10 de Janeiro e pelo D.L. 34/2003, de 25 de Fevereiro, que o republicou integralmente) determina que "o empregador, o utilizador, por força do contrato de prestação de serviços ou de utilização de trabalho temporário, e o empreiteiro geral são responsáveis solidariamente pelo pagamento das coimas previstas nos números anteriores, dos créditos salariais decorrentes do trabalho efectivamente recebido, pelo incumprimento da legislação laboral e pela não declaração de rendimentos sujeitos a descontos para o fisco e a segurança social, relativamente ao trabalho prestado pelo trabalhador estrangeiro ilegal e pelo pagamento das despesas necessárias à estada e ao afastamento dos cidadãos estrangeiros envolvidos", referindo ainda o n.º 5 que "responde também solidariamente o dono da obra que não obtenha da outra parte contraente declaração de cumprimento das obrigações decorrentes da lei relativamente a trabalhadores imigrantes eventualmente contratados". Temos aqui, assim, uma responsabilidade dilatada a outras entidades relativamente aos rendimentos da categoria A do IRS.

Uma vez que neste caso a retenção na fonte tem meramente a natureza de imposto por conta do que for devido a final (art. 103.º, n.º 2 C.I.R.S.), caberá ao trabalhador efectuar o pagamento do imposto restante, se for devido (art. 97.º C.I.R.S.).

A PROTECÇÃO DOS DADOS PESSOAIS NO CONTRATO DE TRABALHO*

---

* Publicado originariamente em Centro de Estudos Judiciários/Inspecção Geral do Trabalho (org.), *A reforma do Código do Trabalho*, Coimbra, Coimbra Editora, 2004, pp. 123-138.

1. Generalidades

O tema escolhido para esta conferência respeia essencialmente à questão da protecção dos dados pessoais do trabalhador no âmbito do contrato de trabalho[*], constituindo, portanto, uma questão relativa à tutela da personalidade no âmbito laboral.

Neste âmbito, deve referir-se que a legislação laboral anteriormente vigente não contemplava essencialmente essa questão, tratando a situação do trabalhador como a de todo e qualquer cidadão para efeitos de tutela da vida privada e da protecção dos seus dados pessoais[1], o que é dificilmente compreensível quando a própria Constituição autonomiza, nos seus arts. 53.º e ss., os direitos, liberdades e garantias dos trabalhadores, admitindo assim a sua especificidade no âmbito dos direitos fundamentais[2].

---

[*] O presente trabalho corresponde ao texto escrito da conferência por nós realizada em 8 de Janeiro de 2004 nas Jornadas de Direito do Trabalho, organizadas pelo Centro de Estudos Judiciários, e destina-se ao *Estudos em Homenagem ao Professor Doutor António Castanheira Neves*.

[1] Cfr., em face da legislação anterior, CATARINA SARMENTO E CASTRO, "A protecção dos dados pessoais dos trabalhadores", em *QL* 9 (2002), n.º 19, pp. 27-60.

[2] Sobre os direitos fundamentais dos trabalhadores, cfr. PETER HÄBERLE, "Arbeit als Verfassungsprobleme", em *JZ* 1984, pp. 345-355 (350 e ss.), THILO RAMM, "Grundrechte und Arbeitsrecht", em *JZ* 1991, pp. 1-16, GOMES CANOTILHO/VITAL MOREIRA, *Constituição da República Portuguesa Anotada*, 3.ª ed., Coimbra, Coimbra Editora, 1993, pp. 112 e ss., MENEZES CORDEIRO, *Manual de Direito do Trabalho*, Coimbra, Almedina, 1991, pp. 144 e ss., PEDRO ROMANO MARTINEZ, *Direito do Trabalho*, Coimbra, Almedina, 2002, pp. 158-159, pp. 159 e ss., JOÃO CAUPERS, *Os direitos fundamentais dos trabalhadores e a Constituição*, Coimbra, Almedina, 1985, pp. 103 e ss., MARIA DO ROSÁRIO PALMA RAMALHO, "Contrato de trabalho e direitos fundamentais da pessoa", em RUI MANUEL DA MOURA RAMOS / CARLOS FERREIRA DE ALMEIDA / ANTÓNIO MARQUES DOS SANTOS / PEDRO PAIS DE VASCONCELOS / LUÍS DE LIMA PINHEIRO / MARIA HELENA BRITO / DÁRIO MOURA VICENTE, *Estudos em Homenagem à Professora Doutora Isabel de Magalhães Collaço*, II, Coimbra, Almedina, 2002, pp. 393-415, JOSÉ JOÃO ABRANTES, "O Direito do Trabalho e a Constituição", em ID, *Estudos de Direito do Trabalho*, 2.ª ed., Lisboa, AAFDL, 1992,

A questão é regulada ex novo apenas no Código do Trabalho, aprovado pela Lei 99/2003, de 27 de Agosto, em vigor desde 1 de Dezembro de 2003, cujos arts. 16.º e 17.º não apenas vêm prever um dever de respeito pela intimidade da vida privada da outra parte, como também contemplam especificamente a protecção dos dados pessoais neste âmbito. Analisaremos assim esta questões:

2. A tutela da vida privada do trabalhador

A instituição de um dever de respeito pelos direitos da personalidade da contraparte apresenta-se como essencial às modernas concepções da relação jurídico-laboral. Efectivamente, sabendo-se que a disponibilização da força de trabalho a favor de outrem importa sempre alguma restrição da personalidade, necessário se torna estabelecer que essa restrição não seja excessiva, o que o novo Código vem determinar através da imposição a cada um dos sujeitos da relação jurídica laboral do dever de respeitar a personalidade da contraparte. Esse dever de respeito assume especial relevo em relação aos trabalhadores, a parte mais fraca da relação, não sendo assim admitidos tratamentos vexatórios e humilhantes, como o contrôlo das idas à casa de banho ou a revista do vestiário.

A tutela da personalidade abrange especificamente a imposição de reserva sobre a intimidade da vida privada[3], dever cujo conteúdo vem a ser concretizado no art. 16.º, n.º 2 através da proibição, quer do acesso, quer da divulgação de aspectos atinentes à esfera íntima e pessoal das partes, nomeadamente relacionados com a vida familiar, afectiva e sexual, com o estado de saúde e com as convicções políticas e religiosas. A referência ao acesso e divulgação encontra-se formulada em termos alternativos, não sendo assim lícito o acesso indevido, mesmo que não haja

---

pp. 59-87 e "Contrato de trabalho e Direitos Fundamentais. Breves Reflexões", em ANTÓNIO MOREIRA (org.), *II Congresso Nacional de Direito do Trabalho. Memórias*, Coimbra, Almedina, 1999, pp. 105-114, JORGE LEITE, *Direito do Trabalho*, I, Coimbra, polic., 1998, pp. 119 e ss. e MARIA MANUELA MAIA, "Os direitos fundamentais dos trabalhadores e a sua articulação com o direito ordinário", em ANTÓNIO MOREIRA (org.), *III Congresso Nacional de Direito do Trabalho. Memórias*, Coimbra, Almedina, 2001, pp. 109-134.

[3] Cfr. ANTÓNIO MENEZES CORDEIRO, "O respeito pela esfera privada do trabalhador", em ANTÓNIO MOREIRA (org.), *I Congresso Nacional de Direito do Trabalho. Memórias*, Coimbra, Almedina, 1998, pp. 19-37.

divulgação, nem é permitida a divulgação quando o acesso foi obtido legitimamente. Assim, devem os trabalhadores guardar reserva de informações que obtenham na empresa relativamente à esfera íntima do empregador ou das pessoas singulares que o representam. E especialmente aos empregadores é vedado a devassa da vida privada dos seus trabalhadores, designadamente através da vigilância das comunicações à distância (telefone ou correio electrónico), ou da averiguação da actividade do trabalhador fora do local do trabalho.

O dever instituído nesta disposição pode, no entanto, ceder em certas situações em que se torne absolutamente essencial para o funcionamento da empresa, em actividades sensíveis, algum contrôle sobre os elementos referidos neste artigo. Efectivamente, por exemplo no contrato de trabalho do praticamente desportivo, uma vez que ele assume a obrigação de manter a sua condição física adequada à prestação de trabalho (art. 13.º c) da Lei 28/98, de 26 de Junho), naturalmente que restringe consideravelmente a sua vida privada, podendo ser sujeito a exames médicos de contrôle (art. 13.º d) da Lei 28/98, de 26 de Junho)[4]. Daí a instituição de algumas excepções ao dever de reserva da intimidade da vida privada no art. 16.º do Código.

3. A recolha de informações pela entidade patronal

De acordo com a teoria das três esferas, haverá que distinguir, no direito à intimidade da vida privada entre: a) uma *esfera íntima*, abrangendo a vida familiar, saúde, comportamentos sexuais e convições políticas e religiosas, cuja protecção é, em princípio, absoluta; b) uma *esfera privada*, cuja protecção é relativa, podendo ceder em caso de conflito com direitos e interesses superiores; c) uma *esfera pública*, relativas às situações que são objecto de conhecimento público e que, por isso, podem ser livremente divulgadas. Esta distinção é que justifica a autonomização entre os n.ºs 1 e 2 do artigo 17.º do Código do Trabalho. Assim, o n.º 1 refere-se à esfera privada do candidato a emprego ou trabalhador, im-

---

[4] Salientando a especialidade do contrato de trabalho desportivo, veja-se JOÃO LEAL AMADO, *Vinculação versus liberdade (O processo de constituição e extinção da relação laboral do praticante desportivo)*, Coimbra, Coimbra Editora, 2002, e JOÃO ZENHA MARTINS. "O novo Código do Trabalho e os 'contratos de trabalho com regime especial': pistas para o enquadramento do contrato de trabalho desportivo", em *RMP* 95 (2003), pp. 31-71.

pondo a reserva salvo se, no caso do candidato a emprego, os dados forem estritamente relevantes para avaliar a sua aptidão para a admissão ou, no caso do trabalhador, se revelarem necessários para a execução do contrato de trabalho. Já o n.º 2 abrange a esfera íntima, referindo-se numa enumeração exemplificativa à saúde, situação familiar ou estado de gravidez, mas abrangendo necessariamente outras situações como as convicções políticas ou ideológicas, comportamentos sexuais ou hábitos de vida. Neste caso, a protecção é bastante maior, apenas se admitindo a não protecção absoluta desta esfera "quando particulares exigências relativas à natureza da actividade profissional o justifiquem". Estar-se-á aqui perante situações excepcionais que apenas se jutificam em função da natureza da actividade exercida. Um dos casos é o contrato de trabalho do praticante desportivo, em que, como se referiu, se torna necessário avaliar a condição física do trabalhador (art. 13.º c) e d) da Lei 28/ /98, de 26 de Junho). Outro será a situação das empresas ideológicas ou de tendência, como as que prosseguem fins políticos, religiosos ou clubísticos. Efectivamente, um partido político ou uma associação religiosa poderá legitimamente não querer admitir como seus trabalhadores membros de outro partido político e uma associação religiosa poderá não querer ter entre os seus trabalhadores pessoas de diferente religião[5].

No caso das informações relativas à saúde, a versão original da proposta de lei não estabelecia um dever de as informações serem prestadas a médico, prevendo, no entanto, já o art. 19.º, n.º 3, do Código que, no caso de testes e exames médicos, o médico responsável só pode comunicar ao empregador se o trabalhador está ou não apto para desempenhar a actividade, salvo autorização escrita deste. O Tribunal Constitucional, no seu Acórdão 306/03, veio, no entanto, considerar que essa omissão violava o princípio da proibição do excesso, uma vez que havia uma forma menos invasiva da privacidade que era a de estabelecer o contrôle

---

[5] Cfr. ANTÓNIO MENEZES CORDEIRO, *Manual de Direito do Trabalho*, p. 560, nota (12) e PAULA MEIRA LOURENÇO, "Os deveres de informação no contrato de trabalho", na *RDES* 44 (2003), pp. 29-157 (67). Considerando que a prestação de falsas informações a estas empresas pelos trabalhadores ou candidatos a emprego pode integrar responsabilidade pré-contratual para efeitos do art. 227.º, veja-se AMADEU GUERRA, *A privacidade no local de trabalho. As novas tecnologias e o controlo dos trabalhadores através de sistemas automatizados. Uma abordagem ao Código do Trabalho*, Coimbra, Almedina, 2004, pp. 79-80. O autor rejeita, porém, a possibilidade de as empresas podem realizar "investigação preventiva" neste domínio. Cfr. ainda sobre o tema RAQUEL TAVARES DOS REIS, *Liberdade de conciência e de religião e contrato de trabalho. Que equilíbrio do ponto de vista das relações de trabalho?*, Coimbra, Coimbra Editora, 2004.

dessas informações por médico. Consequentemente, no art. 17.º, n.º 3, foi agora também acrescentado que as informações "são prestadas a médico, que só pode comunicar ao empregador se o trabalhador está ou não apto para desempenhar a actividade, salvo autorização escrita deste". Trata-se, no entanto, de uma exigência claramente desnecessária, uma vez que, se a exigência da intervenção do médico se compreende em relação aos testes e exames médicos, cujo resultado deve ser mantido na esfera do examinado e do médico, já não parece necessária em relação à simples recolha de informações[6]. Efectivamente, não se vê qual a razão de se exigir a intervenção de um médico para, por exemplo, se perguntar ao candidato ao emprego ou ao trabalhador se tem a visão em condições para desempenhar uma tarefa que exige especial acuidade visual.

Mesmo nos casos em que seja proibida a recolha de dados pessoais, nada impede o trabalhador de os fornecer voluntariamente, uma vez que a lei admite a limitação voluntária dos direitos de personalidade, ainda que a todo o tempo revogável (art. 81.º, n.º 2 do Código Civil). O n.º 4 do art. 17.º vem, por isso, permitir ao trabalhador ou ao candidato a emprego controlar os dados pessoais que forneceu ao empregador, podendo tomar conhecimento do seu teor e dos fins a que se destinem e inclusivamente exigir a sua actualização e rectificação. É questionável se este direito de contrôlo do candidato a emprego ou trabalhador extravasa ou antes se identifica com os direitos de acesso e de oposição, que os arts. 11.º e 12.º da Lei 67/98 atribuem a qualquer titular de dados[7].

Não estando o candidato a emprego ou o trabalhador vinculado a fornecer dados pessoais, poderá legitimamente recusar-se a prestá-los, caso tal lhe venha a ser exigido. No caso do candidato a emprego, uma vez que a recusa de informação pode determinar a sua imediata exclusão do processo de selecção, tem-se inclusivamente admitido a possibilidade de, como forma de autodefesa, ele prestar ao empregador falsas informações sobre os seus dados pessoais, não podendo essas falsas informações ser consideradas como determinantes da invalidade do contrato de trabalho (cfr. art. 114.º do Código), no caso de serem irrelevantes para a sua celebração, mesmo que o candidato tenha subscrito uma declaração a reconhecer essa faculdade ao empregador[8].

---

[6] Neste sentido, vide os bem fundamentados votos de vencido dos Conselheiros Benjamim Silva Rodrigues e Maria dos Prazeres Beleza.

[7] Para AMADEU GUERRA, *op. cit.*, p. 136, e notas, o direito de contrôlo do trabalhador não é diferente do direito de acesso.

[8] Neste sentido, AMADEU GUERRA, *op. cit.*, pp. 164 e ss. (168).

Para além disso, o tratamento informático de dados pessoais pelo empregador, quer relativamente a candidatos a emprego, quer a trabalhadores fica sujeito à legislação em vigor relativa à protecção de dados pessoais (art. 17.º, n.º 5, do Código). Essa legislação é representada essencialmente pela Lei 67/98, de 26 de Outubro, que transpõe a Directiva 95/46/CE do Parlamento Europeu e do Conselho, de 24 de Outubro de 1995, relativa à protecção das pessoas singulares no que diz respeito ao tratamento dos dados pessoais e à livre circulação desses dados. O Código declara assim expressamente que essa legislação é também aplicável no âmbito das relações laborais. Nas páginas seguintes examinaremos essa legislação

4. A licitude do tratamento dos dados pessoais no âmbito da relação laboral

O art. 3.º, n.º 2 b) da revogada Lei 10/91 de 29 de Abril estabelecia que esta lei não se aplicava aos dados pessoais que contivessem exclusivamente informações destinadas ao processamento de remunerações de empregados, bem como outros procedimentos administrativos atinentes à mera gestão dos serviços. Actualmente, o art. 4.º, n.º 2, da Lei 67/98, de 26 de Outubro apenas exclui do seu âmbito "o tratamento de dados pessoais efectuado por pessoa singular no exercício de actividades exclusivamente pessoais ou domésticas". Fica, assim claro que se aplica esta lei às bases de dados organizados pelo respectivo empregador, seja qual for a sua natureza, mesmo que se destinem a fins puramente organizativos[9].

Nos termos do art. 6.º, proémio, da Lei 67/98, o tratamento de dados pessoais deve em princípio ser apenas efectuado após o seu titular dar o seu consentimento de forma inequívoca. A mesma disposição admite, no entanto, entre outras situações a licitude do tratamentos dos dados sempre que esse tratamento seja necessário para "execução de contrato ou contratos em que o titular dos dados seja parte ou de diligências prévias à formação do contrato ou declaração negocial efectuada a seu pedido" (art. 6.º a)). Nesta situação parece caber naturalmente a negociação e execução do contrato de trabalho[10], pelo que parece que a

---

[9] Cfr. PEDRO ROMANO MARTINEZ, "Relações empregador empregado", em AAVV, *Direito da Sociedade da Informação*, Coimbra, Coimbra Editora, 1999, pp. 185-200 (198 e ss.).

[10] Neste sentido, PEDRO ROMANO MARTINEZ, *op. cit.*, p. 198.

permissão implícita no art. 17.º do Código do Trabalho para o tratamento desses dados em nada conflituará com o disposto nesta lei. Admite-se, porém, face ao art. 12.º da Lei 67/98, que o titular se possa opor em qualquer altura, por razões ponderosas e legítimas a que os seus dados sejam objecto de tratamento.

A empresa está, no entanto, sujeita, sempre que tenha efectuado tratamento de dados a respeitar os requisitos dos art. 5.º, 10.º e 14.º da Lei 67/98. Assim, os dados devem ser tratados de forma lícita e de boa fé, não podem ser utilizados para fins diferentes daqueles para que foram recolhidos, não serem excessivos, ser exactos e serem conservados apenas pelo tempo estritamente necessário (art. 5.º Lei 67/98). Entre este requisitos destaca-se a proibição de os dados serem excessivos relativamente às finalidades para que são recolhidos e posteriormente tratados, o que parece conduzir a uma ponderação entre o interesse empresarial e o respeito da esfera privada do trabalhador, levando a que deixe de ser permitida a recolha de dados pessoais quando o interesse empresarial possa ser tutelado sem envolver lesão da privacidade do trabalhador, como por exemplo através do registo de dados genérico e não individualizado[11].

Por outro lado, a recolha dos dados implica a prestação ao titular das informações sobre a identidade do responsável, finalidades do tratamento, e outros como os destinatários dos dados, o carácter obrigatório ou facultativo das respostas, bem como as consequências de não responder e a existência ou condições do direito de acesso ou de rectificação (art. 10.º da Lei 67/98). Para além disso, a empresa torna-se responsável pela segurança desses dados, devendo tomar as medidas técnicas necessárias para assegurar que não ocorre qualquer destruição, perda, alteração ou difusão não autorizada dos dados (art. 14.º da Lei 67/98). Naturalmente que a empresa será responsável perante o trabalhador por todos os danos causados pelo incumprimento destas disposições.

5. A excepção relativa aos dados sensíveis

Uma excepção relativa à legitimidade de tratamento de dados no âmbito da relação laboral diz respeito aos denominados "dados

---

[11] Cfr. AMADEU GUERRA, *op. cit.*, p. 60, que salienta, por exemplo, que para efeito de contrôle da utilização dos meios de comunicação da empresa, é possível efectuar amostragens genéricas, sem registar as comunicações efectuadas por cada trabalhador.

sensíveis"[12]. Efectivamente, o art. 7.º, n.º 1 da Lei 67/98 estabelece que "é proibido o tratamento de dados pessoais referentes a convicções filosóficas ou políticas, filiação partidária ou sindical, fé religiosa, vida privada e origem racial ou étnica, bem como o tratamento de dados relativos à saúde e à vida sexual, incluindo os dados genéticos". Esse tratamento apenas pode ser expressamente autorizado mediante disposição legal ou autorização da CNPD quando por motivos de interesse público importante esse tratamento for indispensável ao exercício das atribuições legais ou estatutárias do seu responsável, ou quando o titular dos dados tiver dados o seu consentimento expresso para esse tratamento, em ambos os casos com garantias de não discriminação e com medidas de segurança especiais, referidas no art. 15.º da Lei 67/98. O art. 17.º, n.º 2 do Código do Trabalho parece funcionar assim como a norma autorizativa, exigida pelo art. 7.º, n.º 2 da Lei 67/98, legitimando a recolha de dados relativos à saúde do trabalhador quando particulares exigências relativas à natureza da actividade o justifiquem e seja fornecida por escrito a respectiva fundamentação.

É, no entanto, de salientar que o tratamento de dados pessoais relativos à saúde, referidos nesta disposição, além de só poder ocorrer em casos absolutamente excepcionais não pode ser realizado sem o consentimento do trabalhador. Efectivamente, estando em causa dados sensíveis o art. 7.º da Lei 67/98 exige o consentimento do titular para o seu tratamento, o qual apenas é dispensado quando for necessário para proteger interesses vitais do trabalhador e este estiver impedido de dar o seu consentimento (art. 7.º, n.º 3 a) Lei 67/98) ou ainda quando esse tratamento for necessário para efeitos de medicina preventiva, de diagnóstico médico, de prestação de cuidados ou tratamentos médicos ou de gestão de serviços de saúde, desde que seja efectuado por profissional de saúde ou outra entidade sujeita a sigilo profissional, seja efectuada notificação à CNPD, ou sejam tomados medidas adequadas de segurança da informação (cfr. art. 7.º, n.º 4 da Lei 67/98). Fora desses casos, não será, portanto, possível efectuar o tratamento de dados relativos à saúde sem o consentimento do trabalhador.

Um outro caso que levanta especiais dificuldades diz respeito ao tratamento de dados relativos à filiação sindical. Efectivamente, quer o

---

[12] Sobre os denominados "dados sensíveis", cfr. GARCIA MARQUES/LOURENÇO MARTINS, *Direito da informática*, Coimbra, Almedina, 2000, pp. 278 e ss., e AMADEU GUERRA, *op. cit.*, pp. 73 e ss.

art. 7.º, n.º 1 da Lei 67/98, quer o próprio art. 35.º, n.º 3 da Constituição proíbem o tratamento de dados relativos à filiação sindical. ROMANO MARTINEZ chamou, porém, a atenção para o facto de que esse tratamento se pode revelar "imprescindível para a gestão empresarial, por dois motivos: primeiro, porque nos termos da Lei 57/77, de 5 de Agosto, a cobrança das quotas sindicais poderá ser feita por descontos no salário do trabalhador, remetendo a entidade patronal tais quantias para a associação sindical; segundo, na medida em que o princípio da filiação (art. 7.º do Decreto-Lei n.º 519-C1/79, de 29 de Dezembro, Lei das Relações Colectivas de Trabalho) determina a aplicação das convenções colectivas e demais instrumentos autónomos de regulamentação colectiva aos trabalhadores filiados nos sindicatos outorgantes". O autor defendeu, por isso, que dos dados informáticos que a empresa possua sobre cada trabalhador deva constar a sua filiação sindical, exigindo-se no entanto para esse efeito o seu consentimento, nos termos do art. 7.º, n.º 2, da Lei 67//98. O tratamento informático da filiação sindical é, aliás, permitido, com o consentimento do titular, às próprias associações sindicais, nos termos do art. 7.º, n.º 3 b) da Lei 67/98[13]. Posteriormente, quer o art. 4.º, n.º 4, da Lei 81/2001, de 28 de Julho, quer agora o art. 492.º, n.º 3, do Código do Trabalho permitem o tratamento automatizado de dados relativos à filiação sindical, que sejam exclusivamente utilizados no processamento do sistema de cobrança e entrega de quotas sindicais[14].

6. O problema dos meios de vigilância electrónicos

A Lei 67/98 sobre a protecção dos dados pessoais aplica-se aos meios de vigilância electrónicos (art. 4.º, n.º 4). Ora, o art. 20.º do Código do Trabalho, embora proíba a utilização de equipamento tecnológico de vigilância com o fim de controlar o desempenho profissional do trabalhador (n.º 1) admite o uso desse equipamento quando tenha por finalidade a protecção de pessoas e bens ou quando particulares exigências relativas à natureza da actividade o justifiquem (n.º 2), impondo, no

---

[13] Cfr. PEDRO ROMANO MARTINEZ, op. cit., p. 199.
[14] É de salientar que a aplicação do sistema de cobrança de entrega de quotas sindicais depende da sua previsão em instrumento de regulamentação colectiva de trabalho, acrescida de autorização individual do trabalhador para a dedução na retribuição (art. 494.º, n.º s 3 a) e 4 CT) ou de pedido expresso do trabalhador nesse sentido (art. 494.º, n.º s 3 b) e 5 CT).

entanto, que o empregador informe o trabalhador sobre a existência e finalidade dos meios de vigilância utilizados (n.º 3).

A proibição do n.º 1 do art. 20.º do Código abrange quaisquer meios de vigilância à distância destinados a controlar o desempenho profissional do trabalhador abrange naturalmente as câmaras de vídeo, microfones ou escutas telefónicas, sejam eles públicos ou ocultos. Esta proibição é plenamente justificada, já que este tipo de vigilância afacta profundamente a personalidade do trabalhador, constituindo uma ofensa vexatória à sua dignidade. Precisamente, por esse motivo a OIT já considerou que a introdução destes meios de vigilância constitui uma violação da dignidade humana e direitos básicos, introduzindo nos trabalhadores a sensação de que não são confiáveis, fomentando uma mentalidade destrutiva na relação laboral, além de poderem ser usados com fins discriminatórios e persecutórios[15]. Sendo proibida essa utilização, naturalmente que os registos a eles respeitantes não poderão ser utilizados como meios de prova, designadamente para efeito de procedimento disciplinar.

Há, porém, situações em que a lei permite excepcionalmente a utilização deste equipamento, o que sucede sempre que tenha por finalidade a protecção e segurança de pessoas e bens, quando particulares exigências inerentes à natureza da actividade profissional o justifiquem. Efectivamente, há actividades profissionais, em que a utilização de meios de vigilância electrónica se justifica por motivos de segurança das pessoas e bens (como as actividades de segurança de aeroportos, bancos, discotecas, etc.). Impõe-se, no entanto, que essa vigilância, bem como a sua fundamentação, seja comunicada ao trabalhador, em ordem a permitir que ele tome conhecimento da vigilância que esses meios permitem ao empregador alcançar sobre a sua actuação. Essa informação é aliás estabelecida também pelo art. 10.º da Lei 67/98. Da mesma forma, no art. 13.º do D.L. 35/2004, de 22 de Julho, que regula a actividade de segurança privada se estabelece a obrigação de estabelecer informações prévias sobre a gravação, havendo obrigação de destruir as gravações de imagem e som no prazo de 30 dias. O n.º 4 dessa disposição salienta, aliás, que "a autorização para a utilização dos meios de vigilância electrónica nos termos do presente diploma não prejudica a aplicação do

---

[15] Estas referências constam de MARIA REGINA REDINHA, "Utilização de novas tecnologias nos locais de trabalho (algumas questões)", em ANTÓNIO MOREIRA (org.), *IV Congresso Nacional de Direito do Trabalho,* Coimbra, Almedina, 1998, pp. 115-125. Cfr. também AMADEU GUERRA, *op. cit.*, pp. 301-302.

regime geral em matéria de protecção de dados, previsto na Lei 67/98, de 26 de Outubro, designadamente em matéria de direito de acesso, informação, oposição de titulares e regime sancionatório".

É questionável se, nos casos em que é permitida a videovigilância para determinado fim, as respectivas gravações poderão ser usadas como meios de prova contra os respectivos trabalhadores em processo penal ou disciplinar, ainda que a infracção em questão extravase do fim para que a vigilância foi estabelecida. A nossa jurisprudência tem dado resposta afirmativa[16].

Deve entender-se que a autorização do trabalhador para ser vigiado electronicamente não elide a proibição desta disposição, nos casos em que não haja justificação para a vigilância. Efectivamente, essa autorização deverá considerar-se uma restrição dos direitos de personalidade nula por contrária à ordem pública (art. 81.º, n.º 1 do Código Civil).

7. O problema do contrôlo das comunicações na empresa

Em relação à privacidade do trabalhador coloca-se o problema do contrôlo das comunicações na empresa. Neste âmbito, o art. 21.º, n.º 1, do Código do Trabalho estabelece que o trabalhador goza do direito de reserva e confidencialidade relativamente ao conteúdo das mensagens de natureza pessoal e acesso a informação de carácter não profissional que envie, receba ou consulte, nomeadamente através do correio electrónico, referindo o n.º 2, que tal não prejudica, no entanto, o poder de o empregador estabelecer regras de utilização dos meios de comunicação na empresa, nomeadamente do correio electrónico.

---

[16] Assim, por exemplo, em relação às salas de jogo, o art. 52.º, n.º 1, do D.L. 422/89, de 2 de Dezembro, alterado pelo D.L. 10/95, de 13 de Janeiro, impõe a vídeo-vigilância para efeitos de protecção e segurança de pessoas e bens, vedando o n.º 3 a utilização das gravações para fins diferentes do da fiscalização das salas de jogos. No entanto, o Ac. STJ de 9/11/1994 (SÁ NOGUEIRA), sumarizado em http://www.stj.pt., considerou poderem fazer prova em processo penal contra a actuação dos trabalhadores gravações destinadas a controlar a utilização de fichas num casino, por não representarem intromissão ou devassamento da vida privada. Em processo disciplinar laboral, a prova resultante das gravações de salas de jogo foi igualmente aceite pelo Ac. RP 20/9/1999 (SOUSA PEIXOTO), e no Ac. RP 27/9/1999 (MACHADO DA SILVA), ambos sumarizados em http://www.trp.pt. Cfr. sobre estes casos, MARIA REGINA REDINHA, *op. cit.*, p. 118 e AMADEU GUERRA, *op. cit.*, p. 360.

Desta disposição resulta que as comunicações do trabalhador revestem em princípio carácter pessoal, pelo que a abertura da correspondência, seja ela escrita ou electrónica, que a ele seja dirigida deve ser efectuada pelo próprio trabalhador. Apenas em situações de necessidade (designadamente para dar resposta a assuntos urgentes, em caso de ausência do trabalhador por baixa ou férias) é que a correspondência do trabalhador poderá ser aberta pela entidade patronal ou outro empregado[17].

A confidencialidade das comunicações não autoriza, no entanto, o trabalhador a utilizar os meios de comunicação da empresa para fins a ela estranhos, pelo que se compreende a possibilidade de o empregador estabelecer regras da sua utilização, as quais, se violadas, serão susceptíveis de constituir o trabalhador em infracção disciplinar. A violação dessas regras de utililização dos meios de comunicação da empresa não permite, no entanto, ao empregador efectuar qualquer violação da confidencialidade das comunicações efectuadas pelo trabalhador. Assim, por exemplo, a indevida utilização do telefone, correio electrónico ou internet pode ser detectada sem ter que se determinar o conteúdo das comunicações ou quais os sítios visitados.

É igualmente problemática a possibilidade de o empregador elaborar registos individualizados das comunicações efectuadas pelo trabalhador (como, por exemplo, registo de números de telefone ou de sítios visitados na internet). Esses registos apenas devem ser possíveis, mediante informação prévia aos trabalhadores, para efeitos de desconto nos salários das comunicações efectuadas para fins privados, conforme permitido pelo art. 270.º, n.º 2 e) do Código do Trabalho. Efectivamente, o art. 6.º e) da lei 67/98 admite o tratamento de dados quando seja necessário para prossecução de interesses legítimos dos responsáveis pelo tratamento, desde que não prevaleçam sobre os direitos liberdades e garantias dos titulares dos dados. Ora, não podendo o trabalhador pretender que o empregador suporte os custos das suas comunicações privadas, parece lícita a elaborações desses registos, apenas para o fim de permitir os descontos na remuneração. O empregador não poderá naturalmente conservar uma base de dados das comunicações telefónicas ou sítios visitados pelo trabalhador para efeito de avaliação das suas qualidades, uma vez que tal se apresenta como gravemente lesivo da sua privacidade.

---

[17] Cfr. AMADEU GUERRA, op. cit., p. 304.

8. O problema da recolha de dados biométricos

Outro aspecto importante respeita à recolha de dados biométricos relativos ao trabalhador, designadamente para efeitos de contrôle das entradas e saídas da empresa ou da sua assiduidade[18]. Entre os dados biométricos que ser recolhidos com essa finalidade incluem-se as impressões digitais, a geometria da mão ou da face, o padrão da íris ou da retina e o próprio ADN.

Parece-nos que os dados biométricos devem ser qualificados como dados sensíveis, para efeitos do art. 7.º, n.º 1, da Lei 67/98, apenas sendo permitido o seu tratamento nos casos previstos no art. 7.º, n.º 2, da mesma lei, mediante disposição legal ou autorização da CNPD. Naturalmente que nenhum destes dados pode ser recolhido sem o consentimento do trabalhador, sob pena de lesão do seu direito à privacidade (art. 16.º CT), quando não mesmo do seu direito à integridade física e moral (art. 18.º CT). Pensamos que só em situações excepcionais, designadamente por razões imperiosas de segurança, se pode admitir a recolha desses dados para efeitos de contrôle das entradas e saídas do trabalhador. Efectivamente, pode pensar-se que uma instalação excepcionalmente vulnerável em termos de segurança possa estabelecer um contrôle de dados biométricos dos seus trabalhadores para evitar a entrada de estranhos. Mas já chocaria, por exemplo, admitir que toda e qualquer empresa recolha as impressões digitais dos seus trabalhadores para assegurar que não é qualquer estranho a picar o ponto, uma vez que tal lhe permite constituir uma base de dados de impressões digitais, recolhendo um dado que pode permitir averiguar da presença do trabalhador em qualquer local. Seguramente que a assiduidade dos trabalhadores pode ser controlada com utilização de métodos menos invasivos.

9. Limitações ao registo de dados de justiça

Uma das limitações que ocorre para a recolha de dados pela entidade patronal diz respeito aos dados de justiça, ou seja os dados relativos a sus-peitas de actividades ilícitas, infracções penais, contra-ordenações e decisões que apliquem penas, medidas de segurança, coimas e sanções

---

[18] Cfr. sobre esta questão, AMADEU GUERRA, *op. cit.*, pp. 185 e ss.

acessórias[19]. Efectivamente, nos termos do art. 8.º da Lei 67/98, em princípio essa recolha apenas é permitida a serviços públicos com competência para o efeito. Admite-se, no entanto, que essa recolha possa ser autorizada noutros casos pela CNPD quando tal for necessário à execução de finalidades legítimas do responsável, desde que não prevaleçam sobre os direitos, liberdades e garantias do titular dos dados.

10. Obrigação de notificação do tratamento dos dados e eventual controlo prévio pela CNPD

Antes de iniciar qualquer tratamento de dados ou conjunto de tratamentos, total ou parcialmente autorizados, em relação aos seus trabalhadores, a entidade patronal ou o seu representante deverão notificar previamente a CNPD (art. 27.º da Lei 67/98), exigindo-se mesmo a prévia autorização desta entidade quando estiverem em causa dados pessoais sensíveis ou dados de justiça (art. 28.º, n.º 1, a) Lei 67/98). Será consequentemente exigido a prévia autorização da CNPD, antes de se iniciar o respectivo tratamento, relativamente a dados relativos a sanções disciplinares e outras sanções administrativas (art. 8.º, n.º 2, Lei 67/98), gestão de informações de saúde (art. 7.º, n.º 2 Lei 67/98) e instalação de sistemas de videovigilância (art. 7.º, n.º 2, Lei 67/98) ou equipamentos de contrôle de dados biométricos. Relativamente a dados de outra natureza, uma vez que existe apenas a obrigação de notificação do tratamento, para que a CNPD proceda ao respectivo registo (art. 23.º, n.º 1 b) e 31.º da Lei 67/98), a recolha poderá ser efectuada sem autorização prévia.

11. Conclusão

Regulando pela primeira vez uma matéria que apenas tinha sido objecto de estudo doutrinal, o Código do Trabalho vem dar um importante contributo para a disciplina jurídica dos direitos de personalidade no âmbito laboral, numa área tão relevante como é a protecção dos dados pessoais do trabalhador.

---

[19] Cfr. AMADEU GUERRA, op. cit., pp. 84 e ss.

FORMAS DE CESSAÇÃO DO CONTRATO DE TRABALHO E PROCEDIMENTOS[*]

---
[*] Publicado originariamente em Jorge Miranda/Luís Lima Pinheiro/Dário Moura Vicente, *Estudos em Memória do Professor Doutor António Marques dos Santos*, I, Coimbra, Almedina, 2005, pp. 1117-1131.

1. Generalidades

O tema escolhido para esta conferência respeita essencialmente à questão das formas de cessação do contrato de trabalho e procedimentos relativos a essa cessação, no âmbito do novo Código do Trabalho, aprovado pela Lei 99/2003, de 27 de Agosto, e que entrou em vigor no passado dia 1 de Dezembro[*].

Nos termos do actual art. 384.º CT, correspondente ao anterior art. 3.º da LCCT, o contrato de trabalho pode cessar por caducidade, revogação, resolução e denúncia. Convém, por isso, examinar separadamente estas formas de extinção do contrato de trabalho, bem como os procedimentos que necessariamente desencadeiam.

2. A caducidade do contrato de trabalho

Conforme se sabe, a caducidade é a extinção do contrato em resultado da verificação de um facto jurídico *stricto sensu*, ou seja de um facto jurídico não voluntário. Em relação ao contrato de trabalho, o art. 387.º CT admite que o contrato de trabalho possa caducar nos termos gerais dos contratos, referindo exemplificativamente como causas da sua extinção a verificação do termo; a verificação de impossibilidade superveniente, absoluta e definitiva de o trabalhador prestar o seu trabalho ou de o empregador o receber; e ainda a reforma do trabalhador. Cada uma destas causas de caducidade obriga a específicos procedimentos, que serão analisados separadamente.

---

[*] O presente trabalho corresponde à versão escrita da conferência por nós realizadas no Curso de Pós-Graduação em Direito do Trabalho.

2.1. Verificação do termo

Tratando-se de um contrato de trabalho a termo certo, a caducidade no termo do prazo estipulado pressupõe que o empregador ou o trabalhador comuniquem, respectivamente no prazo de quinze ou oito dias, por forma escrita a vontade de não fazerem renovar o contrato (art. 388.º CT). Tratando-se de um contrato de trabalho a termo incerto, prevendo-se a sua ocorrência, deve o empregador comunicar ao trabalhador a cessação do mesmo com a antecedência mínima de sete, trinta ou sessenta dias, conforme o contrato tenha durado até seis meses, de seis meses até dois anos ou por período superior (art. 389.º CT). Neste caso, no entanto, a omissão dessa comunicação apenas implica para o empregador o pagamento da retribuição correspondente ao período de aviso em falta, uma vez que a caducidade opera automaticamente, só sendo o contrato a termo incerto convertido em contrato sem termo, se o trabalhador continuar a exercer a actividade quinze dias após a sua verificação (art. 145.º CT).

Em ambas as situações a extinção do contrato de trabalho pela verificação do termo pode implicar o pagamento ao trabalhador de uma compensação pela extinção do contrato, correspondente a três ou dois dias de retribuição base e diuturnidades por cada mês de duração do vínculo, consoante o contrato tenha durado por um período que, respectivamente, não exceda ou seja superior a seis meses (art. 388.º, n.º 2 CT). Tratando-se de contrato de trabalho a termo certo, essa compensação só é devida se a caducidade resultar de declaração do empregador (art. cit.). Tratando-se de contrato de trabalho a termo incerto, essa compensação é devida em qualquer caso (art. 389.º, n.º 4 CT).

A natureza jurídica da compensação pela caducidade do contrato de trabalho a termo tem sido controvertida na doutrina. Para uma posição (MENEZES CORDEIRO, BERNARDO XAVIER, JOSÉ JOÃO ABRANTES e PAULA PONCES CAMANHO) tratar-se-ia de uma compensação ao trabalhador pela natureza precária do seu vínculo, visando-se por essa via desincentivar a contratação a termo[1]. Para outra posição (SÉRGIO GONÇALVES DO CABO)

---

[1] Cfr. MENEZES CORDEIRO, *Manual de Direito do Trabalho*, Coimbra, Almedina, 1991, p. 679, BERNARDO LOBO XAVIER, *Curso de Direito do Trabalho*, 2.ª ed., Lisboa, Verbo, 1996, p. 471, JOSÉ JOÃO ABRANTES, *Direito do Trabalho. Ensaios*, Lisboa, Cosmos, 1995, PAULA PONCES CAMANHO, "Algumas Reflexões sobre o Regime Jurídico do Contrato de Trabalho a Termo", em MANUEL AFONSO VAZ / J. A. AZEREDO LOPES, *Juris et de jure. Nos vinte anos da Faculdade de Direito da Universidade Católica Portuguesa – Porto*, Porto, Universidade Católica, 1998, pp. 969-986 (985, nota (45).

corresponde a um prémio de fim de contrato[2]. Uma última tese (ANTÓNIO JOSÉ MOREIRA) considera que esta figura tem uma natureza mista, desempenhando tanto as funções de compensação pela natureza precária do vínculo, como as de prémio de fim de contrato[3].

A nosso ver, a primeira posição é a correcta, já que com esta figura não se visa premiar o trabalhador pelo fim do contrato. Trata-se antes de uma compensação pela natureza precária do vínculo que ele celebrou, através da qual se visa tornar mais onerosa para o empregador a contratação a termo. A sua natureza é assim uma compensação pecuniária pela precariedade do vínculo laboral, que, no entanto, apenas se concretiza aquando da extinção da própria relação laboral por iniciativa do empregador. A compensação surge assim como uma contrapartida da extinção da relação laboral por parte da entidade patronal, cuja ameaça esteve sempre presente em consequência da celebração de uma relação laboral precária.

2.2. A impossibilidade superveniente, absoluta ou definitiva de o trabalhador prestar o seu trabalho ou de o empregador o receber

A outra causa de caducidade prevista no art. 387.º b) CT é a impossibilidade superveniente, absoluta e definitiva de o trabalhador prestar o seu trabalho ou de o empregador o receber. Tratando-se de uma referência genérica a uma forma de extinção do contrato de trabalho, a verdade é que o art. 390.º CT vem regular especificamente a situação da morte do empregador e da extinção ou encerramento da empresa. Quanto à morte do empregador pessoa singular, esta faz caducar o contrato de trabalho, a menos que os sucessores continuem com a actividade ou o estabelecimento seja transmitido para terceiro (art. 390.º, n.º 1 CT). Também a extinção da pessoa colectiva empregadora determina a cessação do contrato de trabalho, se não se verificar a referida transmissão do estabelecimento (art. 390.º, n.º 2 CT). Não se verificando a extinção, mas apenas o encerramento total e definitivo da empresa, há lugar igualmente

---

[2] Cfr. SÉRGIO GONÇALVES DO CABO, "O novo regime jurídico do contrato de trabalho a prazo" na *RJ* 15 (1991), pp. 56 e ss. (115)

[3] Cfr. ANTÓNIO JOSÉ MOREIRA, "Caducidade do contrato de trabalho a termo", em ID (org.), *IV Congresso Nacional de Direito de Trabalho (Memórias)*, Coimbra, Almedina, 2002, pp. 381-395 (386).

à caducidade do contrato de trabalho, mas esta situação obriga à aplicação dos procedimentos exigidos para o despedimento colectivo, referidos nos arts. 419.º e ss. e a que nos referiremos posteriormente (art. 390.º, n.º 3, CT). Exceptuam-se desta situação apenas as microempresas, de cujo encerramento deve, não obstante o trabalhador ser informado com sessenta dias de antecedência (art. 390.º, n.º 4, CT).

Verificando-se a caducidade do contrato, pela morte ou extinção do empregador ou pelo encerramento da empresa, o trabalhador tem sempre direito à mesma compensação estabelecida para o despedimento colectivo (art. 390.º, n.º 5 e 401.º CT).

É ainda referida especificamente a situação da insolvência e recuperação de empresas (art. 391.º), estabelecendo-se que a declaração judicial de insolvência não faz cessar os contratos de trabalho, ainda que o administrador da insolvência possa fazer os contratos dos trabalhadores cuja colaboração não seja indispensável ao regular funcionamento da empresa. Essa cessação, salvo no caso das micro-empresas obedece ao procedimento exigido para o despedimento colectivo (arts. 419.º e ss.). Apesar de a lei não repetir a remissão para o art. 401.º atribuíriamos também ao trabalhador neste caso a mesma compensação referida no art. 401.º, naturalmente sujeita ao processo de insolvência. A este propósito, há que chamar a atenção para o novo art. 113.º do Código da Insolvência que se limita a referir que a declaração de insolvência do trabalhador não suspende o contrato de trabalho, mas que o ressarcimento de prejuízos decorrentes de uma eventual violação dos deveres contratuais apenas pode ser reclamado ao próprio insolvente.

2.3. A reforma do trabalhador por velhice ou invalidez

Outra situação de caducidade do contrato de trabalho é a reforma do trabalhador por velhice ou invalidez (art. 387.º c) CT). Relativamente à reforma por velhice, estabelece o art. 392.º, n.º 1, que a permanência do trabalhador ao serviço, decorridos trinta dias sobre o conhecimento por ambas as partes da sua reforma por velhice determina a aposição ao contrato de um termo resolutivo, situação que também ocorre quando o trabalhador atinja os setenta anos de idade sem ter havido caducidade por reforma (art. 392.º, n.º 3 CT). Trata-se, no entanto, de um termo resolutivo sujeito a regime especial, uma vez que o n.º 2 do art. 392.º dispensa expressamente a redução a escrito, estabelecendo que o contrato vigora pelo prazo de seis meses, sendo renovável por períodos iguais e sucessivos sem sujeição a limites máximos; a caducidade fica sujeita a aviso prévio de sessenta dias, se for da iniciativa do empregador ou de quinze dias, se a iniciativa pertencer ao trabalhador e não determina o pagamento de qualquer compensação ao trabalhador. Quanto à reforma por invalidez, esta não aparece autonomizada no Código por se considerar que constitui uma impossibilidade superveniente, absoluta e definitiva de o trabalhador prestar o seu trabalho[4].

3. A revogação do contrato de trabalho

Outra forma de cessação do contrato de trabalho é a revogação do contrato. A revogação consiste na extinção do negócio jurídico por virtude de uma manifestação da autonomia privada em sentido oposto àquela que o constituiu. Consequentemente, se estiver em causa um contrato, a revogação – que nesse caso é também denominada de distrate – é necessariamente bilateral, assentando no mútuo consenso dos contraentes em relação à extinção do contrato que tinham celebrado (cfr. art. 406.º, n.º 1, do Código Civil). Essa figura é também aplicável ao contrato de trabalho, pois o art. 393.º CT admite a possibilidade de este cessar por acordo entre o trabalhador e o empregador. Sendo baseada na autonomia privada, a revogação é de exercício livre, ficando os seus efeitos na disponibilidade das partes, desde que não contrariem disposições injuntivas (art. 394.º, n.º 3 CT). Exige-se, no entanto, forma escrita para esse acordo, nos termos do art. 394.º CT, que deve especificar a data da sua celebração e a data de produção dos respectivos efeitos. Se no acordo de cessação, ou conjuntamente com este, as partes estabelecerem uma compensação pecuniária de natureza global para o trabalhador, presume-se que naquela data foram pelas partes incluídos e liquidados os créditos já vencidos à data da cessação do contrato ou exigíveis em virtude dessa cessação (art. 394.º, n.º 4 CT), presunção essa que deve ser considerada *iuris tantum*, por força do art. 350.º, n.º 2, do Código Civil.

---

[4] Cfr. Pedro Romano Martinez, "Caducidade do contrato de trabalho", em José de Oliveira Ascensão / Ruy de Albuquerque / Martim de Albuquerque / Pedro Romano Martinez, *Estudos em Homenagem ao Prof. Doutor Raul Ventura*, II, FDL/Coimbra Editora, 2003, pp. 695-715 (713) e Pedro Romano Martinez / Luís Miguel Monteiro / / Joana Vasconcelos / Pedro Madeira de Brito / Guilherme Dray / Luís Gonçalves da Silva, *Código do Trabalho Anotado*, 3.ª ed., Coimbra, Almedina, 2004, sub art. 387, III, p. 635.

Por razões de tutela do trabalhador vem, no entanto, a ser admitida a possibilidade de unilateralmente se arrepender da revogação do contrato, desde que o comunique no prazo de sete dias após a data da celebração do contrato (*cooling-off period*; cfr. art. 395.º, n.º 1 CT). Esse arrependimento só é, no entanto, considerado eficaz se, em simultâneo com a declaração o trabalhador entregar ou puser à disposição do empregador o valor das compensações que tenha recebido em cumprimento do acordo de revogação, ou por efeito da cessação do contrato de trabalho (art. 395.º, n.º 3, CT) e é, em qualquer caso, excluído se o acordo for devidamente datado e as assinaturas objecto de reconhecimento notarial presencial (art. 395.º, n.º 4 CT).

4. A resolução do contrato de trabalho

4.1. Generalidades

Conforme refere o art. 384.º CT a resolução é uma das formas de extinção do contrato de trabalho. A resolução do contrato vem prevista genericamente nos arts. 432.º e ss. C.C. e caracteriza-se por, ao contrário da revogação, se processar sempre através de um negócio jurídico unilateral. Consequentemente, nesta situação a extinção do contrato ocorre por decisão unilateral de uma das partes, não sujeita ao acordo da outra. Para além disso, a resolução caracteriza-se ainda por ser normalmente de exercício vinculado (e não discricionário), no sentido de que só pode ocorrer se se verificar um fundamento legal ou convencional que autorize o seu exercício (art. 432.º, n.º 1, C.C.). Assim, se ocorrer esse fundamento, o contrato pode ser resolvido. Se não ocorrer, a sua resolução não é permitida (cfr. art. 406.º, n.º 1).

O Código elenca vários fundamentos para a resolução do contrato de trabalho, distinguindo consoante a resolução resulte da iniciativa do empregador ou do trabalhador. Quanto aos fundamentos para a resolução do contrato de trabalho por iniciativa do trabalhador, estes subdividem-se em fundamentos para o despedimento por facto imputável ao trabalhador (art. 396.º CT), fundamentos para o despedimento colectivo (art. 397.º e ss. CT), fundamentos para o despedimento por extinção do posto de trabalho (arts. 402.º e ss. CT), e fundamentos para o despedimento por inadaptação (arts. 405.º e ss. CT). Quanto à resolução do contrato por iniciativa do trabalhador, esta é possível com fundamento em justa causa, nos termos dos arts. 441.º e ss. CT.

4.2. Despedimento por facto imputável ao trabalhador

O primeiro fundamento de resolução do contrato de trabalho por iniciativa do empregador consiste na justa causa de despedimento, que o art. 396.º, n.º 1, define como o comportamento culposo do trabalhador que, pela sua gravidade e consequências torne imediata e praticamente impossível a subsistência da relação de trabalho. Temos aqui uma cláusula geral, cuja concretização a lei estabelece por duas vias, sendo a primeira a indicação dos vectores pelos quais se deve estabelecer a apreciação da justa causa (art. 396.º, n.º 2, CT) e outra a enumeração de uma série de comportamentos susceptíveis de exemplificar o referido conceito (art. 396.º, n.º 3 CT).

O procedimento a adoptar para o despedimento por facto imputável ao trabalhador encontra-se referido nos arts. 411.º e ss. CT. e sendo o despedimento considerado neste caso como uma sanção disciplinar (cfr. art. 366.º f) CT) é ainda necessário que obedeça ao respectivo procedimento disciplinar, referido nos arts. 371.º e ss. CT. Assim, o procedimento tem que exercer-se nos sessenta dias subsequentes àquele em que o empregador, ou o superior hierárquico com competência disciplinar, teve conhecimento da infracção, prescrevendo a infracção ao fim de um ano a contar do momento em que teve lugar, salvo se os factos constituírem igualmente crime, caso em que são aplicáveis os prazos prescricionais da lei penal (art. 372.º CT), e só podendo a aplicação da sanção ter lugar nos três meses subsequentes à decisão (art. 373.º CT).

Para se poder exercer o despedimento é necessário que o empregador comunique por escrito ao trabalhador, no referido prazo de sessenta dias após a prática dos factos, a sua intenção de proceder ao despedimento, juntando nota de culpa com a descrição circunstanciada dos factos que lhe são imputados (art. 411.º, n.º 1 CT), sendo na mesma data remetida à comissão de trabalhadores da empresa cópia daquela comunicação e da nota de culpa (art. 411.º, n.º 2 CT), a qual é ainda enviada à associação sindical respectiva, no caso de o trabalhador ser representante sindical (art. 411.º, n.º 3 CT). A comunicação da nota de culpa ao trabalhador interrompe os prazos de prescrição da infracção disciplinar (art. 411.º, n.º 4 CT), estando igualmente prevista a sua interrupção através da instauração de procedimento prévio de inquérito, desde que, mostrando-se aquele procedimento necessário para fundamentar a nota de culpa, seja iniciado e conduzido de forma diligente, não mediando mais de trinta dias entre a suspeita da existência de comportamentos irregulares e o início do inquérito, nem entre a sua conclusão e a notificação da nota de culpa (art. 412.º CT).

Com a notificação da nota de culpa, o empregador pode suspender preventivamente o trabalhador, sem perda de retribuição, sempre que a sua presença se mostrar inconveniente (art. 417.º, n.º 1 CT), como é regra geral relativamente a qualquer procedimento disciplinar (cfr. art. 371.º, n.º 3 CT). A suspensão pode ainda anteceder a nota de culpa em trinta dias, desde que o empregador, por escrito, justifique que, tendo em conta indícios de factos imputáveis ao trabalhador, a sua presença na empresa é inconveniente, nomeadamente para a averiguação de tais factos, e que ainda não lhe foi possível elaborar a nota de culpa (art. 417.º, n.º 1, CT).

Como é princípio básico no procedimento disciplinar, a sanção não pode ser aplicada sem audiência prévia do trabalhador (art. 371.º, n.º 1, CT). Precisamente por isso, o art. 413.º CT prevê a possibilidade de o devedor responder à nota de culpa, deduzindo por escrito os elementos que considere relevantes para o esclarecimento dos factos e da sua participação nos mesmos, para o que dispõe de dez dias úteis após a comunicação, podendo durante esse prazo consultar o processo, juntar documentos e solicitar as diligências probatórias que se mostrem pertinentes para o esclarecimento da verdade. Após a resposta compete ao empregador, por si ou através de instrutor que tenha nomeado proceder às diligências probatórias referidas, apenas podendo rejeitar as patentemente dilatórias ou impertinentes, o que tem que justificar por escrito (art. 414.º, n.º 1, CT), havendo em qualquer caso, uma limitação ao número de testemunhas que o empregador tem que ouvir (três por cada facto e dez no total), cuja comparência deve ser assegurada pelo trabalhador (art. 414.º, n.º 2 CT). Concluídas as diligências probatórias, deve ser enviada cópia do processo à comissão de trabalhadores e, tratando-se de representantes sindicais, também à associação sindical respectiva que podem, no prazo de cinco dias úteis, fazer juntar ao processo o seu parecer fundamentado (art. 414.º, n.º 3 CT). Tratando-se de trabalhadora grávida, puérpera ou lactante, é ainda necessário um parecer prévio da entidade que tenha competência na área da igualdade de oportunidades entre homens e mulheres (art. 51.º, n.º 3 CT), o qual deve ser comunicado no prazo de trinta dias (art. 51.º, n.º 2, CT) e, caso seja favorável ao despedimento, determina que este só possa ser efectuado pelo empregador após decisão judicial que reconheça a existência de motivo justificativo (art. 51.º, n.º 5, CT).

Concluído o prazo de pronúncia das entidades acima referidas, o empregador dispõe do prazo de trinta dias para proferir a sanção, sob pena de caducidade do direito de a aplicar (art. 415.º, n.º 1, CT), a qual tem que ser fundamentada e constar de documento escrito (art. 415.º, n.º 2, CT), a qual é comunicada ao trabalhador, à comissão de trabalhadores e, no caso de se tratar de representantes sindicais, à associação sindical (art. 415.º, n.º 4, CT). Relativamente à eficácia da comunicação do despedimento, o art. 416.º CT repete desnecessariamente a regra do art. 224.º do CC, n.ºs 1 e 2, mas não faz referência ao n.º 3, cuja aplicação temos por inquestionável. Não vemos, por isso, necessidade neste artigo.

O procedimento exigido para o despedimento individual com justa causa é consideravelmente simplificado em relação às microempresas (art. 418.º, n.º 1 CT), salvo se o trabalhador for membro da comissão de trabalhadores ou representante sindical (ar. 418, n.º 4 CT). São dispensadas as comunicações à comissão de trabalhadores, exigindo-se apenas a comunicação da nota de culpa e a audição do trabalhador, que a poderá substituir por uma alegação escrita sobre os factos e a sua participação nos mesmos, podendo requerer a audição de testemunhas. A decisão deve ser fundamentada e comunicada por escrito ao trabalhador (art. 418.º, n.º 3, CT).

4.3. Despedimento colectivo

Outro fundamento de resolução do contrato de trabalho por iniciativa do empregador corresponde ao despedimento colectivo, que o art. 397.º CT define como a cessação do contrato de trabalho promovida pelo empregador e opera simultânea ou sucessivamente no período de três meses, abrangendo pelo menos dois trabalhadores nas micro e pequenas empresas e cinco trabalhadores, nas médias e grandes empresas, sempre que aquela ocorrência se fundamente em encerramento de uma ou várias secções ou estrutura equivalente ou redução de pessoal determinado por motivos de mercado, estruturais ou tecnológicos. O trabalhador cujo contrato cesse em virtude de despedimento colectivo tem direito a uma compensação correspondente a um mês de retribuição base e diuturnidades por cada ano de antiguidade, ou à parte proporcional em relação à fracção do ano, não podendo em qualquer caso essa compensação ser inferior a três meses de retribuição base e diuturnidades, presumindo-se que o trabalhador aceita o despedimento quando recebe essa compensação (art. 401.º CT).

O despedimento colectivo pressupõe um aviso prévio com menção expressa do motivo, comunicado por escrito a cada trabalhador com uma antecedência não inferior a 60 dias relativamente à data prevista para a cessação do contrato (art. 398.º, n.º 1 CT), cuja inobservância implica para o empregador o pagamento da retribuição correspondente ao período de antecedência em falta (art. 398.º, n.º 2 CT). Durante o prazo de aviso prévio, o trabalhador tem direito a um crédito de horas correspondente a dois dias de trabalho por semana sem prejuízo da retribuição (art. 399.º CT), podendo ainda durante esse prazo denunciar o contrato, sem prejuízo do direito à compensação (art. 400.º CT).

Para além disso, o despedimento colectivo implica que o empregador efectue uma comunição escrita dessa intenção à comissão de trabalhadores ou, na sua falta, à comissão intersindical ou às comissões sindicais da empresa representativas dos trabalhadores a abranger na intenção de proceder ao despedimento (art. 419.º, n.º 1 CT), comunicação que deve mencionar toda uma série de elementos a que se refere o art. 419.º, n.º 2. Na falta destas entidades, a comunicação deve ser efectuada por escrito a cada um dos trabalhadores que possam ser abrangidos para que eles designem, no prazo de cinco dias úteis a contar da recepção, uma comissão representativa, que receberá os elementos referidos no art. 419.º, n.º 2. Esses elementos devem ainda ser comunicados aos serviços competentes do ministério responsável pela área laboral (art. 419.º, n.ºs 3 e 5 CT).

Após a recepção dessas comunicações deve ter lugar uma fase de informações e negociação entre o empregador e a estrutura representativa dos trabalhadores que possa permitir a obtenção de um acordo sobre a dimensão e os efeitos do despedimento, bem como sobre a aplicação de outras medidas que possam permitir a redução do número de trabalhadores a despedir, como a suspensão e redução da prestação de trabalho, a reconversão e reclassificação profissional e reformas antecipadas e pré-reformas (art. 420.º), cabendo aos serviços responsáveis pela área laboral participar no processo de negociação, com vista a assegurar a regularidade da instrução e promover a conciliação entre as partes (art. 421.º). Obtido o acordo ou, na falta deste, decorridos vinte dias sobre a comunicação à estrutura representativa, o empregador deve comunicar aos trabalhadores a despedir a decisão do despedimento com indicação expressa do motivo e da data de cessação do respectivo contrato, indicando o montante da compensação, assim como a forma e o lugar do seu pagamento. Ao mesmo tempo deve ser enviada a acta da reunião, bem como um mapa descritivo dos trabalhadores e medidas abrangidas ao ministério responsável pela área laboral, bem como à estrutura representativa dos trabalhadores (art. 422.º CT).

4.4. Despedimento por extinção do posto de trabalho

Outro fundamento para a resolução do contrato por iniciativa do empregador consiste na extinção do posto de trabalho justificada por motivos económicos, tanto de mercado como estruturais ou tecnológicos, relativos à empresa (art. 402.º CT). Exige-se neste caso que os motivos não sejam devidos a uma actuação culposa do empregador ou do trabalhador, seja praticamente impossível a subsistência da relação de trabalho, não se verifique a existência de contratos a termo para as tarefas correspondentes ao posto de trabalho extinto, não se aplique o regime para o despedimento colectivo, e seja posta à disposição do trabalhador a compensação devida (art. 403.º, n.º 1). Havendo vários trabalhadores susceptíveis de ser abrangidos, a escolha do trabalhador envolvido obedece a critérios objectivos, referidos no art. 403.º, n.º 2.

Em qualquer caso o trabalhador sujeito a um despedimento por extinção do posto de trabalho tem exactamente os mesmos direitos que no despedimento colectivo, como o aviso prévio, a compensação, crédito de horas e possibilidade de denúncia do contrato (cfr. art. 404.º CT).

O procedimento para o despedimento por extinção do posto de trabalho é relativamente mais simples do que o do despedimento colectivo, ainda que também obrigue a uma comunicação escrita do empregador aos trabalhadores abrangidos e à comissão de trabalhadores ou, na sua falta, à comissão intersindical ou comissão sindical, com indicação dos respectivos fundamentos (cfr. art. 423.º CT). Após receber a comunicação tem a estrutura representativa dos trabalhadores um prazo de dez dias para apresentar parecer, onde pode contestar não apenas os fundamentos invocados, bem como os critérios de escolha dos trabalhadores abrangidos, podendo ainda no mesmo prazo os trabalhadores abrangidos pronunciar-se (art. 424.º). Se a estrutura representativa dos trabalhadores assim o entender pode desencadear a intervenção dos serviços do Ministério responsável pela área laboral para contrôle dos pressupostos (art. 424.º, n.º 3), os quais devem elaborar relatório sobre a matéria, que é enviado ao requerente e ao empregador (art. 424.º, n.º 4).

No prazo de cinco dias após o termo do prazo anterior, deve o empregador proferir a decisão referindo as respectivas justificações, decisão que é comunicada aos trabalhadores envolvidos, às suas entidades representativas e aos serviços do Ministério responsável pela área laboral (art. 425.°).

4.5. Despedimento por inadaptação

Outro fundamento de resolução do contrato por iniciativa do empregador é a inadaptação superveniente do trabalhador ao posto de trabalho (arts. 405.° e ss.), cujos fundamentos se encontram previstos no art. 406.°, n.° 1 e n.° 2 que obedecem especificamente aos requisitos do art. 407.°, n.os 1 e 2. Se a inadaptação se tiver verificado em resultado de uma transferência do trabalhador de anterior posto de trabalho nos três meses anteriores ele tem direito a reocupá-lo, com garantia da mesma retribuição base, salvo se entretanto esse posto de trabalho tiver sido extinto (art. 408.°). O despedimento por inadaptação do trabalhador não pode implicar diminuição do nível de emprego da empresa, nos termos do art. 410.° CT.

Em qualquer caso o trabalhador sujeito a um despedimento por inadaptação tem exactamente os mesmos direitos que no despedimento colectivo, como o aviso prévio, a compensação, crédito de horas e possibilidade de denúncia do contrato (cfr. art. 409.° CT).

O procedimento no despedimento por inadaptação é, no entanto mais simples ainda que também obrigue a uma comunicação escrita do empregador ao trabalhador abrangido e à comissão de trabalhadores ou, na sua falta, à comissão intersindical ou comissão sindical, com indicação dos respectivos fundamentos (cfr. art. 426.° CT). Após receber a comunicação tem a estrutura representativa dos trabalhadores um prazo de dez dias para apresentar parecer, podendo ainda no mesmo prazo o trabalhador opor-se e apresentar meios de prova (art. 427.°). No prazo de cinco dias após o termo do prazo anterior pode o empregador, deve o empregador proferir a decisão referindo as respectivas justificações (art. 428.°).

4.6. Resolução do contrato por iniciativa do trabalhador com fundamento em justa causa

Da mesma forma que o empregador, também o trabalhador pode resolver o contrato com fundamento em justa causa, nos casos referidos no art. 441.°. A resolução deve ser efectuada por escrito, com indicação sucinta dos factos que a justificam nos trinta dias subsequentes ao conhecimento dos factos, salvo se estiver em causa a necessidade de cumprimento de obrigações legais incompatíveis com o serviço, em que o trabalhador deve notificar o empregador logo que possível (art. 442.º). Se a resolução tiver por fundamento factos imputáveis ao empregador este adquire direito a indemnização por todos os danos patrimoniais e não patrimoniais sofridos, devendo esta corresponder a uma indemnização a fixar entre 15 e 45 dias de retribuição base e diuturnidades por cada ano completo de antiguidade que, no caso do contrato a termo não pode ser inferior às retribuições vincendas (art. 443.º CT).

À semelhança do que se prevê com a revogação, a resolução por iniciativa do trabalhador pode ser revogada pelo trabalhador até ao sétimo dia seguinte à data em que chega ao empregador (art. 449.º CT). No caso de a resolução ser exercida ilicitamente o empregador tem direito a uma indemnização pelos prejuízos causados, referida no art. 446.º.

5. A denúncia do contrato de trabalho

Uma outra forma de extinção do contrato de trabalho consiste na denúncia do contrato, referida no art. 384.º d) CT. A denúncia do contrato, à semelhança da resolução, resulta igualmente de um negócio unilateral, bastando-se, por isso, com a decisão de apenas uma das partes. No entanto, ao contrário da resolução não se baseia em fundamento algum, sendo, por isso, de exercício livre. O seu campo de aplicação é limitado aos contratos de execução continuada ou duradoura, em que as partes não estipulam um prazo fixo de vigência. Como a vigência do contrato ilimitada no tempo seria contrária à liberdade económica das pessoas, que não se compadece com a criação de vínculos perpétuos ou de duração indefinida, admite-se normalmente a sua denúncia a todo o tempo. No âmbito do contrato de trabalho, a necessidade de conferir alguma segurança económica ao trabalhador leva a que não se atribua normalmente a faculdade de denunciar o contrato ao empregador mas apenas ao trabalhador, salvo em situações especiais como no caso da comissão de serviço, a que se referem os arts. 244.º e ss. do Código.

A denúncia do contrato de trabalho encontra-se assim prevista apenas em relação ao trabalhador nos arts. 447.º e ss. CT, onde se refere que o trabalhador pode denunciar o contrato, mediante comunicação escrita enviada ao empregador com a antecedência mínima de trinta ou sessenta dias, conforme tenha respectivamente, até dois anos ou mais de dois anos de antiguidade (art. 447.º, n.º 1), podendo, no entanto, esse prazo de aviso prévio ser alargado por instrumento de regulamentação colectiva de trabalho até seis meses, relativamente a trabalhadores que ocupem cargos de administração ou direcção, bem como funções de representação ou de responsabilidade (art. 447.º, n.º 2, CT). Já em se tratando de contrato a termo, o trabalhador que se pretenda desvincular antes do decurso do prazo acordado deve avisar o empregador com a antecedência mínima de 30 dias, se o contrato tiver duração igual ou superior a 6 meses, ou de 15 dias, se for de duração inferior (art. 447.º, n.º 3 CT). No caso de contrato de trabalho a termo incerto, esse prazo é calculado com base no tempo de duração efectiva do contrato (art. 447.º, n.º 4 CT). O incumprimento do prazo de aviso prévio implica que o trabalhador tenha que pagar ao empregador uma indemnização de valor igual à retribuição base e diuturnidades correspondentes ao período de antecedência em falta, sem prejuízo da responsabilidade civil pelos danos eventualmente causados (art. 448.º CT).

À semelhança do que se prevê com a revogação e a resolução por iniciativa do trabalhador também a denúncia do contrato pode ser revogada pelo trabalhador até ao sétimo dia seguinte à data em que chega ao empregador (art. 449.º CT).

A lei refere ainda uma hipótese de denúncia tácita do contrato de trabalho, que consiste na figura do abandono de trabalho, prevista no art. 450.º CT, e que o n.º 1 define como a ausência do trabalhador ao serviço acompanhada de factos que, com toda a probabilidade, revelem a intenção de o não retomar. Presume-se a existência desse abandono do trabalho, sempre que o trabalhador se ausente ao serviço durante, pelo menos, dez dias úteis seguidos, sem que o empregador tenha recebido comunicação do motivo da ausência (art. 450.º, n.º 2 CT), admitindo-se, porém, que essa presunção seja ilidida pelo trabalhador mediante prova da ocorrência de motivo de força maior impeditivo da comunicação de ausência (art. 450.º, n.º 3 CT). Sendo, conforme se referiu, uma situação de denúncia tácita do contrato de trabalho, o abandono, pelo falta de aviso prévio que necessariamente envolve, obriga igualmente o trabalhador a uma indemnização pelos prejuízos causados, a qual não pode ser inferior ao montante referido no art. 448.º CT (art. 450.º, n.º 4 CT). O abandono do trabalho envolve, porém, um ónus suplementar para o empregador que é a necessidade de o confirmar perante o trabalhador mediante comunicação por carta registada com aviso de recepção para a sua última morada conhecida.

Diferente é a situação específica da comissão de serviço, cuja cessação pode ser promovida por qualquer das partes nos termos do art. 246.º do Código, com os efeitos previstos no art. 247.º.

II – PARECERES

A CONFORMIDADE DA PROPOSTA DE LEI 29/IX (CÓDIGO DO TRABALHO) COM A CONSTITUIÇÃO DA REPÚBLICA PORTUGUESA

PARECER

SUMÁRIO: 1. CONSULTA. 2. PARECER. § 1.º Introdução. § 2.º Da constitucionalidade do novo regime do contrato de trabalho a termo. § 3.º Da constitucionalidade do novo regime da mobilidade geográfica, funcional e temporal. *a)* Mobilidade geográfica. *b)* Mobilidade temporal. *c)* Mobilidade funcional. § 4.º Da constitucionalidade do novo regime da cessação do contrato de trabalho. A) A dilatação do conceito de justa causa de despedimento. B) A possibilidade de reiniciar o processo disciplinar se o despedimento vier a ser declarado ilícito por motivos formais. C) A possibilidade de, no caso de a resolução por iniciativa do trabalhador ser judicialmente declarada nula por razões formais, este possa no prazo de trinta dias corrigir o vício existente. D) A possibilidade de o despedimento não desencadear a reintegração do trabalhador da empresa. § 5.º Da constitucionalidade do novo regime de extinção e sucessão de convenções colectivas. A) Apreciação geral. B) A constitucionalidade do novo regime relativo à extinção de convenções. C) A constitucionalidade da eliminação da imposição de que a nova convenção seja globalmente mais favorável para os trabalhadores. § 6.º Da constitucionalidade do novo regime de prestação dos serviços mínimos em caso de greve. § 7.º Da constitucionalidade da cláusula de paz social relativa. § 8.º Conclusões.

CONSULTA

Sua Excelência, o Senhor Secretário de Estado do Trabalho, solicitou ao signatário a elaboração de um parecer sobre a constitucionalidade da proposta de lei de Código do Trabalho apresentada à Assembleia da República, designadamente sobre as seguintes questões:

a) Contratos de trabalho a termo (arts. 125.º a 141.º);
b) Mobilidade geográfica, temporal e funcional (v.g., arts. 109.º, 147.º, 160.º a 163.º, 304.º a 308.º);
c) Justa causa e reintegração:
    1) possibilidade de o juiz decidir a não reintegração do trabalhador despedido sem justa causa, nas condições definidas nos artigos 427.º e 428.º;

2) possibilidade de, sendo a ilicitude do despedimento decretada por motivos formais, e tendo o trabalhador optado pela reintegração, o empregador poder dar início a um novo procedimento disciplinar, por uma só vez, interrompendo-se os prazos para intentar tal procedimento;
3) previsão de idêntico regime no caso de cessação por iniciativa do trabalhador, quando a cessação for considerada ilícita por motivos formais (art. 434.º).

d) Sucessão de convenções (princípio do não retrocesso social) (art. 547.º).
e) Regime de prestação de serviços mínimos em caso de greve (*v. g.*, arts. 585.º e 586.º).
f) Cláusula de paz social relativa (*v.g.*, art. 592.º).

Foram presentes ao signatário pareceres jurídicos anteriormente emitidos sobre o Anteprojecto do Código do Trabalho pelos Professores Doutores MENEZES CORDEIRO, PAULO OTERO, JORGE BACELAR GOUVEIA e JOSÉ JOÃO ABRANTES [1].

Será, assim, essencialmente sobre os pontos acima referidos que cumpre emitir parecer, procurando-se averiguar se se poderá verificar alguma desconformidade da Proposta de Lei 29/IX (Código do Trabalho) com a Constituição da República Portuguesa.

Para efeitos de elaboração do presente parecer, procurar-se-á, após uma introdução destinada à apreciação genérica da iniciativa legislativa, seguir os pontos elencados da consulta.

---

[1] Cfr. ANTÓNIO MENEZES CORDEIRO, *Anteprojecto do Código do Trabalho. Comentários*, polic., 2002, e *Anteprojecto do Código do Trabalho. Inovações e Aspectos Constitucionais*, PAULO OTERO, *Parecer sobre o Anteprojecto de Código do Trabalho*, polic., 2002, JORGE BACELAR GOUVEIA, *O Anteprojecto de Código do Trabalho e a Constituição Portuguesa. Parecer de Direito*, polic., 2002, e JOSÉ JOÃO ABRANTES, *Parecer sobre o Anteprojecto de Código do Trabalho*, polic., 2002.

PARECER

§1.º INTRODUÇÃO

A presente consulta reconduz-se essencialmente à questão de averiguar da constitucionalidade da Proposta de Lei que aprova o novo Código do Trabalho.

Conforme refere GOMES CANOTILHO, a concretização de uma dada iniciativa legislativa pressupõe implícitas valorações político-constitucionais, conhecimento de factos, juízos de prognose, considerações de resultados, segurança jurídica e legitimação democrática[2]. Todas estas valorações têm assim que ser ponderadas pelo legislador, aquando da aprovação de qualquer diploma. No caso presente, dada a importância da reforma em questão, é compreensível que se seja especialmente rigoroso nessa avaliação.

Entre as valorações acima referidas, assume naturalmente relevância especial a do respeito pela Constituição, sabendo-se que o nosso legislador constituinte, à semelhança de muitas outras Constituições[3], introduziu na Constituição um específico *corpus* de normas e princípios relativos ao trabalho, que se tem designado como "Constituição laboral" ou "Constituição do trabalho"[4]. No âmbito desse corpo normativo encon-

---

[2] Cfr. GOMES CANOTILHO, *Constituição Dirigente e Vinculação do Legislador (Contributo para a compreensão das normas constitucionasi programáticas)*, Coimbra, Coimbra Editora, 1982, p. 322.

[3] A regulação do trabalho na Constituição é uma constante do séc. XX, iniciando-se com a Constituição Mexicana de 1917 (arts. 123.º e ss.) e continuando com a Constituição do Império Alemão (de Weimar) de 1919 (arts. 157.º e ss.). Cfr. JORGE MIRANDA, *Textos Históricos de Direito Constitucional*, Lisboa, INCM, 1980, pp. 262 e ss. e 292 e ss. Actualmente na União Europeia, encontram-se normas jurislaborais na Constituição alemã (arts. 9.º, n.º 3 e 12.º), belga (art. 23.º), dinamarquesa (arts. 74.º e 75.º), espanhola (arts. 28.º e 42.º), finlandesa (art. 15.º), francesa (preâmbulo da Constituição de 1946, mantido em vigor pela Constituição de 1958), grega (arts. 22.º e 23.º), irlandesa (art. 45.º, n.º 4), e italiana (arts. 4.º e 35.º e ss.). Cfr. JORGE BACELAR GOUVEIA, *As Constituições dos Estados da União Euorpeia*, Lisboa, Vislis, 2000. Com excepção da Constituição italiana e da portuguesa, são normalmente muito poucas as disposições jurislaborais nas Constituições dos Estados da União Europeia.

[4] Cfr. JORGE MIRANDA, "A Constituição laboral ou do trabalho (Súmula da lição", em PEDRO ROMANO MARTINEZ (coord.), *Estudos do Instituto de Direito do Trabalho*, I, Coimbra, Almedina, 2001, pp. 17-19, GOMES CANOTILHO, *Direito Constitucional e Teoria da Constituição*, Coimbra, Almedina, 2002, pp. 346-347, MENEZES CORDEIRO, *Manual de*

tram-se especificamente tutelados os direitos, liberdades e garantias dos trabalhadores, referidos nos arts. 53.º e ss. da Constituição[5] e que são inclusivamente elevados a limites materiais de revisão pelo art. 288.º e) da Constituição.

No entanto, e conforme salienta MENEZES CORDEIRO, se a Constituição portuguesa é extremamente rica em matéria laboral, tal facto deve-se essencialmente a contingências históricas do período usualmente designado por PREC (Processo Revolucionário em Curso) como o *pensamento ideológico* que informava a maioria dos deputados à Assembleia Constituinte, apresentados como elementos de partidos de trabalhadores; e a *oportunidade de constitucionalizar aspectos jurislaborais* controversos em sede de elaboração constitucional[6]. Tal leva a que gran-

---

Direito do Trabalho, Coimbra, Almedina, 1991, p. 138, PEDRO ROMANO MARTINEZ, *Direito do Trabalho*, Coimbra, Almedina, 2002, pp. 158-159 e JORGE LEITE, *Direito do Trabalho*, I, Coimbra, polic., 1998, p. 111.

[5] Conforme referem GOMES CANOTILHO/VITAL MOREIRA, *Constituição da República Portugesa Anotada*, 3.ª ed., Coimbra, Coimbra Editora, 1993, p. 285, "a individualização de uma categoria de <<direitos, liberdades e garantias dos trabalhadores>>, ao lado dos de carácter pessoal e político (Caps. I e II do presente título da CRP), reveste um particular significado constitucional, do ponto em que ela traduz o abandono de uma concepção tradicional dos <<direitos, liberdades e garantias>> como direitos do *homem* ou do *cidadão* genéricos e abstractos, fazendo intervir também o *trabalhador* (exactamente: o trabalhador subordinado) como titular de direitos de igual dignidade". Sobre os direitos fundamentais dos trabalhadores, cfr. PETER HÄBERLE, "Arbeit als Verfassungsprobleme", em *JZ* 1984, pp. 345-355 (350 e ss.), THILO RAMM, "Grundrechte und Arbeitsrecht", em *JZ* 1991, pp. 1-16, GOMES CANOTILHO/VITAL MOREIRA, *op. cit.*, pp. 112 e ss., MENEZES CORDEIRO, *Manual*, pp. 144 e ss., PEDRO ROMANO MARTINEZ, *Direito*, pp. 159 e ss., JOÃO CAUPERS, *Os direitos fundamentais dos trabalhadores e a Constituição*, Coimbra, Almedina, 1985, pp. 103 e ss., MARIA DO ROSÁRIO PALMA RAMALHO, "Contrato de trabalho e direitos fundamentais da pessoa", em RUI MANUEL DA MOURA RAMOS / CARLOS FERREIRA DE ALMEIDA / ANTÓNIO MARQUES DOS SANTOS / PEDRO PAIS DE VASCONCELOS / LUÍS DE LIMA PINHEIRO / MARIA HELENA BRITO / DÁRIO MOURA VICENTE, *Estudos em Homenagem à Professora Doutora Isabel de Magalhães Collaço*, II, Coimbra, Almedina, 2002, pp. 393-415, JOSÉ JOÃO ABRANTES, "O Direito do Trabalho e a Constituição", em ID, *Estudos de Direito do Trabalho*, 2.ª ed., Lisboa, AAFDL, 1992, pp. 59-87 e "Contrato de trabalho e Direitos Fundamentais. Breves Reflexões", em ANTÓNIO MOREIRA (org.), *II Congresso Nacional de Direito do Trabalho. Memórias*, Coimbra, Almedina, 1999, pp. 105--114, JORGE LEITE, *Direito*, pp. 119 e ss. e MARIA MANUELA MAIA, "Os direitos fundamentais dos trabalhadores e a sua articulação com o direito ordinário", em ANTÓNIO MOREIRA (org.), *III Congresso Nacional de Direito do Trabalho. Memórias*, Coimbra, Almedina, 2001, pp. 109-134.

[6] Cfr. MENEZES CORDEIRO, *Manual*, p. 142. No mesmo sentido, ROMANO MARTINEZ, *Direito*, p. 158.

de parte das normas que então foram intregradas na nossa Constituição laboral não tenha grande conteúdo vinculativo, não passando de meras proclamações enfáticas, enquanto outras não têm sequer dignidade constitucional, podendo facilmente constar de diplomas regulamentares.

Por outro lado, mesmo as normas da Constituição laboral que se podem considerar como tendo conteúdo vinculativo e integrando a Constituição material sofreram uma evolução no seu conteúdo e alcance, derivado das sucessivas revisões que a Constituição económica sofreu desde 1982 e que procuraram instituir a sua desideologização ou desdogmatização[7].

Efectivamente, a parte do corpo constitucional referente à Constituição laboral não é um elemento *a se*, que possa ficar desligado do genérico enquadramento da Constituição económica[8], que foi objecto de sucessivas revisões desde 1982 e onde actualmente se reconhece o direito de livre iniciativa económica (art. 61.º), o direito de propriedade privada (art. 62.º) e se determina que o Estado deve incentivar a actividade empresarial (art. 86.º, n.º 1), só podendo intervir em casos excepcionais na gestão de empresas privadas (art. 86.º, n.º 2).

Para além disso, há ainda que contar com a alteração do enquadramento da Constituição económica, resultante da adesão às Comunidades Europeias, conforme é reconhecido pelo art. 7.º, n.º 6 da Constituição[9]. Ora, a Comunidade busca "a promoção do progresso económico e social e de um elevado nível de emprego" e "o reforço da coesão económica e social" (art. 2.º do Tratado da União Europeia; cfr. também art. 2.º do Tratado da Comunidade Europeia) e determina-se que para alcançar esses fins, compete à Comunidade "a promoção de uma coordenação entre as políticas de emprego dos Estados-Membros, com o objectivo de reforçar a sua eficácia, mediante a elaboração de uma estratégia coordenada em matéria de emprego" (art. 3.º, i) do Tratado da Comunidade Europeia).

É, assim estabelecida uma política de emprego dentro das políticas comunitárias, referindo expressamente o art. 125.º do Tratado da Comunidade Europeia que "os Estados-Membros e a Comunidade empenhar-se-ão,

---

[7] Cfr. ANTÓNIO SOUSA FRANCO, "A revisão da Constituição económica", na *ROA* 42 (1982), pp. 681-687 (614).

[8] Isso mesmo é reconhecido por JORGE LEITE, *Direito*, pp. 111 e ss. Sobre o conceito de Constituição económica, veja-se VITAL MOREIRA, *Economia e Constituição. Para o conceito de Constituição económica*, 2.ª ed., Coimbra, Coimbra Editora, 1979.

[9] Este aspecto é salientado por PAULO OTERO, *Parecer*, pp. 14 e ss.

nos termos do presente título, em desenvolver uma estratégia coordenada em matéria de emprego e, em especial, em promover uma mão-de-obra qualificada, formada e susceptível de adaptação, bem como mercados de trabalho que reajam rapidamente às mudanças económicas, tendo em vista alcançar os objectivos enunciados no artigo 2.º do Tratado da União Europeia e no artigo 2.º do presente Tratado". Em consequência, o art. 127.º do Tratado da Comunidade Europeia reconhece à Comunidade, em concorrência com os Estados, competência para contribuir para "a realização de um elevado nível de emprego".

Por outro lado, entre as liberdades asseguradas pela Comunidade encontra-se a liberdade de circulação dos trabalhadores no espaço comunitário (arts 39.º e ss. do Tratado da Comunidade Europeia), e da qual resulta a proibição de significativas disparidades no âmbito do estatuto dos trabalhadores comunitários. Daí a existência de variada legislação comunitária em matéria laboral[10], que o ordenamento jurídico português tem vindo a receber, levando a que também por essa via se opere uma alteração do anterior enquadramento genérico da Constituição económica, especificamente no âmbito laboral.

Ora, sabendo-se que em termos formais não se notam grandes diferenças de redacção entre os preceitos da Constituição laboral, na sua versão original de 1976 (arts. 51.º e ss.) e a sua versão actual (arts. 53.º e ss.), há que propugnar uma interpretação actualista da Constituição laboral, em face do conteúdo actual da Constituição económica, conforme o exige o princípio da unidade do sistema jurídico (cfr. art. 9.º, n.º 1 do Código Civil)[11]. Efectivamente, não faria sentido que se mantivesse a interpretação da Constituição laboral, nos mesmos termos em que ela surge em 1976, quando se propugnava que Portugal estava empenhado "na sua transformação numa sociedade sem classes" (art. 1.º da Consti-

---

[10] Sobre esta, veja-se PEDRO ROMANO MARTINEZ, *Direito*, pp. 204 e ss., MARIA LUÍSA DUARTE, "Direito Comunitário do Trabalho", em PEDRO ROMANO MARTINEZ (coord.), *Estudos do Instituto de Direito do Trabalho*, I, Coimbra, Almedina, 2001, pp. 153-188, ANTÓNIO MONTEIRO FERNANDES, *Direito*, pp. 74 e ss. e SABINA PEREIRA DOS SANTOS, *Direito do Trabalho e Política Social na União Europeia*, Lisboa, Principia, 1999.

[11] Cfr. sobre este princípio ANTÓNIO CASTANHEIRA NEVES, "A unidade do sistema jurídico: o seu problema e o seu sentido (Diálogo com Kelsen)", em AAVV, *Estudos em homenagem ao Prof. Doutor J. J. Teixeira Ribeiro*, II – *Iuridica*, Coimbra, Universidade de Coimbra, 1979, pp. 73-84 = ANTÓNIO CASTANHEIRA NEVES, *Digesta. Escritos acerca do Direito, do Pensamento Jurídico, da sua Metodologia*, 2.º, Coimbra, Coimbra Editora, 1995, pp. 95-180.

tuição na versão de 1976) e o Estado tinha "por objectivo assegurar a transição para o socialismo, mediante a criação de condições para o exercício democrático do poder pelas classes trabalhadoras" (art. 2.º da Constituição na versão de 1976). A alteração do enquadramento geral do sistema económico e o abandono de uma certa ideologia pela Constituição terão naturalmente que determinar uma diferença de interpretação das normas da Constituição laboral, originariamente pensadas para um contexto completamente diferente[12].

Assim, não sendo lícito ao intérprete – e muito menos no que se refere à Constituição – efectuar uma estrita exegese formal, numa obediência fetichista ao texto, haverá sempre que proceder a uma interpretação das disposições da Constituição que contemple a evolução da sociedade a que ela se aplica e não permaneça arreigada às concepções ideológicas do período histórico de 1976.

Neste âmbito, não se quer deixar de salientar que uma reforma das leis laborais no sentido da Proposta de Código do Trabalho se apresenta como essencial e urgente na actual realidade económica. Efectivamente, sabe-se que o Direito do Trabalho actual se encontra numa profunda crise, uma vez que adquiriu, especialmente a partir da década de 70 do séc. XX, a característica rígida de hiper-garantismo da posição dos trabalhadores, passando a assentar dogmaticamente num modelo de *estabilidade absoluta do posto de trabalho*. Sucede, porém, que se esse modelo é admissível numa sociedade de abundância, torna-se insustentável numa situação de crise económica, levando a que a legislação laboral acabe por se transformar ou num espartilho à evolução da sociedade económica[13]

---

[12] Para ilustração desta situação, compare-se a redacção original do art. 55.º, n.º 1, da Constituição com o actual art. 54.º, n.º 1.

[13] Assim, MÁRIO PINTO, "Garantia de emprego e crise económica: contributo ensaístico para um novo conceito", em *RDES* 29 (1987), 4, pp. 435-464 (437) que lucidamente escreve:

"De certo modo, o *garantismo* foi uma focagem quase estritamente jurídica, que esqueceu (e negou) o mercado de trabalho.

A prosperidade económica e a posição favorável ao trabalhador no mercado (que se verificaram no período até ao primeiro choque do petróleo) explicam facilmente a euforia do *garantismo*. Porém, com a crise económica veio o desemprego: e com o desemprego veio, a breve prazo, a evidência de que o garantismo não era, afinal, senão, em boa parte, a expressão da posição favorável dos trabalhadores no mercado de trabalho. Afinal, *o garantismo não garante nada que a economia não produza;* e esta revelação foi cruel na larga marcha de ilegalidades e perversidades que sobreveio. Desde então, o pensamento garantista, e até a própria identidade sindical, só muito lenta e penosamente (e nem sempre) têm aceite a revisão das *formas garantísticas*, usando uma nova focagem das questões".

ou num conjunto de regras vazias que ninguém cumpre[14]. Há que inverter essa tendência e estabelecer um conjunto de regras claras com garantias de efectividade de cumprimento.

A proposta de Código do Trabalho que nos foi apresentada cumpre cabalmente esse objectivo. Em primeiro lugar, é de louvar o facto de se adoptar a forma de uma codificação, que corresponde ao estádio mais avançado de evolução científica de um ramo do Direito e ao mesmo tempo na forma mais simples de estabelecer o seu conhecimento pelos particulares. Neste aspecto, ao estabelecer a codificação das principais normas do Direito do Trabalho a proposta adopta a solução dogmaticamente mais correcta, sendo a sua elaboração a cabal resposta dada às vozes que consideravam praticamente inviável esse empreendimento[15].

Para além disso, a proposta do Código do Trabalho apresenta-se como extremamente equilibrada socialmente[16]. Não faz qualquer sentido sustentar que dela resulta um desequilíbrio na relação laboral em benefício do empregador[17], concepção que só pode ser defendida por quem mantenha uma visão da relação laboral como fundada na luta de classes e procure analisar cada intervenção legislativa como uma batalha travada no âmbito dessa luta[18]. Efectivamente, o Código tanto contém medidas

---

[14] Neste sentido, vide ANTÓNIO MONTEIRO FERNANDES, *Um rumo para as leis laborais*, Coimbra, Almedina, 1998, p. 14, que refere que "a experiência social das últimas duas décadas, sobretudo na Europa meridional, ensina que o mais importante resultado de certos desajustamentos das normas laborais à realidade da economia e das empresas não consiste em perturbações ao funcionamento das organizações, mas no **esvaziamento prático das normas, na sua inaplicação e, portanto, no apagamento da sua validade social**". Lucidamente, o autor acrescenta que "se pensarmos na velocidade com que têm evoluído, não apenas as tecnologias de processo e de produto, mas todas as grandes configurações relativas às empresas, aos mercados, às próprias estruturas sociais, e se, ao mesmo tempo, folhearmos uma colectânea das leis do trabalho vigentes – centenas e centenas de páginas escritas em épocas tão diferentes –, seremos necessariamente atingidos pela evidência forte de que há algo de obsoleto, de inelutavelmente ultrapassado e desajustado, e portanto de socialmente inútil, em boa parte desses textos veneráveis".

[15] Cfr. as intervenções de MÁRIO PINTO, J. SERRANO CARVAJAL e O. BUENO MAJANO, sob o tema "A codificação do Direito do Trabalho" em *Anais das I Jornadas Luso-Hispano-Brasileiras de Direito do Trabalho,* Lisboa, 1982, pp. 161-232. Mais recentemente, veja-se ANTÓNIO MONTEIRO FERNANDES, *Um rumo*, pp. 16 e ss.

[16] Tal é igualmente reconhecido por ANTÓNIO JOSÉ MOREIRA, "Código do Trabalho – Anteprojecto. Breve apreciação crítica", em *Minerva*, ano I (2002), n.º 1, pp. 9-38 (37-38).

[17] Como é defendido por JOSÉ JOÃO ABRANTES, *Parecer*, pp. 19 e 48.

[18] O exagero desta concepção é patente na posição de JOSÉ BARROS MOURA, *Compilação de Direito do Trabalho sistematizada e anotada*, Coimbra, Almedina, 1980, p. 83, que defendeu a revogação do art. 18.º da LCT com o fundamento de que a Constituição

favoráveis aos trabalhadores como medidas favoráveis aos empregadores, sendo que as medidas que reforçam a actividade empresarial acabam por se reflectir positivamente nos trabalhadores. Prejudicial aos trabalhadores é a recessão na actividade empresarial, na medida em que, se as empresas não conseguirem criar riqueza, também não conseguirão sustentar os seus trabalhadores.

Devem assim evitar-se leituras do texto constitucional completamente afastadas da realidade e basedas num modelo de hiper-garantismo do direito ao posto de trabalho, que poderia passar mesmo pela sua socialização, que se torna totalmente insustentável na actual sociedade económica[19]. Efectivamente, a segurança no emprego resulta essencialmente do sucesso das empresas e, se a Constituição pretende essa segurança não pode admitir uma modelo de legislação laboral que constitua precisamente um obstáculo a esse sucesso. Após a falência das empresas ninguém pode assegurar ao trabalhador a manutenção do seu posto de trabalho. Nesse caso, a garantia constitucional da segurança no emprego passa inclusivamente pela garantia de um rendimento, corporizada na assistência material em situação de desemprego (art. 59.º e) da Constituição)[20]. Ora, essa garantia do rendimento não é acautelada se o Direito do Trabalho se mantiver como um sistema rígido e imutável de garantias, insusceptível de adaptação às realidades económicas.

Fala-se, por isso, de uma "crise" do tradicional modelo dogmático do Direito do Trabalho[21], uma vez que ele se transformou num obstáculo

---

proibia disposições que negassem a luta de classes. Lamentavelmente discussões desse tipo chegaram a ocorrer na Comissão de Análise e Sistematização da Legislação Laboral, conforme documenta o "Relatório da Comissão de Análise e Sistematização da Legsilação labora (1.ª fase)", em MINISTÉRIO DO TRABALHO E DA SOLIDARIEDADE (org.), *Revisão da Legislação Laboral*, Lisboa, 2002, pp. 5-22 (14).

[19] Parece-nos padecer deste vício a posição de GOMES CANOTILHO/VITAL MOREIRA, *op. cit.*, p. 287, quando referem que "o direito à segurança no emprego significa, assim, se não um <<direito real>> dos trabalhadores sobre o posto de trabalho adquirido, ou a transformação dos postos de trabalho em <<propriedade social>>, pelo menos, uma alteração qualitativa do estatuto do titular da empresa enquanto proprietário, empresário e patrão".

[20] Cfr. MÁRIO PINTO, *RDES* 29 (1987), p. 444.

[21] Sobre a crise do Direito do Trabalho, cfr. as intervenções de JORGE LEITE, "Direito do trabalho na crise (relatório geral)", LUIZ DE PINHO PEDREIRA, "O Direito do trabalho na crise (Brasil)", ANTONIO MARTIN VALVERDE, "El Derecho del Trabajo en la crisis (España)", BERNARDO DA GAMA LOBO XAVIER, "O Direito do Trabalho na crise (Portugal)", BOAVENTURA DE SOUSA SANTOS /JOSÉ REIS / MARIA MANUEL LEITÃO MARQUES, ""O Estado e as transformações recentes da relação salarial. A transição para um novo modelo de regulação da economia", MARIA CARMEN ORTIZ LALLANA, "Líneas de tendencia

à evolução da sociedade económica, a qual cada vez mais se encontra a funcionar em divórcio às leis laborais, criando ao lado da relação laboral tradicional novas formas de relações de trabalho mais precárias, adaptáveis ou flexíveis[22], quando mesmo não se utiliza ilegalmente o modelo contratual da prestação de serviços para elidir a rigidez da relação laboral, o que já chegou a ser inclusivamente praticado no âmbito da função pública.

Esta situação é susceptível de conduzir a distorções altamente injustas. Por um lado, mantém-se um conjunto de trabalhadores ligado a título definitivo pela relação laboral tradicional, aos quais seria conferida ainda que a título meramente virtual a garantia de segurança no emprego. No entanto, a inadaptabilidade da sua relação laboral – eventualmente iniciada há dezenas de anos para funções completamente ultrapassadas – perante a evolução vertiginosa da realidade económica leva a que a prestação desses trabalhadores se torne de nenhuma utilidade para a empresa que os contrata, mas que por imposição legal lhes garante transitoriamente o salário, enquanto a concorrência não ditar a sua sorte inexorável.

Mas ao lado dessa relação tradicional, a economia vem criando um conjunto de relações laborais precárias, que atingem normalmente os

---

y problemas fundamentales del sector juridico-laboral en las sociedades industriales: el caso español", ANTÓNIO DA SILVA LEAL, "A crise do Estado de Bem-Estar. A crise do Direito do Trabalho", JUAN GARCÍA BLASCO, "La relación ley – convenio colectivo en el contexto de crisis económica: una aproximación a los problemas fundamentales", A. CARLOS DOS SANTOS, "Neoliberalismo e crise das relações laborais: Análise de uma estratégia patronal", JOAQUÍN GARCIA MURCIA, "El tratamiento de las horas extraordinarias en el Derecho del Trabajo de la crisis", e MARIA JOSÉ DE OLIVEIRA ARAÚJO, "A crise e os contratos a prazo", todos em AAVV, *Temas de Direito do Trabalho. Direito do Trabalho na crise. Poder empresarial. Greves atípicas. IV Jornadas Luso-Hispano-Brasileiras de Direito do Trabalho*, Coimbra, Coimbra Editora, 1990, respectivamente a pp. 21-50, 51-80, 81-100, 101-138, 139-180, 181-220, 221-226, 227-248, 249-274, 275-290 e 291--301. Mais recentemente veja-se MARIA DO ROSÁRIO PALMA RAMALHO, *Da autonomia dogmática do Direito do Trabalho*, Coimbra, Almedina, 2000, pp. 453 e ss. e "Ainda a crise do Direito Laboral: a erosão da relação de trabalho <<típica>> e o futuro do Direito do Trabalho" e BRITO XAVIER, "Crise do Direito do Trabalho", estes últimos, em ANTÓNIO MOREIRA (org.), *III Congresso Nacional de Direito do Trabalho. Memórias*, Coimbra, Almedina, 2001, respectivamente a pp. 251-266 e 249-250, ANTÓNIO NUNES DE CARVALHO, "Ainda sobre a crise do Direito do Trabalho", em ANTÓNIO MOREIRA (org.), *II Congresso Nacional de Direito do Trabalho. Memórias*, Coimbra, Almedina, 1999, pp. 49-79.

[22] Neste aspecto, vide as lúcidas considerações de MARIA REGINA GOMES REDINHA, *A relação laboral fragmentada. Estudo sobre o trabalho temporário*, Coimbra, Coimbra Editora, 1995, pp. 33 e ss. Cfr. ainda MARIA MANUELA MAIA DA SILVA, "Flexibilidade e rigidez das leis laborais (as novas formas de contratação)", em ANTÓNIO MOREIRA (org.), *IV Congresso Nacional de Direito do Trabalho*, Coimbra, Almedina, 2002, pp. 95-113.

sectores mais jovens da população, onde a flexibilidade é a regra, sendo essas relações laborais que permitem em função da sua adaptabilidade garantir a sobrevivência económica das empresas.

Neste enquadramento, a garantia da segurança no emprego acaba por se transformar numa pseudo-garantia. A solução que os diversos países já experimentarem passa assim por uma maior flexibilidade da relação laboral. É essa flexibilidade que permitirá revigorar a relação laboral tradicional, adequando-a à realidade económica e ao mesmo tempo eliminar a injustiça que consiste no absoluto privilegiamento dessa relação laboral, quando cada vez ela vem tendo menos relevância económica. Essa adequação do Direito do Trabalho às mutações económicas passa necessariamente por uma grande alteração das suas concepções dogmáticas tradicionais, falando-se mesmo numa "refundação" da disciplina[23].

É neste enquadramento que a garantia dos direitos dos trabalhadores, reconhecida nos arts. 53.º e ss. da Constituição tem que ser entendida. Efectivamente, se a Constituição garante aos trabalhadores a segurança no emprego (art. 53.º), a verdade é que também reconhece a todos o direito ao trabalho (art. 58.º, n.º 1), impondo ao Estado o dever de promover a execução de políticas de pleno emprego (art. 58.º, n.º 2 a)). Da mesma forma o art. 9.º d) considera tarefa fundamental do Estado "promover o bem-estar e a qualidade de vida do povo e a igualdade real entre os portugueses, bem como a efectivação dos direitos económicos, sociais, culturais e ambientais, mediante a transformação e modernização das estruturas económicas e sociais". Compete assim ao Estado tudo fazer, no quadro da evolução da sociedade económica, para permitir a criação de emprego e, se para esse efeito se tornar necessário a revisão da legislação laboral no sentido de a tornar mais flexível, naturalmente que esse caminho não lhe está constitucionalmente vedado.

Antes pelo contrário, sabendo-se que não pode ser o Estado a dar emprego a todos que na sociedade se encontram carecidos dele[24], a única

---

[23] Cfr. MANUEL CARLOS PALOMEQUE, "Las transformaciones del Derecho del Trabajo", em *Minerva*, ano I (2002), n.º 1, pp. 147-162 (154).

[24] Conforme salienta HÄBERLE, *JZ* 1984, p. 348, se o Estado tomasse em mãos a atribuição ilimitada de trabalho, só o poderia fazer à custa de um sacrifício da liberdade social e individual, intolerável para os modelos constitucionais ocidentais. Tornar-se-ia num Estado totalitário, de acordo com o modelo do marxismo-leninista ou dos seus contrapontos de direita. Qualquer destes modelos eleva o trabalho a um lugar central no enquadramento constitucional e ideológico dos seus regimes, fazendo-o, no entanto, à custa de um sacrifício intolerável das liberdades pessoais.

maneira que o Estado tem para aumentar o nível de emprego é criar estímulos à sociedade civil, que permitam a criação pelas empresas de novos postos de trabalho. Ora, a partir do momento em que se sabe que a rigidez da legislação laboral constitui um entrave a essa criação de emprego, naturalmente que se impõe ao Estado o dever de alterar essa legislação, eliminando esse entrave.

Não parece assim haver genericamente um problema de inconstitucionalidade na opção assumida pelo legislador ao apresentar a Proposta de Lei 29/IX. Vejamos, no entanto, se em algum dos pontos referidos se pode encontrar alguma desconformidade com a Constituição.

§2.º DA CONSTITUCIONALIDADE DO NOVO REGIME DO CONTRATO DE TRABALHO A TERMO

O actual regime do contrato de trabalho a termo consta dos arts. 41.º e ss. da Lei da Cessação do Contrato de Trabalho e do Contrato de Trabalho a Termo (LCCT), aprovada pelo D.L. 64-A/89, de 27 de Fevereiro e sucessivamente alterado pelo D.L. 403/91, de 16 de Outubro, Lei 32/99, de 18 de Maio, Lei 118/99, de 11 de Agosto e Lei 18/2001, de 3 de Julho, bem como da Lei 38/96, de 31 de Agosto, alterada pela Lei 18/2001, de 3 de Julho.

O novo regime do contrato de trabalho a termo constará dos arts. 125.º e ss. da proposta de Código do Trabalho (CT). Comparando as soluções da proposta com as da actual lei verificam-se essencialmente as seguintes diferenças:

1. Substituição de uma enumeração taxativa das situações em que pode ser celebrado um contrato de trabalho a termo (art. 41.º da LCCT) por uma enumeração exemplificativa (art. 125.º, n.º 2, CT), associada a uma cláusula geral (art. 125.º, n.º 1, CT).
2. Atribuição aos trabalhadores a termo de um estatuto idêntico aos restantes trabalhadores (art 132.º CT), e em certos casos mais benéfico, designadamente para efeitos de formação profissional (art. 133.º CT) e contribuição social relativa ao empregador (art. 134.º CT);
3. Atribuição ao trabalhador a termo de preferência na admissão para o exercício de funções idênticas (art. 131.º CT).
4. Estabelecimento de um prazo máximo de seis anos, incluindo renovações para o contrato de trabalho a termo certo (art. 135.º,

n.º 1 CT), com o limite de três renovações (art. 135.º, n.º 2 CT), sendo que a última não poderá ser inferior a dezoito meses (art. 135.º, n.º 3 CT), enquanto que na lei actual se prevê que os contratos a prazo sujeitos a renovação não se podem renovar por mais de duas vezes, tendo a duração do contrato nesse caso por limite três anos (art. 44.º, n.º 2 LCCT).

Analisemos se se pode considerar ocorrer alguma inconstitucionalidade nestas modificações.

A admissibilidade do contrato de trabalho a termo tem sido confrontada com a questão da segurança no emprego, já que o art. 53.º da Constituição prevê que "é garantida aos trabalhadores a segurança no emprego, sendo proibidos os despedimentos sem justa causa ou por motivos políticos ou ideológicos". A verdade, no entanto, é que desde há bastante tempo se reconhece pacificamente que, ao lado da relação laboral perene, destinada a preencher necessidades definitivas de trabalhadores pela empresa, podem ser celebrados contratos a termo destinados a satisfazer necessidades temporárias de trabalho por parte da empresa. Essa era a solução instituída no art. 10.º da LCT, passando logo após a entrada em vigor da Constituição o regime jurídico do contrato de tra-balho a termo a constar do D.L. 781/76, de 28 de Outubro, e depois dos arts. 41.º e ss. da LCCT[25]. Efectivamente, a alternativa da proibição pura e simples dos contratos de trabalho a termo acabaria por redundar em prejuízo para os trabalhadores e para o nível geral de emprego na

---

[25] Sobre os sucessivos regimes do contrato de trabalho a termo, cfr. MENEZES CORDEIRO, *Manual*, pp. 617 e ss., PEDRO ROMANO MARTINEZ, *Direito*, pp. 617 e ss., BERNARDO DA GAMA LOBO XAVIER, *Curso de Direito do Trabalho*, 2.ª ed., Lisboa, Verbo, 1993, pp. 465 e ss., JOSÉ JOÃO ABRANTES, *Do contrato de trabalho a prazo*, Coimbra, Almedina, 1982, "Breve apontamento sobre o novo regime jurídico do contrato de trabalho a prazo", publicado na *Revista Jurídica*, n.º s 13/14 (1990) e recolhido em ID, *Estudos de Direito do Trabalho*, 2.ª ed., Lisboa, AAFDL, 1992, pp. 41-50 e "Contrato de trabalho a termo", em PEDRO ROMANO MARTINEZ (coord.), *Estudos do Instituto do Direito do Trabalho*, III, Coimbra, Almedina, 2002, pp. 155-178, ANTÓNIO MONTEIRO FERNANDES, *Direito do Trabalho*, 11.ª ed., Coimbra, Almedina, 1999, pp. 302 e ss., ANTÓNIO MOREIRA, "A caducidade do contrato de trabalho a termo", em ID (org.), *IV Congresso Nacional de Direito do Trabalho*, Coimbra, Almedina, 2002, pp. 381-395 e PAULA PONCES CAMANHO, "Algumas Reflexões sobre o Regime Jurídico do Contrato de Trabalho a Termo", em MANUEL AFONSO VAZ / J. A. AZEREDO LOPES, *Juris et de jure. Nos vinte anos da faculdade de Direito da Universidade Católica Portuguesa – Porto*, Porto, Universidade Católica, 1998, pp. 969-986.

sociedade, na medida em que, se as empresas só pudessem contratar trabalhadores com vínculo definitivo, obviamente que apenas os contratariam quando tivessem necessidades desse tipo. É assim manifesto que não há quaisquer obstáculos constitucionais à admissibilidade de contratos de trabalho a termo, desde que eles efectivamente sirvam para preencher necessidades temporárias da empresa e não sejam utilizados para defraudar a proibição constitucional de despedimentos sem justa causa[26]. Há assim apenas que examinar se a proposta de Código do Trabalho se mantém dentro de limites aceitáveis, de forma a não esvaziar a garantia de segurança no emprego, instituída pelo art. 53.º da Constituição.

Relativamente à alteração da técnica legislativa de indicação dos pressupostos em que pode ser celebrado um contrato de trabalho a termo, não vemos que ela coloque quaisquer problemas constitucionais. Efectivamente, estabelece-se uma determinação estrita de que o contrato de trabalho a termo "só pode ser celebrado para a satisfação de necessidades temporárias da empresa e pelo período estritamente necessário à satisfação dessas necessidades" (art. 125.º, n.º 1 CT) e, se se passou para uma enumeração exemplificativa no art. 125.º, n.º 2 CT, a verdade é que essa enumeração não pode desrespeitar a norma geral do art. 125.º, n.º 1 CT. Por outro lado, a enumeração do art. 40.º, n.º 1, LCCT, apesar do seu carácter taxativo, não deixava de contemplar várias cláusulas gerais, como as das alíneas b), c), d) e) e g). Efectivamente, não seria viável ao legislador estabelecer um catálogo exaustivo de todas as hipóteses possíveis de celebração do contrato de trabalho a termo, apenas tendo que assegurar que esse contrato se destina a satisfazer necessidades temporárias da empresa, só sendo admissível enquanto essas necessidades se mantiverem. Conforme se pode ver, a proposta de Código do Trabalho dá cabal satisfação a essa exigência, conforme aliás é imposto pelo art. 5.º do acordo-quadro CES, UNICE, CEEP, aprovado pela Directiva 1999/70/CE, do Conselho, de 28 de Junho de 1999.

É assim manifesto que esta alteração ao regime do contrato de trabalho a termo mantém a excepcionalidade da celebração desse contrato, sendo certo que, se este não fosse admitido, não haveria lugar à contratação de trabalhadores para este tipo de situações, impedindo-se assim o seu acesso a este tipo de postos de trabalho. É, por isso, manifesto que não se encontra violada a disposição do art. 53.º da Constituição, na medida em que não se atribui ao empregador qualquer poder

---

[26] Neste sentido, cfr. também GOMES CANOTILHO/VITAL MOREIRA, op. cit., p. 289.

arbitrário, ou sequer discricionário, de fazer cessar o contrato. Admite-se uma relação de emprego precária, mas essa precariedade resulta do factor objectivo da própria natureza da relação.

Para além disso, no art. 135.º CT, estabelece-se expressamente um limite máximo para o contrato de trabalho a termo certo, de seis anos. Ao contrário do que por vezes se tem dito, na actual legislação não há qualquer limite máximo para o período inicial do contrato, uma vez que o art. 44.º, n.º 2 da LCCT apenas proíbe mais de duas renovações e que o contrato de trabalho a prazo sujeito a renovação exceda três anos[27]. No Código do Trabalho, embora se eleve a admissibilidade de renovação para três vezes, passou-se a estabelecer um limite máximo de duração do contrato de trabalho a termo certo, com ou sem renovação, que é de seis anos, sendo que a terceira renovação passou a não poder ter uma duração inferior a dezoito meses.

Para além disso, prevêem-se ainda casos em que o prazo ainda é mais restrito, como na hipótese de lançamento de uma nova actividade de duração incerta, bem como início de laboração de empresa ou estabelecimento, ou desempregados de longa duração, em que o prazo é de dois anos, ou de trabalhadores à procura do primeiro emprego, em que o prazo é de dezoito meses.

Como já se admitia na legislação anterior, o contrato de trabalho pode ainda ser celebrado a termo incerto nos casos referidos no art. 139.º, quer incluem a substituição directa ou indirecta de trabalhador ausente ou impedido; de trabalhador em relação ao qual esteja pendente em juízo acção de apreciação da licitude do despedimento; substituição directa ou indirecta de trabalhador em em situação de licença sem retribuição; actividades sazonais ou outras actividades cujo ciclo anual de produção apresente irregularidades decorrentes da natureza estrutural do respectivo mercado ou execução de tarefa ocasional ou serviço determinado precisamente definido e não duradouro; acréscimo excepcional de actividade da empresa; ou execução de uma obra, projecto, ou outra actividade definida e temporária, incluindo a execução, direcção e fis-

---

[27] A inexistência na actual legislação de um limite máximo para o período inicial do contrato é claramente maioritária na doutrina. Cfr. ROMANO MARTINEZ, *Manual*, p. 629, BERNARDO XAVIER, *Curso*, p. 470, nota (3). MONTEIRO FERNANDES, *Direito*, p. 304, e PAULA PONCES CAMANHO, *op. cit.*, pp. 980 e ss. No mesmo sentido, no âmbito do art. 3.º do D.L. 781/76, de 28 de Outubro, cfr. BARROS MOURA, *Compilação de Direito do Trabalho sistematizada e anotada*, Coimbra, Almedina, 1980, p. 72. Em sentido contrário, apenas MENEZES CORDEIRO, *Manual*, p. 637.

calização de trabalhos de construção civil, obras públicas, montagens e reparações industriais, em regime de empreitada ou em administração directa, incluindo os respectivos projectos e outras actividades complementares de controlo e acompanhamento.

Neste caso, e como se trata de contrato a termo incerto, ele extinguir-se-á a conclusão da actividade temporária cuja execução o justifica (art. 140.º). No entanto, e nos termos do art. 141.º, basta que o trabalhador permaneça em actividade após a conclusão da tarefa temporária, para que o contrato passe a sem termo, contando-se a antiguidade do trabalhador desde o início.

Mantém-se ainda a obrigação de o empregador denunciar o contrato de trabalho a termo, conforme se prevê nos arts. 377.º e 378.º do novo Código.

Para além disso, e no âmbito do contrato a termo vem-se estabelecer no art. 126.º, em primeiro lugar que a prova dos factos que justificam a celebração do contrato de trabalho a termo incumbe ao empregador, e ainda que se considera sem termo o contrato de trabalho no qual a estipulação da cláusula acessória tenha por fim iludir as disposições que regulam os contratos sem termo ou os celebrados fora do âmbito em que o contrato de trabalho a termo é admitido. Finalmente, prevê-se no art. 133.º uma obrigação de prestação de formação profissional ao trabalhador contratado a termo que, se não for cumprida, levará a que o trabalhador adquira um crédito correspondente ao valor da formação que devia ter sido realizada.

Cabe salientar que esta solução constitui uma regulação do contrato de trabalho a termo muito maior do que a que é comum na legislação europeia, sendo que começa a desenhar-se alguma harmonização imposta pelos órgãos comunitários nesta matéria, designadamente em virtude da Directiva n.º 1999/70/CE, do Conselho de 28 de Junho de 1999 relativa ao Acordo-quadro CES, UNICE, CEEP sobre os contratos de trabalho a termo.

Assim, por exemplo, se confrontarmos a legislação espanhola, o art. 15.º do Real Decreto Legislativo 1/1995, de 24 de Março, não estabelece qualquer prazo limite para o contrato de trabalho a termo, salvo se o seu fundamento forem as circunstâncias de mercado, acumulação de tarefas ou excesso de pedidos (duração máxima de seis meses, dentro de um período de doze meses em que se verifiquem essas circunstâncias).

Já na legislação francesa, em face do art. L. 122-1-2 do *Code du Travail* se vem prever uma duração normal de 18 meses para o contrato de trabalho a termo que pode alargar-se a 24 meses em certos casos ou nem sequer comportar uma duração precisa, no caso de contrato de trabalho para substituição de trabalhador ausente ou em certos sectores de actividade, definidos por lei ou convenção colectiva, onde se verifique o uso constante de não recorrer à contratação de duração indeterminada. Deve-se salientar que em França anteriormente a 1979 era permitida a celebração sem limites dos contratos de trabalho a termo, só vindo a ser essa celebração fortemente restringida após essa data. A lei actual adopta uma posição intermédia, em nome de uma política de pleno emprego[28].

Na Alemanha deve ser articulada a disciplina do contrato a termo com a protecção contra os despedimentos, sendo de salientar que, nos termos do § 1.º da *Kündigungsschutzgesetz* apenas se concede ao trabalhador protecção contra o despedimento socialmente injusto se a relação de trabalho tiver durado mais de seis meses, admitindo-se assim o livre despedimento de quaisquer trabalhadores contratados por prazo inferior. Até 1985 não era admitida a celebração de outros contratos de trabalho a prazo, vindo estes a ser permitidos apenas pela *Gesetz über arbeitsrechtliche Vorschriften zur Beschätigungsförderung*. Actualmente, o § 14 da *Teilzeit und Befristungsgesetz*, de 21 de Dezembro de 2000, em vigor desde 1 de Junho de 2001, admite a estipulação do contrato de trabalho a prazo sempre que ele seja legitimado por uma razão fáctica, dentro de uma enumeração exemplificativa. Nesses casos nem sequer se estabelece um prazo máximo, encontrando-se apenas estabelecido o prazo máximo de dois anos (incluindo três renovações) se o contrato for celebrado sem a existência de uma razão fáctica. Em qualquer caso, dispensa-se a exigência dessa razão para o estabelecimento do prazo se o contrato for celebrado com trabalhador acima dos 58 anos[29].

No Direito italiano, a evolução também tem sido no sentido da maior admissibilidade dos contratos de trabalho a termo. Assim, depois de o art. 2097.º do *Codice Civile* de 1942 ter admitido amplamente o contrato de trabalho a termo desde que justificado pela natureza temporária da actividade, a Lei n.º 230, de 18 de Abril de 1962 restringiu a sua utilização a certo tipo de situações taxativamente enumeradas. Esta legislação viria, porém a ser definitivamente revogada pelo Decreto Legislativo n.º 368/2001, de 6 de Setembro, que transpôs a Directiva n.º 1999/70/CE.

---

[28] Cfr. MENEZES CORDEIRO, *Manual*, pp. 618 e ss.
[29] Cfr. MENEZES CORDEIRO, *Manual*, pp. 620 e ss. e *Anteprojecto do Código do Trabalho. Inovações*, pp. 65 e ss.

Este diploma passou a admitir amplamente a celebração de contratos de trabalho a termo, desde que justificada por "razões de carácter técnico, produtivo, organizativo ou substitutivo" (art. 1.º), passando a ser definidas por via negativa as situações em que não se admite a celebração de contratos de trabalho a termo (art. 3.º). Este diploma não estabelece nenhum limite máximo para o período inicial do contrato, mas só admite a sua prorrogação por uma vez no caso de a duração inicial do contrato ser inferior a três anos, estabelecendo que apenas nessa situação a duração total do contrato não pode ultrapassar três anos (art. 4.º)[30].

Não se vê, por isso, que as disposições do Código do Trabalho relativas ao contrato de trabalho a termo suscitem qualquer problema de constitucionalidade. Efectivamente, elas estão claramente em linha com a legislação dos outros países europeus, sendo que a matéria do contrato de trabalho a termo começa a ser objecto de uma harmonização comunitária, ainda que incipiente. Por outro lado, não há qualquer violação do disposto no art. 53.º da Constituição, uam vez que, sendo a necessidade de trabalho de natureza temporária, naturalmente que a relação laboral tem que ser precária, em função da razão justificativa que a determina, a qual é expressamente exigida pelo Código. Caso a lei não prevesse a celebração de contratos a termo nestas condições, naturalmente que seriam os trabalhadores os prejudicados, pois as empresas não contratariam trabalhadores definitivos para satisfazer necessidades temporárias, sendo essa situação que se poderia considerar inconstitucional por conflituar com a obrigação de o Estado assegurar políticas de pleno emprego (art. 58.º, n.º 2 a) da Constituição).

Conforme se salientou, esta matéria tem sido parcialmente objecto de harmonização comunitária. A Directiva n.º 1999/70/CE, do Conselho de 28 de Junho de 1999 relativa ao Acordo-quadro CES, UNICE, CEEP sobre os contratos de trabalho a termo contempla no âmbito desse acordo uma disposição destinada a evitar os abusos (art. 5.º do Acordo-quadro) cujo n.º 1 determina que "para evitar os abusos decorrentes da conclusão de sucessivos contratos de trabalho ou relações laborais a termo e sempre que não existam medidas legais equivalentes para a sua prevenção, os Estados-Membros, após consulta dos parceiros sociais e de acordo com a lei, acordos colectivos ou práticas nacionais, e/ou os parceiros sociais deverão introduzir, de forma a que se tenham em conta as neces-

---

[30] Cfr. MENEZES CORDEIRO, *Manual*, pp. 622 e ss. e *Anteprojecto do Código do Trabalho. Inovações*, pp. 69 e ss.

sidades de sectores e/ou categorias de trabalhadores específicos, uma ou várias da seguintes medidas: a) Razões objectivas que justifiquem a renovação dos supramencionados contratos ou relações laborais; b) Duração máxima total dos sucessivos contratos de trabalho ou relações laborais a termo; c) Número máximo de renovações dos contratos ou relações laborais a termo". Ao mesmo tempo, o n.º 2 do mesmo artigo refere que "os Estados-Membros, após consulta dos parceiros sociais, e/ou os parceiros sociais, deverão sempre que tal seja necessário, definirem em que condições os contratos de trabalho ou relações de trabalho a termo deverão ser considerados: a) como sucessivos; b) como celebrados sem termo".

A proposta de Código do Trabalho dá cabalmente cumprimento a essa exigência, devendo salientar-se que o Acordo não obriga a adoptar todas as medidas previstas no n.º 1, mas apenas "uma ou várias". A proposta acaba, porém, por cumprir todas essas exigências, apenas não estabelecendo a duração máxima total nos contratos a termo incerto, em que a incerteza da duração da actividade temporária não permite essa fixação.

§3.º DA CONSTITUCIONALIDADE DO NOVO REGIME DA MOBILIDADE GEOGRÁFICA, FUNCIONAL E TEMPORAL

A proposta de Código do Trabalho vem estabelecer novas regras de mobilidade geográfica, funcional ou temporal. Não há dúvida que a Constituição não se apresenta estranha a essas situações, uma vez que estabelece no âmbito dos direitos e deveres económicos, que todos os trabalhadores têm direito "à organização do trabalho em condições socialmente dignificantes, de forma a facultar a realização pessoal e a permitir a conciliação da actividade profissional com a vida familiar" (art. 59.º, n.º 1, b) CRP), "à prestação do trabalho em condições de higiene, segurança e saúde" (art. 59.º, n.º 1, c) CRP), "ao repouso e aos lazeres, a um limite máximo da jornada de trabalho, ao descanso semanal e a férias periódicas pagas" (art. 59.º, n.º 1 e) CRP). Para além disso, pode dizer--se que o próprio direito fundamental à segurança no emprego (art. 53.º CRP) poderia ser afectado se fosse permitido ao empregador decidir unilateralmente alterar a todo o tempo o local, o tempo ou as funções do trabalhador[31].

---

[31] Neste sentido, GOMES CANOTILHO/VITAL MOREIRA, *op. cit.*, p. 289.

Sendo incontestável esta evidência, é no entanto manifesto que por vezes a evolução cada vez mais vertiginosa da realidade económica e tecnológica impõe alguma adaptabilidade das empresas e consequentemente também dos seus trabalhadores à evolução das condições de mercado. Neste quadro, a alteração do local, do tempo de trabalho e das funções do trabalhador pode corresponder a uma óbvia necessidade da empresa, a que ela terá que dar resposta, sem o que os seus resultados poderão ser afectados, com evidentes repercussões negativas nos próprios trabalhadores[32]. Compete assim ao legislador estabelecer um modelo equilibrado, que não permita uma total liberdade do empregador na definição do local, tempo e funções do trabalhador, mas também não consagre o total imobilismo desses factores, caso em que a consequência seria o total fracasso das empresas nacionais perante a cada vez maior concorrência internacional[33].

Vejamos como a proposta de Código do Trabalho dá resposta a estas questões:

A) *Mobilidade geográfica;*

Em relação à mobilidade geográfica, apenas a admite a título excepcional, já que o art. 150.º CT consagra o princípio geral de que o traba-

---

[32] Conforme refere ANTÓNIO JOSÉ MOREIRA, *Minerva*, ano I (2002), n.º 1, p. 27, "as empresas, como as pessoas, não têm um registo cardiográfico rectilíneo. Este, a ser assim, significaria o seu passamento, o dobre de finados. As empresas obedecem a ciclos, a épocas de labor mais intenso e a tempos de pouco trabalho. Pagar mais aos trabalhadores no primeiro caso e manter a estabilidade retributiva no segundo equivale a cavar a sepultura. Daí que institutos como o do trabalho suplementar e o da isenção do horário de trabalho tenham que ser de uso bastante condicionado devendo, idealmente, ser abolidos. O grande instrumento laboral que pode acudir à competitividade das empresas consiste na gestão flexível dos tempos de trabalho com a adaptabilidade dos horários".

[33] Cfr. MÁRIO PINTO, *RDES* 29 (1987), 4, pp. 458, que escreve "torna-se indispensável superar a mentalidade da *propriedade do posto de trabalho*, da categoria profissional e da carreira, que se formou, em alguma medida, como resultado de certas concepções radicais do <<garantismo>>, e no pressuposto de uma organização produtiva ainda tributária do taylorismo.

Torna-se evidente que, a essa luz, questões como a do *ius variandi terão que ser reequacionadas. Não, obviamente, no sentido de devolver ao empregador um poder absoluto e incontrolado para que ele, usando-o, possa flexibilizar as necessárias mudanças (pois que, poderia também, abusando dele, desviar o sentido dessa devolução). Mas dentro de novas formas institucionais de regulamentação colectiva e de controlo, mais flexíveis mas nem por isso necessariamente neoliberais*".

lhador deve realizar a sua actividade no local de trabalho contratualmente definido.

Os casos em que a alteração do local de trabalho é admitida encontram-se indicados nos arts. 306.º a 308.º, sendo referido que transferência do local do trabalho, seja a título definitivo (art. 306.º) ou temporário (art. 308.º), só é admitida se cumulativamente estiverem preenchidos dois requisitos: a) o interesse da empresa assim o exija; e b) não haja prejuízo sério para o trabalhador. Estes requisitos só são dispensados se houver mudança total ou parcial do estabelecimento em que o trabalhador presta serviço, podendo ele nesse caso, caso tenha prejuízo sério com a mudança, resolver o contrato com justa causa (art. 306.º, n.ºs 3 e 4).

Para além disso, a alteração do local de trabalho obedece a um procedimento especial, já que o art. 308.º impõe que, salvo motivo imprevisível, a mudança de local de trabalho tem que ser notificada ao trabalhador com uma antecedência mínima de 8 dias, no caso de mudança temporária e 30 dias, no caso de mudança definitiva, tendo que constar da notificação as razões que justificam a transferência.

Há que salientar que o regime constante da proposta até é mais rigoroso do que o actualmente constante dos arts. 21.º, n.º 1 e) e 24.º da LCT, que admitem amplamente a transferência do local de trabalho por decisão da entidade patronal, apenas a proibindo se existir prejuízo sério para o trabalhador e não estabelecem qualquer procedimento obrigatório[34]. A proposta do Código do Trabalho vai mais longe nas exigências para a alteração, uma vez que, ao prever que o interesse da empresa tem que exigir essa transferência, afasta a possibilidade de o empregador tomar decisões arbitrárias de mudança de local de trabalho, que a lei actual permite, desde que não haja prejuízo sério para o trabalhador.

Trata-se, assim, de uma solução equilibrada e cuja conformidade com a Constituição não suscita dúvidas.

Também não vemos qualquer problema constitucional no facto de os termos deste regime poderem ser alterados por estipulação das partes (arts. 306.º, n.º 2 e 307.º, n.º 2 CT). Efectivamente, já em face do actual do art. 24.º da LCT parte da doutrina afirma expressamente a sua

---

[34] Sobre o actual regime de mudança de local de trabalho, cfr. ANTÓNIO MENEZES CORDEIRO, *Direito*, pp. 683 e ss., PEDRO ROMANO MARTINEZ, *Direito*, pp. 476 e ss., BERNARDO XAVIER, *Curso*, pp. 348 e ss., MONTEIRO FERNANDES, *Direito*, pp. 406 e ss. e PEDRO MADEIRA DE BRITO, "Local de Trabalho", em PEDRO ROMANO MARTINEZ (coord.), *Estudos do Instituto de Direito do Trabalho*, I, Coimbra, Almedina, 2001, pp. 355-385 (362 e ss.).

supletividade, uma vez que se este refere "salvo estipulação em contrário", tando se pode ampliar como restringir essa faculdade. Seja qual for a interpretação que se faça do regime actual, o Código limita-se a resolver uma querela doutrinária, o que não assume quaisquer contornos de inconstitucionalidade[35].

B) Mobilidade temporal

Em relação à mobilidade temporal, dos arts. 160.º a 163.º da proposta de Código do Trabalho resultam as seguintes modificações face ao actual regime do art. 5.º da Lei da Duração de Trabalho (Decreto-Lei 409/71, de 27 de Setembro), do art. 3.º da Lei 21/96, de 23 de Julho e do art. 3.º da Lei 73/98, de 10 de Novembro:

1. É mantido o limite máximo do período normal de trabaho em oito horas por dia e quarenta horas por semana (cfr. art. 5.º, n.º 1 da LDT e art. 1.º da Lei 21/96, de 23 de Julho);
2. No caso de definição por instrumento de regulamentação colelctiva do horário de trabalho em termos médios, passa-se a admitir a possibilidade de elevar o limite máximo de duração do trabalho em quatro horas diárias, sem que a duração semanal do trabalho possa exceder sessenta horas (art. 160.º CT), quando na actual lei esses limites são respectivamente de duas e cinquenta horas (art. 5.º, n.º 7 da LDT).
3. Possibilidade de por instrumento de regulamentação colectiva, se alargar o período de referência da duração semanal de trabalho para doze meses (art. 162.º, n.º 1 CT), sendo em qualquer caso admitida a sua elevação para seis meses em certas actividades legalmente tipificadas (arts. 162.º, n.ºs 2 e 3 CT); actualmente esse período de referência é fixado em quatro meses (art. 3.º da Lei 21/96, de 23 de Julho), admitindo o art. 3.º da Lei 73/98, de 10 de Novembro, a sua elevação para 12 meses através de convenção colectiva.
4. Possibilidade de por instrumento de regulamentação colectiva se estabelecerem em certas situações muito específicas acréscimos excepcionais aos períodos máximos de duração de trabalho (art. 163.º CT).

---

[35] Cfr. MÁRIO PINTO/PEDRO FURTADO MARTINS/ANTÓNIO NUNES DE CARVALHO, Comentário às leis do trabalho, I, Lisboa, Lex, 1994, p. 122.

Neste aspecto, há a considerar as seguintes disposições da Constituição:

1. O art. 59.º, n.º 1, b) da Constituição, que reconhece o direito dos trabalhadores à "organização do trabalho em condições socialmente dignificantes, de forma a facultar a realização pessoal e a permitir a conciliação da actividade profissional com a vida familiar".
2. O art. 59.º, n.º 1 d) da Constituição que reconhece o direito dos trabalhadores "ao repouso e aos lazeres, a um limite máximo da jornada de trabalho, ao descanso semanal e a férias periódicas pagas";
3. O art. 59.º, n.º 2, b) da Constituição que estabelece que "incumbe ao Estado assegurar as condições de trabalho, retribuição e repouso a que os trabalhadores têm direito, nomeadamente: b) a fixação, a nível nacional, dos limites da duração de trabalho".

Conforme referem GOMES CANOTILHO/VITAL MOREIRA, do art. 59.º, n.º 1 b) da Constituição resulta que o o trabalho não pode ser "prestado em condições socialmente degradantes ou contrárias à dignidade humana"; do art. 59.º, n.º 1 d) resulta um direito análogo aos direitos liberdades e garantias que, uma vez concretizado, não pode ser retirado; e do art. 59.º, n.º 2 b) impõe que a fixação dos limites da duração do trabalho deva "obedecer aos seguintes requisitos: (a) tem que ser de carácter nacional, o que quer dizer que não pode ter variações regionais e que a sua determinação compete ao Estado; (b) os diversos limites da duração de trabalho devem ter em conta a diferença objectiva dos diversos tipos de trabalho (intensidade, penosidade, etc.)"[36].

Também não consideramos que haja nesta alteração qualquer problema de constitucionalidade, designadamente por afectar direitos dos trabalhadores a uma vida extraprofissional ou à conciliação da vida profissional com a vida pessoal e familiar. Efectivamente, o Código do Trabalho limita-se a alargar em alguma medida a flexibilidade do tempo de trabalho que já tinha sido instituída pelo Decreto-Lei 398/91 e que foi posteriormente alargada pela Lei 21/96 e pela Lei 73/98[37]. E neste aspec-

---

[36] Cfr. GOMES CANOTILHO/VITAL MOREIRA, op. cit., pp. 320-321.

[37] Cfr. sobre o actual regime, ANTÓNIO MENEZES CORDEIRO, Manual, pp. 687 e ss. e *Isenção de horário. Subsídios para a dogmática actual do Direito da duração de trabalho*, Coimbra, Almedina, 2000, PEDRO ROMANO MARTINEZ, *Direito*, pp. 484 e ss., MONTEIRO FERNANDES, *Direito*, pp. 333 e ss., MARIA DE FÁTIMA RIBEIRO, "O tempo de trabalho e a Lei n.º 21/96", em MANUEL AFONSO VAZ/ J. A. AZEREDO LOPES, *Juris et de*

to respeita integralmente a Directiva 93/104/CE do do Conselho, de 23 de Novembro de 1993, relativa a determinados aspectos da organização do tempo de trabalho[38], onde se encontra expressamente o cálculo da duração do período de trabalho semanal em termos médios (art. 6.º, n.º 2 da Directiva). Por outro lado, a Directiva, embora estabeleça um período de referência geral de quatro meses (art. 16.º, n.º 2 da Directiva), admite a possibilidade de ele ser alargado para seis meses nas mesmas actividades tipificadas pelo Código (art. 17.º, n.º 2.1. e n.º 4 da Directiva), sendo em qualquer caso permitido que, por razões objectivas, técnicas ou de organização do trabalho, as convenções colectivas ou acordos celebrados entre parceiros sociais fixem períodos de referência que não ultrapassem em caso algum doze meses (art. 17.º, n.º 4 da Directiva).

Não se vê, assim, qualquer incompatibilidade com a Constituição.

C) Mobilidade funcional

O regime da mobilidade funcional já foi entre nós instituído pela Lei 21/96, de 23 de Julho, que alterou o art. 22.º da LCT[39]. Analisada a

---

jure. Nos vinte anos da Faculdade de Direito da Universidade Católica Portuguesa – Porto, Porto, Universidade Católica, 1998, pp. 987-1029 e ALBERTO DE SÁ E MELLO, "Novos modelos de organização do tempo de trabalho", em PEDRO ROMANO MARTINEZ (coord.), *Estudos do Instituto de Direito do Trabalho*, I, Coimbra, Almedina, 2001, pp. 317-354.

[38] Cfr. sobre esta Directiva, MARIA DE FÁTIMA RIBEIRO, "O tempo de trabalho no Direito Comunitário (a Directiva 93/104/CE, de 23 de Novembro)" em SOFIA OLIVEIRA PAIS / MARIA DE FÁTIMA RIBEIRO, *Dois temas de Direito Comunitário do Trabalho*, Porto, Universidade Católica, 2000, pp. 109-151.

[39] Cfr. sobre o anterior regime, MENEZES CORDEIRO, *Manual*, pp. 679 e ss., PEDRO ROMANO MARTINEZ, *Direito*, pp. 580 e ss, BERNARDO XAVIER, *Curso*, pp. 328-329, e 553 e ss., MONTEIRO FERNANDES, *Direito*, p. 252, MÁRIO PINTO/FURTADO MARTINS/NUNES DE CARVALHO, *op. cit.*, pp. 109 e ss., CATARINA CARVALHO, "O exercício do *ius variandi* no âmbito das relações individuais de trabalho e a polivalência funcional", em MANUEL AFONSO VAZ/ J. A. AZEREDO LOPES, *Juris et de jure. Nos vinte anos da Faculdade de Direito da Universidade Católica Portuguesa – Porto*, Porto, Universidade Católica, 1998, pp. 1031-1063, LUÍS MIGUEL MONTEIRO "Polivalência funcional (requisitos de concretização)", em PEDRO ROMANO MARTINEZ (coord.), *Estudos do Instituto de Direito do Trabalho*, I, Coimbra, Almedina, 2001, pp. 295-314, MENÉRES PIMENTEL "Flexibilidade e polivalência" e BERNARDO XAVIER, "Polivalência e mobilidade", JOSÉ JOÃO ABRANTES, "Flexibilidade e polivalência", e ANTÓNIO VILAR, "Flexibilidade e polivalência funcional" todos em ANTÓNIO MOREIRA (org.), *I Congresso Nacional de Direito do Trabalho. Memórias*, Coimbra, Almedina, 1998, respectivamente, a pp. 97-102, 105-131, 135-144 e 145-168.

alteração instituída pela proposta de Código, ela consta essencialmente no seguinte:

1. Definição da actividade do trabalhador por estipulação das partes, a qual pode consistir na remissão para a categoria constante de instrumento de regulamentação colectiva de trabalho ou de acodo de empresa (art. 109.º CT).
2. Previsão de que a actividade contratada compreende sempre as funções afins e funcionalmente ligadas, para as quais o trabalhador detenha qualificação adequada e que não impliquem desvalorização profissional (art. 147.º, n.º 2, CT), deixando de se exigir que o desempenho da função normal permaneça como actividade principal do trabalhador (art. 22.º, n.º 3 da LCT, na redacção da Lei 21/96, de 23 de Julho).
3. Manutenção, nos mesmos termos da legislação anterior, da possibilidade de o empregador encarregar temporariamente o trabalhador da prestação de serviços não compreendidos no objecto do contrato (art. 22.º, n.ºs 7 e 8 da LCT, na redacção da Lei 21/96, de 23 de Julho e art. 305.º CT), admitindo-se, porém, que por estipulação contratual as partes possam alargar ou restringir essa faculdade (art. 305.º, n.º 2 CT).

Não vemos que nenhuma destas alterações coloque qualquer problema de inconstitucionalidade.

O desaparecimento do requisito da acessoriedade em relação à polivalência do trabalhador em nada contende com a Constituição. Efectivamente, o estabelecimento desse requisito não se compreende a partir do momento em que se limita a polivalência a funções afins e funcionalmente ligadas, para as quais o trabalhador detenha qualificação adequada e que não impliquem desvalorização profissional. Essa limitação torna totalmente desnecessário o requisito da acessoriedade uma vez que, ao garantir uma afinidade entre as funções que o trabalhador realiza, não se justifica que exista necessariamente uma actividade principal e outra acessória. Apenas no caso de não se exigir essa afinidade de funções é que se poderia justificar que o exercício de outras funções fosse feito a título acessório, para não implicar grande alteração na posição do trabalhador. A partir do momento em que se exige essa afinidade, pretender que o trabalhador se mantenha necessariamente a exercer a mesma função a título principal não tem qualquer justificação e constitui um factor de imobilidade claramente injustificado.

O outro problema respeita à possibilidade de as partes estabelecerem contratualmente se o *jus variandi* deve ser exercido de forma mais ou menos ampla do que o regime legal. Também não vemos que esta solução levante qualquer problema de inconstitucionalidade. Efectivamente, para além de já ser essa uma das interpretações possíveis do actual art. 22.º, n.ºˢ 7 e 8 da LCT, a verdade é que o exercício do *ius variandi* não implica qualquer lesão da segurança no emprego.

E nem se venha dizer que se encontra proibido pela Constituição o alargamento do *ius variandi*, devendo este ser objecto de uma interpretação restritiva, uma vez que ele constitui uma norma excepcional por contrariar o princípio *pacta sunt servanda* do art. 406.º do Código Civil[40].

Efectivamente, se com esse argumento já houve quem tivesse defendido a inconstitucionalidade de qualquer *ius variandi*, mesmo o estabelecido na versão primitiva do art. 22.º da LCT, a verdade é que os argumentos utilizados foram puramente ideológicos[41], não tendo por isso feito vencimento na restante doutrina, que salientou a conformidade do *ius variandi* com a Constituição, considerando que ele em nada contende com os direitos dos trabalhadores e não é uma excepção à contratualidade do vínculo laboral, mas antes uma consequência dessa mesma contratualidade, fundando-se na ideia de boa fé e colaboração que preside a qualquer contrato. Por isso mesmo, este instituto tem representado, em diversos ordenamentos, uma criação da autonomia colectiva[42].

Por outro lado, se a propugnada aplicação restritiva do *ius variandi* resultasse da contrariedade ao princípio *pacta sunt servanda*, é manifesto que a solução do Anteprojecto é mais coerente do que a actual porque permite fundar o *ius variandi* na própria estipulação contratual das partes, o que corresponde plenamente ao determinado pelo art. 406.º do Código Civil.

---

[40] Neste sentido, JOSÉ JOÃO ABRANTES, *Parecer*, p. 25.

[41] A inconstitucionalidade do *ius variandi* foi defendida por JOAQUIM BARROS MOURA, *Compilação*, p. 89, que referia que o *ius variandi* constitui "um claro desvio à contratualidade da relação e ao princípio da invariabilidade da prestação", impondo "o primado dos interesses da empresa, por decisão unilateral do empregador, sobre os direitos do trabalhador". A seu ver essa inconstitucionalidade resultaria da "eliminação constitucional da concepção da empresa como 'comunidade de interesses'".

[42] Cfr. MÁRIO PINTO/PEDRO FURTADO MARTINS/ANTÓNIO NUNES DE CARVALHO, *Comentário*, p. 115 e CATARINA CARVALHO, *op. cit.*, p. 1032, nota (2). PEDRO ROMANO MARTINEZ, *Direito*, p. 581 chama mesmo a atenção para o facto de que esse regime não é exclusivo da situação laboral, encontrando-se previsto noutros contratos, como na empreitada.

§4.º DA CONSTITUCIONALIDADE DO NOVO REGIME DA CESSAÇÃO DO CONTRATO DE TRABALHO

Relativamente às alterações no regime da cessação do contrato de trabalho salienta-se o seguinte:

1. Uma ligeiríssima modificação na enumeração exemplificativa da justa causa de despedimento, já que se reduziu o número de faltas que podem determinar o despedimento independentemente de qualquer prejuízo ou risco – de 5 seguidas e 10 interpoladas para 4 seguidas e 8 interpoladas – e se inclui expressamente entre as falsas declarações relativas à justificação de faltas a apresentação de declaração médica com intuito fraudulento (art. 385.º CT).
2. A previsão de que, se o despedimento for declarado ilícito por nulidade do procedimento, o empregador possa instaurar um novo procedimento disciplinar (art. 425.º, n.º 2, CT).
3. A previsão de que se a resolução do contrato por iniciativa do trabalhador for declarada judicialmente inválida por nulidade do procedimento, o trabalhador possa no prazo de trinta dias corrigir o vício existente (art. 434.º CT).
4. A previsão de que, sendo julgado ilícito o despedimento, e optando o trabalhador pela reintegração na empresa, no caso de micro-empresas ou relativamente a trabalhadores que ocupem cargos de administração ou de direcção, o empregador possa opor-se a essa reintegração se justificar que o regresso do trabalhador é gravemente prejudicial e perturbador para a prossecução da actividade empresarial (art. 427.º, n.º 2, CT), sendo que essa pretensão é apreciada pelo tribunal (art. 427.º, n.º 3, CT), e não tem lugar sempre que a ilicitude do despedimento se fundar em motivos políticos, ideológicos, étnicos e religiosos, ainda que com invocação de motivo diverso (art. 427.º, n.º 4).

Começa-se por salientar que, mesmo com estas alterações, a legislação portuguesa continuará a ser das mais restritivas da União Europeia relativamente ao regime dos despedimentos. Assim, por exemplo, se olharmos para o § 1.º, 2 da *Kündigungschutzgesetz* alemã, esta apenas proíbe o despedimento quando ele é socialmente injusto, o que define como o que não se baseie em causas ligadas ao à pessoa ou ao comportamento do trabalhador ou em necessidades imperiosas da empresa, que se oponham à continuação nela do trabalhador.

Também a legislação francesa admite em termos bastante mais amplos o despedimento, não tipificando os motivos pelos quais o empregador pode despedir o trabalhador, mas apenas exigindo que eles tenham carácter real e sério (art. L. 122-14-3 do *Code du Travail*). Deve-se dizer que as modificações instituídas pelo Código do Trabalho inspiram-se no art. 122-14-4 do Código francês, uma vez que não se determina a reintegração da empresa se o problema é apenas a inobservância do procedimento, mandando antes corrigir esse procedimento. Se o Tribunal considera que o despedimento não ocorre por uma causa real e séria pode propor a reintegração do trabalhador na empresa, mas qualquer das partes tem a possibilidade de recusar essa reintegração, caso em que o Tribunal atribui antes ao trabalhador uma indemnização.

A legislação espanhola, de acordo com os arts. 51.º e ss. do Decreto Legislativo 1/1995, admite, ao lado do despedimento colectivo e do despedimento por causas objectivas, o despedimento disciplinar. Este último, referido no art. 54.º é bastante mais amplo que a legislação portuguesa, salientando-se que constitui fundamento de despedimento "a transgressão da boa fé contratual". Em caso de irregularidade do despedimento o tribunal pode declará-lo improcedente ou nulo. Esta última situação apenas ocorre se o despedimento se basear em discriminação constitucionalmente proibida ou com violação dos direitos fundamentais e liberdades públicas do trabalhador, ou ainda em relação a trabalhadoras puérperas ou grávidas. No caso de o despedimento ser julgado apenas improcedente, cabe ao empresário optar entre a reintegração e a indemnização.

No Direito italiano, também a *Legge* n. 604/1966, de 15 de Julho de 1966, admite o despedimento individual com fundamento genérico em justa causa ou motivo justificado (art. 1.º), estabelecendo que, caso este não se verifique, deve ser determinada a imediata reintegração do trabalhador na empresa ou, na sua falta, uma indemnização (art. 8.º).

Mesmo apesar de, confrontando o regime com o de outros países, nos parecerem as alterações apresentas pela Proposta comuns ao que ocorre no Direito Comparado, analisemos a questão da sua conformidade com a Constituição:

A) *A dilatação do conceito de justa causa de despedimento*

No art. 385.º do Código mantém-se o conceito de justa causa do despedimento, nos termos que já advinham da legislação anterior, bem como a enumeração exemplificativa de situações que integram esse conceito, ainda que se tenha reduzido o número de faltas que podem determinar o despedimento independentemente de qualquer prejuízo ou risco (de 5 seguidas e 10 interpoladas para 4 seguidas e 8 interpoladas) e se inclua expressamente entre as falsas declarações relativas à justificação de faltas a apresentação de declaração médica com intuito fraudulento.

Analisemos a conformidade constitucional desta alteração.

Cabe, em primeiro lugar, começar por salientar que a Constituição não estabelece qualquer definição constitucional de justa causa de despedimento, sendo este um conceito vago e indeterminado, que deve ser concretizado pelo legislador na sua actividade legislativa. Não têm, por isso, qualquer fundamento as teses que propugnaram que a Constituição visou receber a definição de justa causa constante da legislação ordinária aprovada antes da sua entrada em vigor[43]. Efectivamente, essa concepção não apenas põe em causa a autosuficiência da Constituição enquanto lei fundamental do país, como também pretende tornar imutável um regime legislativo há muito revogado, restringindo a competência legislativa dos órgãos de soberania. Por outro lado, o conceito de justa causa de despedimento tem vindo a ser objecto de uma evolução constante na área do Direito do Trabalho, havendo até quem já fale não em "justa causa", mas em "justas causas" de despedimento[44]. Não faria qualquer sentido, por isso, uma tese que pretenda que o conceito constitucional de "justa causa" se encontra parado no tempo, remontando aos idos de 1975/1976[45],

---

[43] Esta é a tese de JOSÉ JOAQUIM GOMES CANOTILHO/JORGE LEITE, A inconstitucionalidade da lei dos despedimentos, Coimbra, Separata dos Estudos em Homenagem ao Professor Doutor António de Arruda Ferrer Correia, 1988, pp. 29 e ss. e 36 e ss. que, no que coerentemente denominam de "arqueologia" de um conceito, avaliam a evolução do conceito de justa causa de despedimento desde o art. 10.º, § único da Lei n.º 1952, de 10 de Março, passando pelo Decreto-Lei 47032, de 27 de Maio de 1966 e pelo Decreto-Lei 49408, de 24 de Novembro de 1969, para acabar por concluir que o conceito de justa causa plasmado na Constituição corresponde ao do Decreto-Lei 372-A/75, de 16 de Julho, com as alterações do Decreto-Lei n.º 84/76, de 28 de Janeiro. É evidente que o resultado deste tipo de método só pode ser o de se chegar a uma interpretação arqueológica do texto constitucional. Cfr. também GOMES CANOTILHO/VITAL MOREIRA, op. cit., p. 287. Lamentavelmente foi esta, porém, a tese seguida pelo Ac. TC 107/88, de 31/7/1988 (MONTEIRO DINIZ), publicado no D.R. I Série, n.º 141, de 11/6/1988, pp. 2516-2543.

[44] Cfr. neste sentido, ANTÓNIO MENEZES CORDEIRO, "Justas causas de despedimento", em PEDRO ROMANO MARTINEZ (coord.), Estudos do Instituto de Direito do Trabalho, II – Justas causas de despedimento, Coimbra, Almedina, 2001, pp. 7-14.

[45] Neste sentido, cfr. BERNARDO LOBO XAVIER, "A extinção do contrato de trabalho", na RDES 31 (1989), pp. 399-482 (434 e ss.), que salienta não apenas o erro histórico que

não recolhendo uma evolução interpretativa que a própria legislação ordinária tem vindo a consagrar[46].

Não há, assim, qualquer obstáculo constitucional ao alargamento da enumeração exemplificativa das situações que integram o conceito de justa causa de despedimento, o qual aliás se mantém dentro do enquadramento da justa causa subjectiva. Deve-se dizer, aliás, que estas alterações correspondem a uma medida de política legislativa perfeitamente

---

não atenta no facto de o D.L. 372-A/75 permitir despedir não apenas com "justa causa", mas também base em "motivo atendível", mas também no facto de que o conceito de "justa causa" não é susceptível de por si se densificar. "Trata-se de um conceito indeterminado, lábil, adaptável a um sem número de circunstâncias e que é aplicável no comércio jurídico (...) a uma multiplicidade infindável de situações. Nada pois de mais expansivo e volátil, nada que se conforme menos com "densificações", definições ou operações subsuntivas. Poderemos é certo, ser ajudados por critérios, por proposições intermédias ou por "standards", mas nele não encontramos sequer um núcleo conceitual determinado". No mesmo sentido, cfr. FURTADO MARTINS, *A cessação do contrato de trabalho*, Cascais, Principia, 1999, pp. 70 e ss.

[46] Sobre a evolução legislativa e doutrinária do conceito de justa causa de despedimento, cfr. JOANA VASCONCELOS, "O conceito de justa causa de despedimento – evolução legislativa e situação actual", em ROMANO MARTINEZ (org.), *Estudos...*, II, pp. 15-34. É vastíssima a bibliografia juslaboral sobre este conceito, podendo-se referir exemplificativamente JOSÉ GIL DE JESUS ROQUE, *Da justa causa de despedimento face à actual legislação portuguesa*, Lisboa, Rei dos Livros, 1980, GUILHERME MACHADO DRAY, "Justa causa e esfera privada", em ROMANO MARTINEZ (org.), *Estudos...*, II, pp. 35-91, PEDRO ROMANO MARTINEZ, "A justa causa de despedimento", em ANTÓNIO MOREIRA (org.), *I Congresso Nacional de Direito do Trabalho*, Coimbra, Almedina, 1998, pp. 173-180 e "Incumprimento contratual e justa causa de despedimento, " em ROMANO MARTINEZ (org.), *Estudos...*, II, pp. 93-118 e *Direito*, pp. 848 e ss., PEDRO MADEIRA DE BRITO, "Justa causa de despedimento com fundamento na violação dos deveres de assiduidade, zelo e diligência", em ROMANO MARTINEZ (org.), *Estudos...*, II, pp. 119-134, JOSÉ ANDRADE MESQUITA, "Tipificações legais da justa causa. A "lesão de interesses patrimoniais sérios da empresa" e a "prática intencional, no âmbito da empresa, de actos lesivos da economia nacional", em ROMANO MARTINEZ (org.), *Estudos...*, II, pp. 135-163, SOFIA LEITE BORGES, "A justa causa de despedimento por lesão de interesses patrimoniais sérios da empresa e pela prática de actos lesivos da economia nacional", em ROMANO MARTINEZ (org.), *Estudos...*, II, pp. 165-178, HELENA TAPP BARROSO, "Justa causa de despedimento por violação do dever de assiduidade; faltas não justificadas ao trabalho e falsas declarações relativas às justificações das faltas – Uma abordagem do caso das falsas declarações relativas à justificação de faltas em especial", em ROMANO MARTINEZ (org.), *Estudos...*, II, pp. 179-193, ABEL SEQUEIRA FERREIRA, "A justa causa de despedimento no contexto dos grupos de empresas", em ROMANO MARTINEZ (org.), *Estudos...*, II, pp. 195-255 e JOANA VASCONCELOS, "Concretização do conceito de justa causa", em ROMANO MARTINEZ (org.), *Estudos do Instituto de Direito do Trabalho*, III, Coimbra, Almedina, 2002, pp. 207-223.

legítima – e até louvável – de repressão do absentismo. Efectivamente, o absentismo dos trabalhadores atinge gravemente a economia nacional, provocando que o actual nível de produtividade dos portugueses esteja muito abaixo da média comunitária, e constitui um comportamento desleal, mesmo no âmbito da própria empresa, na medida em que o trabalhador que falta injustificadamente ao trabalho obriga os trabalhadores que cumprem a acréscimos na sua actividade totalmente injustificados. Devem, por isso, estabelecer-se sanções mais severas para o absentismo.

Não há, assim, qualquer problema de constitucionalidade na redução do número de faltas injustificadas que pode desencadear o despedimento e muito menos na previsão expressa de que constitui justa causa de despedimento a apresentação de declaração médica com intuito fraudulento. Efectivamente, o trabalhador que apresente uma falsa declaração médica ao empregador pratica o crime de utilização de documento falso, pelo que é manifesto que deve poder ser punido com a sanção do despedimento.

B) A possibilidade de reiniciar o processo disciplinar se o despedimento vier a ser declarado ilícito por motivos formais

Neste âmbito, prevê-se ainda que, se o despedimento for declarado ilícito por nulidade do procedimento, se possa reiniciar o prazo interrompido para a instauração da acção, mas não mais do que uma vez (art. 425.º, n.º 2 do CT).

Através desta alteração pretende-se assegurar as decisões de mérito no âmbito dos tribunais de trabalho, evitando que alguma ilegalidade formal no procedimento disciplinar possa ter como efeito a impossibilidade de sancionar o trabalhador.

Não vemos que esta alteração suscite qualquer problema de constitucionalidade. Efectivamente, a solução é comum a outros ramos do Direito. No Direito Administrativo, se for anulado um acto administrativo por vícios formais, nada impede o órgão que o praticou de o voltar a realizar, respeitando as formalidades legalmente exigidas. No Direito Processual Civil, nada impede o autor de instaurar uma nova acção com o mesmo objecto se o tribunal se abstém de conhecer do mérito da causa, limitando-se a absolver da instância (arts. 288.º e 289.º CPC). Mesmo no Direito Processual Penal, onde o art. 29.º, n.º 5 da Constituição proíbe que alguém seja julgado duas vezes pela prática do mesmo crime, entende-se essa proibição como respeitante a decisões de mérito, uma vez que se o julgamento for anulado por alguma nulidade no processo, é mandado repetir (art. 122.º CPP). Efectivamente, apenas o caso julgado material atribui ao seu beneficiário a segurança de não ver novamente a questão discutida em tribunal. Ora as decisões sobre questões de forma não constituem caso julgado quanto à decisão de fundo.

Não faz, por isso, qualquer sentido defender-se que o art. 425.º, n.º 2 da proposta seria inconstitucional por violar a segurança jurídica que se pode retirar do princípio do Estado de Direito democrático (art. 2.º)[47]. Efectivamente, sendo correcto que o princípio do Estado de Direito democrático tem imanente um conteúdo de segurança jurídica[48], a verdade é que neste âmbito o que a Constituição garante (ainda que não explicitamente) é o princípio da *intangibilidade do caso julgado*[49]. Ora, conforme se demonstrou uma simples decisão que não toma conhecimento da questão de fundo com fundamento em irregularidades formais não constitui caso julgado quanto a essa mesma questão de fundo.

Não se elide, porém, que o art. 425.º, n.º 2, CT faz reiniciar novamente o prazo de prescrição do procedimeno disciplinar, dilatando assim consideravelmente o actual regime de prescrição dos arts. 27.º e ss. da LCT[50]. Não parece, no entanto, que este reinício do prazo de prescrição estabeleça qualquer problema de inconstitucionalidade, designadamente por contrariedade ao princípio constitucional da protecção da segurança no emprego, estabelecida no art. 53.º da Constituição.

---

[47] Cfr. José João Abrantes, *Parecer*, p. 27.

[48] Sobre o conteúdo do princípio do Estado de Direito democrático, veja-se Gomes Canotilho/Vital Moreira, op. cit., pp. 62 e ss., Jorge Miranda, *Manual de Direito Constitucional*, IV – *Direitos Fundamentais*, 3.ª ed., Coimbra, Coimbra Editora, 2000, pp. 209 e ss. e Jorge Bacelar Gouveia, *O estado de excepção no Direito constitucional (entre a eficiência e a normatividade das estruturas de defesa extraordinária da Constituição)*, II, Coimbra, Almedina, 1998, pp. 1463 e ss.

[49] Cfr. Gomes Canotilho/Vital Moreira, op. cit., p. 800, que, no entanto, admitem que mesmo essa garantia pode ceder perante outros valores constitucionais mais importantes. Em Paulo Otero, *Ensaio sobre o caso julgado inconstitucional*, Lisboa, Lex, 1993, pondera-se mesmo se o princípio da intangibilidade do caso julgado não terá que ceder no caso de ele próprio ser inconstitucional.

[50] Sobre este cfr. Maria Manuela Maia da Silva, "O tempo no processo disciplinar – Alguns aspectos críticos", em António Moreira (org.), *I Congresso Nacional de Direito do Trabalho. Memórias*, Coimbra, Almedina, 1998, pp. 201-222, Inês Albuquerque e Castro, "A repercussão do tempo no procedimento disciplinar – Da prescrição, caducidade, duração da instrução e inobservância do prazo de decisão", em Pedro Romano Martinez (org.), *Estudos do Instituto de Direito do Trabalho*, III, Coimbra, Almedina, 2002, pp. 473-534.

O instituto da prescrição das infracções laborais aparece como fundamental para assegurar que o trabalhador não fique numa situação de precariedade, sujeito a que a entidade patronal, quando quisesse extinguir o posto do trabalho, viesse invocar qualquer infracção antiga por ele praticada. Assim, se a lei abolisse ou dificultasse excessivamente essa prescrição, teríamos que reconhecer que não apenas seria violada a garantia da segurança no emprego, constante do art. 53.º da Constituição, como também haveria lesão do princípio da confiança, ínsito no conceito de Estado de Direito democrático, referido no art. 2.º da Constituição.

A situação descrita não constitui, porém, ofensa a qualquer destas disposições constitucionais. Efectivamente, neste caso a entidade patronal comunicou em tempo útil ao trabalhador a intenção de o despedir, tendo sido pelo trabalhador instaurado um processo de impugnação desse despedimento. Não há, assim, qualquer lesão da confiança do trabalhador, que sabe que a intenção da entidade patronal, em virtude dessa infracção, é proceder ao despedimento, nem se põe em causa a segurança no emprego, uma vez que a entidade patronal iniciou em tempo útil o procedimento disciplinar com vista ao despedimento do trabalhador. Na verdade, a única situação que ocorre é considerar que uma impugnação do despedimento que apenas detectou razões formais para a sua invalidação não impeça, por entretanto ter decorrido o prazo comum de prescrição, que ocorra uma decisão de mérito sobre a matéria. Trata-se de uma solução perfeitamente justificada, em ordem a evitar que os atrasos na prolação de decisões judiciais funcionem em prejuízo das empresas e em benefício dos infractores disciplinares. Esta solução até se pode considerar como imposta pela garantia constitucional de acesso ao direito e tutela jurisdicional efectiva (art. 20.º da Constituição).

C) *A possibilidade de, no caso de a resolução por iniciativa do trabalhador ser judicialmente declarada nula por razões formais, este possa no prazo de trinta dias corrigir o vício existente*

Em paralelismo com a situação descrita no ponto anterior, o art. 434.º CT vem igualmente prever, em relação ao trabalhador que, se a resolução for declarada inválida por nulidade do procedimento, aquele possa, no prazo de trinta dias após o trânsito em julgado da decisão, corrigir o vício existente, não se aplicando, no entanto, este regime mais do que uma vez.

Também nesta situação não nos parece existir qualquer inconstitucionalidade. Efectivamente, a lei limita-se a estabelecer que a não adopção das formalidades legalmente previstas possa não ter como efeito privar definitivamente o trabalhador de uma resolução do contrato a que materialmente teria direito. O facto de o legislador pretender que a apreciação material da questão não fique definitivamente prejudicada por considerações formais corresponde à melhor solução, no estádio actual da Ciência do Direito, não se colocando qualquer problema de inconstitucionalidade.

D) A possibilidade de o despedimento não desencadear a reintegração do trabalhador na empresa

A proposta de Código do Trabalho determina no seu art. 424.º que a ilicitude do despedimento obriga o empregador a indemnizar o trabalhador por todos os danos, patrimoniais e não patrimoniais causados, bem como a reintegrar o trabalhador no seu posto de trabalho, sem prejuízo da sua categoria e antiguidade[51]. Estabelece-se, porém, que no caso de micro-empresas – as que abrangem menos de dez trabalhadores; art. 89.º a) do CT – ou relativamente a trabalhadores que ocupem cargos de administração ou direcção, o empregador se possa opor à reintegração do trabalhador com fundamento em que esta é gravemente prejudicial ou perturbadora da actividade empresarial (art. 427.º), o que sendo considerado procedente pelo tribunal, e desde que o despedimento não se baseie em motivos políticos, ideológicos, étnicos ou religiosos, determina que a remuneração seja substituída por indemnização, sendo que nesse caso a indemnização é fixada em montante superior àquela a que o trabalhador teria direito, caso optasse pela indemnização em lugar da reintegração (428.º, n.ᵒˢ 4 e 5 do CT).

Será que este regime ofende o art. 53.º da Constituição?

A questão da não reintegração do trabalhador foi já discutida pelo Tribunal Constitucional em 1988, mas a norma então proposta era

---

[51] Sobre as consequências da ilicitude do despedimento, cfr. PEDRO ROMANO MARTINEZ, *Direito*, pp. 874 e ss., MESSIAS CARVALHO, "A ilicitude do despedimento e os seus efeitos", na *RDES* 31 (1989), pp. 379-398, BERNARDO LOBO XAVIER, "A extinção do contrato de trabalho", na *RDES* 31 (1989), 399-482, MONTEIRO FERNANDES, *Direito*, pp. 545 e ss., PEDRO FURTADO MARTINS, "Despedimento ilícito e reintegração do trabalhador", na *RDES* 31 (1989), pp. 399-482 e *Cessação*, pp. 146 e ss..

consideravelmente mais vasta[52]. Pensamos que os actuais arts. 427.º e 428.º, n.ᵒˢ 4 e 5 CT vêm pôr de lado qualquer objecção semelhante às que foram suscitadas pela solução que então fez vencimento no Tribunal Constitucional, ainda que sob a maioria mínima de um voto[53].

Antes de tudo, convém referir que não há aqui qualquer atribuição à entidade patronal de um poder de livremente despedir o trabalhador, desde que esteja disposta a pagar uma indemnização superior, nem sequer se admite que num *venire contra factum proprium* o empregador venha a tirar proveito de uma situação que ele próprio desencadeou[54]. Efectivamente, em face dos arts. 427.º e 428.º CT é ao trabalhador que cabe optar entre a reintegração e a indemnização, tendo a entidade patronal que suportar as consequências da sua opção. Assim, se o trabalhador optar pela indemnização, a entidade patronal não pode contrapropor a reintegração. E se o trabalhador optar pela reintegração também não tem a entidade patronal a possibilidade de contrapropor a indemnização. Tem que ser o tribunal a averiguar se no caso concreto "o regresso do trabalhador é gravemente prejudicial e perturbador da prossecução da activi-

---

[52] Efectivamente, na proposta de autorização legislativa de 1988, não se limitava esta solução às hipóteses referidas, antes esta era genericamente admitida para todas as situações de despedimento, sendo o seu fundamento muito mais abrangente. Efectivamente, ao contrário do que refere JOSÉ JOÃO ABRANTES, *Parecer*, p. 33, as expressões "que o tribunal crie a convicção da *impossibilidade do reatamento das normais relações de trabalho*" ou de que o tribunal julgue procedente o fundamento, invocado pelo empregador, de que "o regresso do trabalhador é *gravemente prejudicial e perturbador para a prossecução da actividade empresarial*" não são sinónimas. Na primeira, bastava que a *normal* relação de trabalho não pudesse ser reatada, bastando assim a simples afectação definitiva, por considerações subjectivas, da relação entre as partes. A nova redacção é muito mais restritiva não se bastando com a impossibilidade de reatamento da relação normal de trabalho, já que exige que o regresso do trabalhador *perturbe e danifique gravemente* a prossecução da actividade empresarial. Como não poderia deixar de ser, a concretização deste conceito indeterminado depende de uma valoração, a efectuar pelos tribunais, mas a sua formulação restritiva levá-los-á seguramente a indeferir a maior parte das objecções que as enjtidades patronais coloquem à reintegração do trabalhador.

[53] Cfr. o AC TC (MONTEIRO DINIZ) n.º 106/88, cit., a pp. 2526 e ss. Cfr. ainda a declaração de voto de vencido de MESSIAS BENTO/CARDOSO DA COSTA, a pp. 2542-2543. No sentido de que a proibição de despedimentos sem justa causa envolve a garantia de reintegração e adequada indemnização no caso de despedimento ilícito, cfr. GOMES CANOTILHO/VITAL MOREIRA, *op. cit.*, p. 288.

[54] Deixam assim de ter relevância perante os arts. 427.º e 428.º os argumentos apontados em 1988 por GOMES CANOTILHO/JORGE LEITE, *op. cit.*, pp. 50 e ss. e que foram seguidos pelo Acórdão do Tribunal Constitucional n.º 107/88, pp. 2526 e ss.

dade empresarial", o que constitui um fundamento objectivo, que escapa totalmente à discricionariedade.

Não é correcto vir dizer-se que é a própria entidade patronal que "ao desencadear um despedimento ilícito criou uma situação de conflito e tensão na relação laboral, acabando o clima de perturbação a ela devido servir para levar o juiz a substituir a reintegração por indemnização", criando-se assim um despedimento do trabalhador "à margem de qualquer <<*causa constitucionalmente lícita*>>, bastando-lhe para tanto criar mesmo que artificialmente as condições objectivas (despedimento ilícito + perturbação da relação laboral = impossibilidade do normal reatamento das relações de trabalho) conducentes à cessação do contrato de trabalho"[55].

Este tipo de argumentação parte de um pressuposto não demonstrado: o de que o prejuízo grave para a prossecução da actividade empresarial seria sempre devido à culpa da entidade patronal em promover ilicitamente o despedimento. Esta posição é insustentável, uma vez que o facto de o empregador vir a perder uma acção de impugnação do despedimento pode ser devido a inúmeros factores que nada têm a ver com a justificação material desse despedimento. Basta não se ter realizado adequadamente o procedimento ou não se ter conseguido fazer prova adequada das razões que justificaram a decisão disciplinar de despedir para que o empregador veja ser julgada procedente a impugnação do despedimento. Muitas vezes o Tribunal não decreta o despedimento por considerar existir uma "compensação de culpas" entre o empregador e o trabalhador[56], o que afasta totalmente a ideia de que a exclusiva responsabilidade do empregador pode ser demonstrada apenas pelo facto de ter sido vencido no processo de impugnação do despedimento.

Mas, mesmo que a ilicitude do despedimento fosse devida apenas a culpa do empregador, o que poderá efectivamente acontecer nalgumas situações, a verdade é que não é essa culpa senão uma causa remota e não exclusiva da degradação das relações entre o empregador e o trabalhador, podendo múltiplos outros factores contribuir para que a reintegração do trabalhador seja gravemente prejudicial à prossecução da actividade empresarial, como o afastamento prolongado da empresa

---

[55] Cfr. o Ac. TC 107/88 (MONTEIRO DINIZ), cit. a pp. 2526 e ss., e o parecer de ANTÓNIO BARBOSA DE MELO, "Reflexão sobre o projecto de diploma relativo à cessação do contrato individual de trabalho", na *RDES* 31 (1989), pp. 521-528 (524-525) ainda que emitidos perante um texto legislativo diferente.

[56] Acentua este aspecto, JOÃO BAPTISTA MACHADO, *RDES* 31 (1989), pp. 543 e ss.

resultante do atraso na prolação da decisão judicial, a evolução dos processos de produção que o trabalhador não pôde acompanhar, o comportamento processual das partes que degradou irremediavelmente as relações, o facto de o trabalhador ter sido substituído por outrem cuja actividade passou a ser imprescindível à empresa, etc. Atribuir liminarmente à entidade patronal todas as culpas na procedência de uma impugnação do despedimento e dos eventuais prejuízos que uma reintegração do trabalhador poderá causar na prossecução da actividade empresarial constitui um manifesto preconceito, que apenas se pode compreender com fundamento em pressupostos ideológicos que nada têm de jurídico.

Em qualquer caso, a verdade é que a imposição da reintegração do trabalhador à entidade patronal continua a ser a regra. Efectivamente a possibilidade de ela se opor a essa reintegração só se aplica em situações excepcionais (micro-empresas e trabalhadores em cargos de administração e direcção), em que a especial proximidade dos trabalhadores com o empregador, devida ao cargo que desempenham ou à reduzida dimensão da empresa, leva a que se estabeleça uma intensa relação de colaboração e confiança mútua que um processo judicial destrói irreversivelmente, independentemente de qual a parte que teve razão no litígio[57]. É assim compreensível que nestas situações seja permitido ao Tribunal apreciar, a solicitação do empregador, se a opção do trabalhador pela reintegração da empresa não é susceptível de vir a ter graves consequências no seu funcionamento, e em caso afirmativo recusar essa opção, impondo nesse caso à entidade patronal a sanção suplementar de uma indemnização agravada.

Naturalmente que não se está aqui perante qualquer "monetarização" do despedimento[58], consistente em se atribuir à entidade patronal a faculdade de despedir o trabalhador se estiver disposta a pagar mais por isso. Efectivamente, o fundamento referido no art. 427.º CT é objectivo, tem que ser provado pela entidade patronal, e é sujeito a um contrôle judicial efectivo, pelo que o Tribunal não julgará a reintegração

---

[57] Conforme refere MENEZES CORDEIRO, *Manual*, p. 844, "a reintegração poderá suscitar problemas insolúveis em pequenas empresas de tipo familiar, onde as relações humanas tenham ficado definitivamente degradadas pelos acontecimentos e pelo próprio despedimento, que poderá, inclusivé, ter sido declarado ilícito por razões formais".

[58] Ao contrário do que então foi sustentado por GOMES CANOTILHO / JORGE LEITE, *A inconstitucionalidade*, pp. 51-52 em 1988 e é hoje seguido por JORGE BACELAR GOUVEIA, *Parecer*, p. 97 e por JOSÉ JOÃO ABRANTES, *Parecer*, p. 30.

se se convencer que estão apenas em causa considerações subjectivas por parte do empregador[59].

Esta solução tem aliás pleno paralelo com a situação da obrigação de indemnização na responsabilidade civil, em que, apesar de se estabelecer como regra a restauração natural (art. 562.º C.C.), admite-se a fixação da indemnização em dinheiro quando essa restauração natural seja excessivamente onerosa para o devedor (art. 566.º, n.º 1 C.C., *in fine*). Pode, aliás, equacionar-se se a opção do trabalhador por uma reintegração no caso em que o seu regresso seja gravemente prejudicial e perturbador para a prossecução da actividade empresarial não constituiria um verdadeiro abuso de direito (art. 334.º C.C.)[60].

Também não parece correcto vir contestar-se a aplicação desta situação nas micro-empresas e aos trabalhadores que exercem cargos de administração ou direcção, com o fundamento de que a efectividade do contrato de trabalho não depende da dimensão da empresa, e que o regime dos trabalhadores em cargos de administração e direcção deve situar-se no âmbito da comissão de serviço, e não estender-se ao afastamento da reintegração[61]. Efectivamente, sendo o pressuposto do art. 427.º CT a existência em certas relações laborais de uma específica relação de confiança e colaboração mútuas entre o trabalhador e o empregador, a qual não é susceptível de ser recuperada com a reintegração, natural se torna que por razões de segurança jurídica se procure identificar as relações laborais em que essa situação se verifica. Por outro lado, só por manifesto irrealismo é que se pode sustentar ser idêntico reintegrar um trabalhador em empresas com 500 ou com 5 trabalhadores, ou que a reintegração de um trabalhador em cargos de direcção deve ser tratada pelo Direito da mesma forma que a de um empregado de limpeza. Naturalmente que cabe à Lei estabelecer soluções diferentes para diferentes situações.

Não parece, assim, que esta solução conflitue com o art. 53.º da Constituição. Efectivamente, o que essa norma proíbe são os despedimentos sem justa causa, mas admite claramente o despedimentos em

---

[59] Também já ANTÓNIO MOREIRA, *Minerva*, ano I (2002), n.º 1, p. 21 se pronuncia no sentido de que o facto de ser o tribunal a apreciar o fundamento invocado pelo empregador poderá afastar eventuais inconstitucionalidades, face ao art. 53.º da Constituição.

[60] Esta via já tinha sido aberta por MENEZES CORDEIRO, *Manual*, p. 844, quando refere que "no limite, o abuso do direito e a boa fé poderão exigir outras soluções", que não a reintegração.

[61] Como é sustentado por JORGE BACELAR GOUVEIA, *Parecer*, p. 97.

situações objectivas em que, mesmo sem culpa do trabalhador, a sua permanência na empresa se tenha tornado gravemente prejudicial ao seu funcionamento[62]. Ora, é manifestamente a uma situação desse tipo que os arts. 427.º e ss. CT vêm dar resposta. Como bem salienta BAPTISTA MACHADO, "o tribunal vai ter de apreciar se a relação contratual, depois de todas as perturbações por que passou e do clima conflituoso por estas criado nas relações entre as partes, e atendendo sobretudo à forma directa como são exercidos os podres de direcção pelo empregador (o que pressupõe, em regra, uma reduzida dimensão da empresa) se acha ou não inviabilizada. Concluirá pela afirmativa se tal relação, por virtude das violações cometidas por ambas as partes e da lógica conflituosa da retaliação que tal estado de coisas engendra, se acha tão duradoiramente perturbada que, *objectivamente* (do ponto de vista do terceiro imparcial) se deva ter por impossível (de todo improvável) uma frutuosa subsistência do vínculo obrigacional – ou um <<funcionamento>> normal desse vínculo no futuro"[63].

E o autor conclui que "à questão de saber se a substituição da relação laboral normal por uma relação de conflito pertinaz que destrói a própria base de subsistência daquela cabe no conceito de <<justa causa>> da cessação da relação contratual de trabalho utilizado pelo art. 53.º da

---

[62] A tese de que o art. 53.º da Constituição admite situações de justa causa objectiva e não apenas de justa causa subjectiva é claramente prevalecente na doutrina portuguesa. Cfr. BERNARDO LOBO XAVIER, *RDES* 31 (1989), p. 437, JOÃO BAPTISTA MACHADO, "Constitucionalidade da justa causa objectiva", na *RDES* 31 (1989), pp. 541-546, ANTÓNIO MENEZES CORDEIRO, *Manual*, pp. 811 e ss., e "Da cessação do contrato de trabalho por inadaptação do trabalhador perante a Constituição da República", na *RDES* 33 (1991), 3/4, pp. 369-421, BERNARDO XAVIER, *Curso*, pp. 483 e ss., PEDRO ROMANO MARTINEZ, *Direito*, p. 848, ANTÓNIO MONTEIRO FERNANDES, *Direito*, pp. 532 e ss. e PEDRO FURTADO MARTINS, *Cessação*, pp. 70 e ss.

No âmbito da jurisprudência do Tribunal Constitucional, depois do infeliz Ac. TC 107/88 (MONTEIRO DINIZ), em que, com base numa argumentação exclusivamente historicista, se negou a admissibilidade da justa causa objectiva, o Tribunal Constitucional veio a alterar a sua jurisprudência através do Ac. TC 64/91 (RIBEIRO MENDES), de 4 de Abril de 1991, publicado no Suplemento ao n.º 84 do D.R. I Série-A, de 11 de Abril de 1991, pp. 1978 (1) e ss.. A pp. 1978 (17) escreve-se que "deve entender-se que, ao lado da <<justa causa>> (disciplinar), a Constituição não vedou em absoluto ao legislador ordinário a consagração de certas causas de rescisão unilateral do contrato de trabalho pela entidade patronal com base em motivos objectivos, desde que as mesmas não derivem de culpa do empregador ou do trabalhador *e que tornem praticamente impossível a subsistência do vínculo laboral*".

[63] Cfr. BAPTISTA MACHADO, *RDES* 31 (1989), pp. 544-545.

CRP – não teremos qualquer dúvida em responder afirmativamente. Minada pelo <<conflito>> que se lhe sobrepõe e a inviabiliza, a relação contratual como que se autodestrói. Ao reconhecer esta extinção do suporte de viabilidade da relação, o tribunal limita-se a declarar como de direito aquilo que já é de facto uma ruptura insanável".

Pensamos que face a esta afirmação, fica claramente demonstrada a conformidade desta solução com a Constituição.

§ 5.º DA CONSTITUCIONALIDADE DO NOVO REGIME DE EXTINÇÃO E SUCESSÃO DE CONVENÇÕES COLECTIVAS

A) Apreciação geral

Analisemos agora a conformidade com a Constituição das disposições relativas à extinção e sucessão de convenções colectivas[64].

Antes de tudo, é necessário começar por referir que actualmente a LRCT bloqueou completamente o processo de negociação colectiva, na medida em que o seu art. 11.º, apesar de estabelecer um prazo de vigência para as convenções, determinava que estas só se extinguiriam se fossem substituídas por outras, mantendo assim obrigatoriamente as convenções num regime de sobrevigência até à sua substituição. No entanto, como as convenções só poderiam ser substituídas por outras globalmente mais favoráveis (art. 15.º LRCT), naturalmente que os empresários não negociariam espontaneamente novas convenções, até porque saberiam que teriam legalmente que perder essa negociação. Daí a paralisação da contratação colectiva que é hoje genericamente reconhecida[65].

---

[64] Sobre o actual regime da contratação colectiva, cfr. MENEZES CORDEIRO, *Manual*, pp. 231 e ss., PEDRO ROMANO MARTINEZ, *Direito*, pp. 967 e ss., BERNARDO XAVIER, *Curso*, pp. 244 e ss., MARIA DO ROSÁRIO RAMALHO, *Da autonomia*, pp. 799 e ss., MONTEIRO FERNANDES, *Direito*, pp. 699 e ss., JORGE LEITE, *Direito*, I, pp. 229 e ss., MÁRIO PINTO, *Direito*, pp. 287 e ss., JOSÉ BARROS MOURA, *A convenção colectiva entre as fontes de Direito do Trabalho*, Coimbra, Almedina, 1984, e LUÍS GONÇALVES DA SILVA, "Notas sobre a eficácia normativa das convenções colectivas", em PEDRO ROMANO MARTINEZ (coord.), *Estudos do Instituto de Direito do Trabalho*, I, Coimbra, Almedina, 2001, pp. 597-667.

[65] Cfr. ANTÓNIO MONTEIRO FERNANDES, "Revigorar o diálogo social", em ANTÓNIO MOREIRA (org.), *I Congresso Nacional de Direito do Trabalho (Memórias)*, Coimbra, Almedina, 1998, pp. 43-45 (44) que refere que "a contratação colectiva encontra-se numa

O Código do Trabalho, no seu art. 544.º, mantém uma sobrevigência mas limita-a no tempo, permitindo a denúncia por qualquer das partes após a vigência da convenção colectiva, mas estabelece que em caso de denúncia deverá ser celebrada nova convenção colectiva ou estabelecidos procedimentos de mediação, conciliação ou arbitragem. Para além disso, no seu art. 547.º veio abolir o denominado princípio do não retrocesso social ao consignar que a aprovação de uma nova convenção colectiva revoga integralmente a anterior, com excepção das matérias ressalvadas pelas partes, apenas não podendo a sucessão de convenções ser invocada para diminuir a protecção geral dos trabalhadores.

Deve-se dizer também que a solução instituída pela Proposta de Código do Trabalho tem perfeito paralelo nas legislação laborais que nos são mais próximas.

Assim, na legislação espanhola, o art. 86.º do Real Decreto Legislativo 1/1995 estabelece que os convénios vigoram por prazos de um ano após a extinção do seu prazo acordado mas podem a partir daí ser denunciados. Se forem denunciados, até que se atinja o acordo perdem vigência as cláusulas obrigacionais, sendo a sobrevigência do texto normativo estabelecida na própria convenção, apenas se mantendo este em vigor supletivamente se a convenção não disser o contrário.

Já o art. L. 132-6 do *Code du Travail* francês também estabelece que a convenção colectiva após o prazo de vigência só se transforma em convenção de duração indeterminada se ela não estipular o contrário, prevendo o art. L-132-8 que, em caso de duração indeterminada, a convenção pode ser denunciada, sendo estabelecida uma sobrevigência de um ano para a negociação de uma nova convenção. Se essa nova con-

---

situação verdadeiramente preocupante de ineficiência e de impasse; mais do que bloqueada, parece estar, como alguém já disse, agonizante". E acrescenta que "a situação descreve-se por uma fiada de lugares comuns: a esmagadora maioria dos processos negociais limita-se, hoje, aos reajustes salariais anuais, feitos directamente nas tabelas ou, menos às claras, no emaranhado das prestações complementares; em muitos sectores, os acordos obtidos não se apoiam em índices suficientes de representatividade sindical; a tensão estabelecida entre modernização/adaptabilidade, por um lado, e defesa de direitos adquiridos, por outro, gerou crispação, <<tabus>>, braços-de-ferro. E sobre isto vai ecoando o usual apelo à intervenção supletiva da Administração – ainda e sempre, o fascínio das soluções de secretaria". Vide ainda, do mesmo autor, "Reflexões sobre a negociação colectiva em Portugal", em ANTÓNIO MOREIRA (org.), *III Congresso Nacional de Direito do Trabalho. Memórias*, Coimbra, Almedina, 2001, pp. 225-233. Encontra-se uma referência ao número de convenções celebradas em FERNANDO RIBEIRO LOPES, "A contratação colectiva", em ANTÓNIO MOREIRA (org.), *I Congresso Nacional de Direito do Trabalho. Memórias*, Coimbra, Almedina, 1998, pp. 49-65.

venção não for celebrada a convenção extingue-se, apenas se prevendo que os trabalhadores abrangidos conservam as vantagens individuais que tenham adquirido durante a vigência da convenção.

Mais próxima da actual legislação portuguesa é a *Tarifvertragsgesetz* alemã de 1969 que também prevê no seu § 4, n.º 5 que o conteúdo normativo da convenção colectiva se mantém em vigor até ser substituída por uma nova convenção, prevendo, porém, no seu § 3.º que a parte obrigacional da convenção colectiva não tem qualquer sobrevigência.

É de notar que nenhuma destas legislações estabelece que a convenção colectiva só pode ser estabelecida por outra globalmente mais favorável, como temerariamente a nossa legislação veio fazer.

B) *A constitucionalidade do novo regime relativo à extinção de convenções*

Analisemos, no entanto, se pode considerar que das novas disposições resulte alguma infracção à Constituição.

A Constituição contém apenas duas normas relativas à contratação colectiva. A primeira consiste no art. 56.º, n.º 3, que estabelece que "compete às associações sindicais exercer o direito de contratação colectiva, o qual é garantido nos termos da lei" e a segunda no art. 56.º, n.º 4 que determina que "a lei estabelece as regras respeitantes à legitimidade da celebração das convenções colectivas de trabalho, bem como à eficácia das respectivas normas".

Verifica-se assim que a Constituição se limita a estabelecer a garantia do direito à contratação colectiva, deixando a regulação do exercício desse direito para o legislador, ao qual cabe ainda estabelecer a eficácia das normas resultantes da convenção. Conforme referem GOMES CANOTILHO e VITAL MOREIRA, a única coisa que a lei não pode é deixar de "garantir uma *reserva de convenção colectiva*, ou seja, um espaço não vedado à contratação colectiva. A lei não pode aniquilar o direito de contratação colectiva ocupando-se ela mesma da regulamentação das relações de trabalho em termos inderrogáveis por convenção colectiva"[66]. Mas logo a seguir acrescentam que "cabe, porém, à lei definir as regras sobre a eficácia material, temporal e espacial das normas das convenções colectivas"[67].

---

[66] Cfr. GOMES CANTILHO / VITAL MOREIRA, *op. cit.*, pp. 307-308.
[67] Cfr. GOMES CANOTILHO / VITAL MOREIRA, *op. cit.*, p. 308.

Não há assim qualquer previsão na Constituição de um âmbito temporal específico ou de regras relativas à sucessão de convenções, tendo o legislador constitucional delegado integralmente no legislador ordinário a faculdade de estabelecer esse regime.

Ora, a solução adoptada pela proposta de estabelecer a caducidade da convenção, instituindo uma sobrevigência limitada corresponde à solução legislativa mais adequada. Efectivamente, uma convenção colectiva de trabalho, na medida em que corresponde a um exercício da autonomia privada com carácter temporário, tem, por definição, que ser limitada no tempo, o que resulta do próprio prazo por que é estipulada. A imposição legal de uma sobrevigência da convenção colectiva já não pode basear-se na autonomia privada das partes, pelo que só pode admitir-se em termos limitados sob pena de já não estarmos perante um contrato, mas antes perante uma imposição (*Diktat*). Efectivamente, a essência da autonomia privada é que os vínculos não se estabelecem em termos definitivos, sob pena de a liberdade das partes ficar intoleravelmente sacrificada[68].

Por aqui já se vê que a limitação da sobrevigência das convenções colectivas em nada contende com a Constituição.

E também não nos parece que a possibilidade aberta pelo Código (art. 554.º CT) de instituir obrigatoriamente uma arbitragem para resolver os conflitos que resultem da celebração ou revisão colectiva de trabalho possa contender com a Constituição, por poder conduzir a uma genérica resolução administrativa dos conflitos colectivos[69]. Em primeiro lugar, é necessário salientar que esta faculdade já se encontra prevista no art. 35.º da actual LRCT, sem que esse receio alguma vez se tenha concretizado. Por outro lado, a previsão desta arbitragem obrigatória em

---

[68] Daí que alguma doutrina já fosse defendendo uma interpretação mais restritiva do art. 11.º, n.º 2 da LRCT, que a sobrevigência se limitaria a um conteúdo normativo mínimo e não à sua totalidade. Assim, MENEZES CORDEIRO, *Convenções colectivas de trabalho e alterações das circunstâncias*, Lisboa, Lex, 1995, p. 55, refere que "tal pós-eficácia *não pode, no entanto, ter a virtualidade de manter plenamente em vida um IRC que foi pensado e aceite pelas partes com um horizonte limitado:* de outro modo não haveria periodicidade nos IRC, já que qualquer parte interessada em contornar um denúncia mais não teria do que prolongar indefinidamente as negociações". Também LUÍS GONÇALVES DA SILVA, *op. cit.*, pp. 658 e ss., defende que a convenção anterior apenas se pode manter em vigor durante o período em que as partes negoceiam a sua revisão ou substituição. Cfr. ainda BERNARDO XAVIER, "Alguns pontos críticos das convenções colectivas de trabalho", em ANTÓNIO MOREIRA (org.), *II Congresso Nacional de Direito do Trabalho. Memórias*, Coimbra, Almedina, 1999, pp. 329-344.

[69] Como é defendido por JOSÉ JOÃO ABRANTES, *Parecer*, p. 40.

nada contende com o direito de contratação colectiva, uma vez que apenas se aplica quando esse direito não esteja a ser exercido devido aos conflitos que surgiram entre as partes, aparecendo assim como uma mera resolução a título subsidiário dos litígios que as partes não podem resolver em virtude da convenção. Por outro lado, a atribuição a uma entidade independente da competência para resolver os litígios entre as partes corresponde à forma mais adequada e comum de proceder a essa resolução, a qual inclusivamente encontra permissão expressa no art. 202.º, n.º 4, da Constituição.

Não há, assim, também qualquer problema de inconstitucionalidade nesta solução.

C) A constitucionalidade da eliminação da imposição de que a nova convenção seja globalmente mais favorável para os trabalhadores

Relativamente à derrogação do actual art. 15.º da LRCT pelo art. 547.º da proposta de Código do Trabalho, também não consideramos que haja aí qualquer violação da Constituição, designadamente por se ter deixado de aplicar um princípio do *favor laboratoris* em matéria de concorrência e sucessão de convenções colectivas[70].

A redacção do art. 15.º da LRCT correspondeu a uma caricata situação de optimismo irrealista, subjacente aos primeiros anos década de 70 do séc. XX, antes do primeiro choque do petróleo, em 1973[71]. Considerava-se na altura que a evolução do Direito do Trabalho apenas poderia ser susceptível de constituir um progresso social cada vez maior para os trabalhadores e daí a não permissão aos sindicatos de negociarem a

---

[70] Em geral sobre o princípio do *favor laboratoris*, a que modernamente se tem atribuído um alcance mais restrito, por se considerar que dele não resultam grandes consequências práticas, cfr. ANTÓNIO MENEZES CORDEIRO, "O princípio do tratamento mais favorável no Direito do Trabalho actual", em *DJ* 3 (1987-1988), pp. 111-139 e *Manual*, pp. 205 e ss. e 214 e ss., ROMANO MARTINEZ, *Direito*, pp. 217 e ss., BERNARDO XAVIER, *Curso*, pp. 253 e ss., ROSÁRIO RAMALHO, *Da autonomia*, pp. 926 e ss., ANTÓNIO MONTEIRO FERNANDES, *Direito*, pp. 114 e ss., e ANTÓNIO DE ARAÚJO, "Princípio «pro operario» e interpretação de normas juslaborais", na *RJ* 15 (1991), pp. 29-48

[71] Efectivamente, esta solução foi primeiramente introduzida pelo art. 5.º, n.º 1 do D.L. 49.212, de 28 de Agosto de 1969, na redacção dada pelo D.L. 492/70, de 22 de Outubro. Posteriormente, veja-se o art. 4.º, n.º 4 do D.L. 164-A/76, de 28 de Fevereiro, na redacção dada pelo D.L. n.º 886/76, de 29 de Dezembro.

redução das condições de trabalho, a menos que no quadro de uma situação geral globalmente mais favorável. Instituiu-se assim o mito do *garantismo laboral*, no âmbito do qual a ideia de um progresso constante das condições de trabalho assumiu especial relevo. A realidade cedo se encarregou de destruir este mito, levando à descoberta de que não é por existir na legislação uma imposição enfática de progresso nas condições laborais que esse progresso efectivamente se vai verificar, antes é a evolução positiva da situação económica que determina a melhoria das condições laborais[72].

Por outro lado, na negociação colectiva não se coloca qualquer necessidade de o Estado procurar assegurar o resultado final da contratação, a pretexto da protecção de uma parte mais fraca, o trabalhador. Efectivamente, o trabalhador pode ser a parte mais fraca no contrato individual de trabalho, mas numa convenção colectiva negociada entre associações sindicais e associações patronais, ambas as partes se encontram em pé de igualdade, não havendo qualquer constrangimento de uma das partes em relação à outra que a impeça de negociar livremente o que considera serem as melhores condições de trabalho. Se o fundamento da convenção colectiva é precisamente o de contrabalançar a desigualdade das partes na relação individual de trabalho, então é o próprio reconhecimento do direito de contratação colectiva que torna totalmente desnecessárias normas como a do art. 15.º LRCT.

Esse reconhecimento levou a que a doutrina portuguesa fosse procedendo a uma interpretação cada vez mais retritiva do art. 15.º da LRCT. Efectivamente, a defender-se que esta disposição consagrava a imposição a cada convenção colectiva de melhorar globalmente as condições dos trabalhadores, esta disposição consagraria o irrealizável[73]. Sempre que os trabalhadores se encontram em situação de crise económica perdem sem contrapartida vantagens na sua relação laboral, quanto mais não seja pela impossibilidade de aumentos salariais que compensem a inflação verificada. Impedir a redução dessas condições na contratação colectiva equivaleria a impedir que a contratação colectiva se pudesse adaptar à evolução económica, o que seguramente não pode ser o pretendido por lei.

---

[72] Cfr. MÁRIO PINTO, *RDES* 29 (1987), 4, pp. 436-437, e BERNARDO LOBO XAVIER, "Sucessão no tempo de Instrumentos de Regulamentação Colectiva e princípio do tratamento mais favorável", na *RDES* 29 (1987), 4, pp. 465-512 (495 e ss.).

[73] Neste sentido, cfr. BERNARDO LOBO XAVIER, *RDES* 29 (1987), 4, pp. 498 e ss., cujos argumentos acompanhamos.

A evolução doutrinária levou, assim, a interpretações restritivas do art. 15.º da LRCT. Em primeiro lugar, sustentou-se que a sucessão aqui referida teria que ocorrer entre instrumentos da mesma natureza, deixando de se colocar o problema se os instrumentos forem de natureza diferente[74], o que já restringe consideravelmente o âmbito deste artigo. Depois, referiu-se que ele pretenderia apenas evitar dúvidas quanto à sobrevigência de condições omitidas no novo quadro negocial, exigindo-se, na ausência de uma declaração de revogação, para que estas sejam reduzidas o carácter globalmente mais favorável do novo instrumento[75]. Depois, atribuiu-se a este preceito um cariz meramente formal, bastando para suprimir as vantagens uma cláusula de estilo, a referir que a convenção é globalmente mais favorável para os trabalhadores[76]. Finalmente, reconheceu-se, em termos mais realistas, que este artigo não poderia impedir que as partes em período de crise negociassem convenções colectivas menos favoráveis para os trabalhadores[77].

---

[74] Cfr. BERNARDO XAVIER, *RDES* 29 (1987), 4, pp. 504 e ss. e MONTEIRO FERNANDES, *Direito*, p. 787, nota (1).

[75] Neste sentido, BERNARDO LOBO XAVIER, *RDES* 29 (1987), 4, p. 502 que interpreta o preceito nos seguintes termos: *"salvo nos casos em que o IRCT revoga expressa ou implicitamente determinadas vantagens ou regalias, deve entender-se que estas condições anteriormente estabelecidas só podem dar-se como afectadas quando o novo IRCT se considere globalmente masu favorável para os trabalhadores"*.

[76] Assim, MENEZES CORDEIRO, "Dos conflitos temporais de instrumentos de regulamentação colectiva de trabalho", em AAVV, *Estudos em Memória do Professor Doutor João de Castro Mendes*, Lisboa, Lex, s.d., pp. 459-473 (464). Parece-nos ser também este o resultado da posição de MONTEIRO FERNANDES, *Direito*, pp. 786-787, quando refere: "Este enunciado tem um significado primário no que respeita à relação entre os conteúdos normativos de convenções que se sucedam: em princípio, uma convenção posterior não pode incorporar disposições menos favoráveis do que as que lhe correspondam no antecedente. O princípio admite, porém, desvio se as próprias partes, no clausulado da convenção, exprimirem o consenso de que ela é <<globalmente mais favorável>> do que a anterior".

[77] Neste sentido as lúcidas observações de PEDRO ROMANO MARTINEZ, *Direito*, p. 243 que refere que "do art. 15.º LRCT consta (......) um regra de conteúdo irrealista, cuja aplicação se pode apresentar problemática". Efectivamente, "há convenções colectivas que não estabelecem, globalmente, nenhuma melhoria, pois, perante uma conjuntura depressiva, não há outra solução senão aceitar uma redução das regalias, para evitar, designadamente um despedimento colectivo. Para além da suspensão de regalias constantes de convenções colectivas nas empresas em situação económica difícil (art. 5.º do Decreto-Lei n.º 353-H/77, de 29 de Agosto), frequentemente os sindicatos aceitam alterações em convenções colectivas de trabalho, incluindo condições menos favoráveis, para evitar a falência da empresa e um inerente despedimento dos trabalhadores". Veja-se ainda LUÍS GONÇALVES DA SILVA, *op. cit.*, pp. 664 e ss.

Chegados a este ponto, pouco sentido útil restará já do art. 15.º da LRCT, pelo que a sua eliminação pela Proposta de Código do Trabalho consistirá pura e simplesmente em expurgar do ordenamento jurídico um texto cujo sentido útil já tinha desaparecido.

Assim, a haver qualquer problema de desconformidade com a Constituição ele não residiria na revogação do art. 15.º, mas antes na manutenção da sua vigência. Efectivamente, se a Constituição garante aos sindicatos o direito à contratação colectiva (art. 56.º, n.º 3), naturalmente que tem que lhes permitir negociar livremente o conteúdo das convenções sem os vincular a um resultado específico[78]. E muito menos pode o art. 15.º LRCT pretender condicionar os instrumentos de regulamentação colectiva não negociais, uma vez que tal representaria uma intolerável restrição da competência regulamentar do Governo (art. 199.º c) da Constituição). Admitir que qualquer instrumento de regulamentação coelctiva, uma vez aprovado, pudesse limitar para o futuro o conteúdo de um intrumento de regulamentação colectiva posterior, seja ele de natureza negocial ou regulamentar, equivaleria a reconhecer que o art. 15.º da LRCT atribuiria aos instrumentos de regulamentação colectiva, após a sua emissão, o mesmo valor que um acto legislativo que estabelecesse limites mínimos, o que é expressamente vedado pelo art. 112.º, n.º 6 da Constituição[79].

E não é argumento contra este entendimento a invocação de um princípio de não retrocesso social, existente em matéria de direitos dos trabalhadores[80].

A existência ou não desse princípio é objecto de uma intensa discussão doutrinária, havendo autores que o aceitam (GOMES CANOTILHO e

---

[78] Merece citação o comentário de GOMES CANOTILHO/VITAL MOREIRA, *op. cit.*, p. 307, quando referem que o direito de contratação colectiva se analisa "materialmente em três aspectos: (a) direito à *liberdade negocial colectiva*, não estando os acordos colectivos sujeitos a autorizações ou homologações administrativas; (b) *direito à negociação colectiva*, ou seja, direito a que as entidades patronais não se recusem à negociação, o que requer garantias específicas, nomeadamente esquemas públicos sancionatórios da recusa patronal em negociar e contratar: (c) *direito à autonomia contratual colectiva*, não podendo deixar de haver um espaço aberto à disciplina contratual colectiva, o qual não pode ser aniquilado por via normativo-estadual". Efectivamente, o art. 15.º LRCT constitui aniquilação da contratação colectiva por via normativo-estadual.

[79] Cfr. BERNARDO LOBO XAVIER, *RDES* 29 (1987), 4, pp. 500 e nota (67).

[80] Sustentam a aplicação de um princípio de não retrocesso social neste âmbito, JORGE LEITE, *Direito*, p. 115 e JOSÉ BARROS MOURA, *A convenção*, pp. 182 e ss. e 204 e ss. Pronuncia-se contra ROMANO MARTINEZ, *Direito*, pp. 232 e ss. e 244.

Vital Moreira, Jorge Miranda, João Caupers)[81], e outros que o rejeitam (Manuel Afonso Vaz, Vieira de Andrade)[82], já tendo o Tribunal Constitucional no caso do *Serviço Nacional de Saúde* aceite a sua vigência[83]. No entanto, a verdade é que esse princípio não tem um alcance ilimitado, representando a proibição de se afectar para o futuro toda e qualquer regalia que se tenha obtido num período histórico específico. Efectivamente, mesmo os autores que defendem estes princípio reconhecem que "a 'proibição de retrocesso social' nada pode fazer contra as recessões e crises económicas (*reversibilidade fáctica*)" consistindo apenas na referência a que "o núcleo essencial dos direitos sociais já realizado e efectivado através de medidas legislativas ('lei da segurança social', 'lei do subsídio de desemprego', 'lei do serviço de saúde') deve considerar-se

---

[81] Defendem a sua existência Gomes Canotilho/Vital Moreira, *op. cit.*, p. 144, e Gomes Canotilho, *Constituição dirigente*, pp. 374 e ss. e *Direito*, pp. 338 e ss. considerando proibida qualquer evolução reaccionária da Constituição, já que os direitos sociais e económicos, onde se incluiriam os direitos dos trabalhadores, uma vez obtido um determinado grau da sua realização, passariam constituir um direito subjectivo adquirido, que não poderia ser modificado por lei posterior. No mesmo sentido, vide Jorge Miranda, *Manual*, IV, p. 397 e João Caupers, *Os direitos*, pp. 42 e ss.

[82] Em sentido oposto à existência de um princípio de não retrocesso, cfr., Manuel Afonso Vaz, *Lei e reserva de lei. A causa da lei na Constituição de 1976*, Porto, Universidade Católica, 1996, pp. 383 e ss. que considera que o nível de realização legislativa de um direito social não pode converter-se autonomamente numa dimensão constitucional material contra a vontade do legislador, uma vez que tal atentaria contra a reserva constitucional da função legislativa, que significa que por decisão constituinte o legislador tem liberdade constitutiva e autoreversibilidade onde a Constituição não reservou nem podia reservar o conteúdo material. Também José Carlos Vieira de Andrade, *Os direitos fundamentais na Constituição Portuguesa de 1976*, 2.ª ed., Coimbra, Almedina, 2001, pp. 390 e ss., salienta que o princípio da proibição do retrocesso social, ao restringir o legislador ordinário, equivaleria à elevação das medidas legais concretizadoras dos direitos sociais a direito constitucional. Ora, não sendo a Constituição um programa de governo, mas antes um sistema aberto, os preceitos relativos aos direitos sociais terão que permitir um espaço vasto para escolhas democráticas alternativas.

[83] Cfr. Ac. TC 39/84, de 13 de Abril (Vital Moreira), publicado no *D.R.* I Série, n.º 104, de 5 de Maio de 1984, pp. 1455 e ss. A pp. 1464, afirma-se que "a partir do momento em que o Estado cumpre (total ou parcialmente) as tarefas constitucionalmente impostas para realizar um direito social, o respeito constitucional deste deixa de consistir (ou deixa de consistir apenas) numa obrigação, positiva, para se transformar (ou passar também a ser) uma obrigação negatriva. O Estado, que estava obrigado a actuar para dar satisfação ao direito social, passa a estar obrigado a abster-se de atentar contra a realização dada ao direito social". Cfr., no entanto, as declarações de vencido de Costa Aroso, Cardoso da Costa e Messias Bento, a pp. 1465 e ss.

constitucionalmente garantido, sendo inconstitucionais quaisquer medidas estaduais que, sem a criação de outros esquemas alternativos ou compensatórios se traduzam, na prática, numa 'anulação', 'revogação' ou 'aniquilação' pura e simples desse núcleo essencial"[84]. E igualmente o Tribunal Constitucional admitiu que "uma nova lei pode vir alterá-los ou reformá-los, nos limites constitucionalmente admitidos, mas não pode vir extingui-los ou revogá-los"[85].

Ora, ao não se fazer depender a revogação de uma convenção colectiva da aprovação de outra globalmente mais favorável não se elimina o núcleo essencial de nenhum direito social, antes se deixa às associações sindicais e de empregadores a liberdade de estipulação entre elas do conteúdo das convenções colectivas, determinando a solução óbvia em Direito de que a convenção posteriormente celebrada revoga pura e simplesmente a anterior.

E, mesmo que por absurdo se defendesse que com essa solução o Código tinha vindo afectar o núcleo fundamental mínimo dos direitos dos trabalhadores – o que implicaria sustentar que esse núcleo mínimo de direitos não resultaria nem da Constituição, nem da lei, mas antes de convenções colectivas (!) – a verdade é que, conforme demonstrou PAULO OTERO, o princípio da proibição do retrocesso social não se pode aplicar às normas não resultantes de acto legislativo, sob pena de total subversão da hierarquia das fontes, em frontal contrariedade ao art. 112.º da Constituição[86]. Efectivamente, como já hoje dispõe o art. 6.º, n.º 1 b) LRCT, os instrumentos de regulamentação colectiva de trabalho não podem contrariar normas legais imperativas. Face ao art. 12.º da LCT, as leis prevalecem sobre as convenções colectivas, pelo que qualquer acto legislativo aprovado afecta as convenções colectivas anteriormente aprovadas se dispuser sobre a mesma matéria.

---

[84] Cfr. GOMES CANOTILHO, *Direito*, pp. 339-340. Também JORGE MIRANDA, *Manual*, IV, p. 397 afirma que a proibição do retrocesso não visa "revestir as normas legais concretizadoras da força jurídica própria das normas constitucionais ou elevar os direitos derivados a garantias institucionais. Essas normas continuam modificáveis como quaisquer outras normas ordinárias (…). Do que se trata é de, na vigência das mesmas normas constitucionais, impedir a abrogação pura e simples das normas legais que com elas formam uma unidade de sistema".

[85] Cfr. Ac. TC 39/84, de 13 de Abril (VITAL MOREIRA), publicado no *D.R.* I Série, n.º 104, de 5 de Maio de 1984, pp. 1455 e ss. (1465).

[86] Cfr. PAULO OTERO, *O poder de substituição em Direito Administrativo. Enquadramento dogmático-constitucional*, II, Lisboa, Lex, 1995, pp. 620 e ss.

Nada impede assim o legislador de disciplinar a vigência das convenções colectivas, conforme lhe é expressamente permitido pelo art. 56.º, n.º 4, da Constituição, podendo consequentemente estabelecer que a nova convenção revoga a anterior, independentemente do seu carácter globalmente mais favorável. Tal não significará naturalmente que as convenções existentes sejam substituídas por outras menos favoráveis aos trabalhadores, mas apenas que se deixam à negociação colectiva a regulação das condições de trabalho, sem constrangimentos quanto ao resultado final.

Seria difícil encontrar outro caso em que a conformidade constitucional de uma disposição legislativa resulte tão clara.

§ 6.º DA CONSTITUCIONALIDADE DO NOVO REGIME DE PRESTAÇÃO DE SERVIÇOS MÍNIMOS EM CASO DE GREVE

Nos arts. 584.º e ss. CT vem-se estabelecer a obrigação de prestação de serviços mínimos em caso de greve, e a forma como devem ser definidos esses serviços mínimos[87]. Em confronto com o art. 8.º da actual Lei da Greve (LG, Lei 65/77, de 26 de Agosto, alterada sucessivamente pela Lei 30/92, de 20 de Outubro, pela declaração de inconstitucionalidade resultante do Acórdão do Tribunal Constitucional n.º 868/96, de 4 de Julho de 1996, publicado no DR I Série-A n.º 240/96, de 16 de Outubro de 1996, pp. 3619 e ss e pela Lei n.º 118/99, de 1 de Agosto), verifica-se que as inovações consistem essencialmente no seguinte:

1. Aditamento de duas alíneas à enumeração exemplificativa do 8.º n.º 2 da LG passando agora o art. 584.º g) e i) CT a prever também "os serviços de atendimento ao público que assegurem a prestação de serviços essenciais" e o "transporte e segurança de valores mobiliários" e concretização da actual g) do art. 8.º, n.º 2 da LG relativa aos transportes, passando o art. 584.º h) CT a prever "transportes, incluindo portos, aeroportos, estações de caminhos

---

[87] Em geral sobre a greve, cfr. MENEZES CORDEIRO, *Manual*, pp. 357 e ss., ROMANO MARTINEZ, *Direito*, pp. 1041 e ss., BERNARDO XAVIER, *Direito da greve*, Lisboa, Verbo, 1984, e *Curso*, pp. 165 e ss., ROSÁRIO RAMALHO, *Lei da Greve Anotada*, Lisboa, Lex, 1994, MONTEIRO FERNANDES, *Direito de greve*, Coimbra, Almedina, 1982 e *Direito do Trabalho*, pp. 848 e ss., e MÁRIO PINTO, *Direito*, pp. 387 e ss.,

de ferro e de camionagem, relativos a passageiros, animais e géneros alimentares deterioráveis e a bens essenciais à economia nacional, abrangendo as respectivas cargas e descargas"
2. Clarificação da forma como devem ser definidos os serviços mínimos, atribuindo-a a instrumento de regulamentação colectiva de trabalho ou a acordo com os representantes dos trabalhadores, prevendo na sua falta a mediação do Ministério responsável pela área laboral e apenas no caso de não ser obtido um acordo a sua definição em despacho conjunto, devidamente fundamentado dos Ministros responsáveis pela área laboral e pelo sector de actividade, o qual deverá observar os princípios da necessidade adequação e proporcionalidade; em caso de empresa pertencente ao sector empresarial do Estado a falta de acordo na definição dos serviços mínimos é resolvida por um colégio arbitral de três árbitros (art. 585.º CT)
3. Esclarecimento de que os trabalhadores que prestam os serviços mínimos se mantêm sobre a autoridade e direcção do empregador para todos os efeitos, designadamente o pagamento da restribuição (art. 586.º CT).

Analisemos se algum destas inovações é susceptível de levantar alguma questão de inconstitucionalidade.

Antes de tudo é necessário começar por salientar que a obrigação de prestação de serviços mínimos durante a greve tem clara cobertura constitucional, na medida em que o art. 57.º, n.º 3 da Constituição refere que "a lei define as condições de prestação, durante a greve, de serviços necessários à segurança e manutenção de equipamentos e instalações, bem como de serviços mínimos indispensáveis para ocorrer à satisfação de necessidades sociais impreteríveis". Verifica-se, assim, que a Constituição não apenas prevê a obrigação de os trabalhadores grevistas prestarem serviços mínimos[88], como também remete para a lei ordinária as condições da sua prestação. Pode assim dizer-se que a Constituição autoriza o legislador ordinário a estabelecer as condições de prestação dos serviços mínimos.

---

[88] À semelhança do que faz, por exemplo, a Constituição espanhola (art. 28.º, n.º 2). Sobre a abundante jurisprudência do Tribunal Constitucional espanhol nesta matéria, cfr. FEDERICO DURÁN LÓPEZ, "Los derecho sindicales y la regulación de la huelga" em *Civitas. Revista española de Derecho del Trabajo* 39 (1989), pp. 377-388.

Há que referir que grande parte da alteração de regime instituída pela proposta do Código do Trabalho (concretização dos serviços mínimos relativos a transportes e esclarecimento da forma como são definidos os serviços mínimos) já tinha sido introduzida no nosso ordenamento jurídico pela Lei 30/92 de 20 de Outubro, que alterou o art. 8.º, n.º 2 g) e aditou-lhe novos números 5 a 9. Esta alteração foi objecto de declaração de inconstitucionalidade com força obrigatória geral pelo Acórdão do Tribunal Constitucional n.º 868/96 (TAVARES DA COSTA), de 4 de Julho de 1996[89], mas apenas por o Tribunal Constitucional ter considerado existir uma inconstitucionalidade formal, consistente na não votação na especialidade dessas alíneas pelo Parlamento. Em termos substanciais, o Tribunal Constitucional teve ocasião de se pronunciar sobre as mesmas alterações, através do Acórdão 289/92 (ASSUNÇÃO ESTEVES), de 2 de Setembro, publicado no D.R. II Série de 19 de Setembro, mas não vislumbrou qualquer inconstitucionalidade[90].

Efectivamente, parece bastante óbvia a integral harmonia do regime do art. 584.º CT com a Constituição. Conforme referem GOMES CANOTILHO/ /VITAL MOREIRA, sendo o direito à greve um direito constitucionalmente garantido, a verdade é que não deixa de ter limites imanentes em caso de *colisão de direitos*, por necessidade de defesa de outros direitos constitucionalmente protegidos (cfr. art. 18.º CRP), sendo isso que legitima "certos requisitos quanto ao processo de declaração e execução de greve, como sejam a imposição de *pré-aviso* e a definição de algumas *obrigações de trabalho* aos grevistas nas empresas ou estabelecimentos que se dediquem à satisfação de necessidades sociais impreteríveis (cfr. Lei 65/77, art. 8.º), desde que um e outras não sejam desproporcionados"[91].

Assim, a imposição de serviços mínimos para a satisfação de necessidades sociais impreteríveis aparece como óbvio limite imanente ao direito de greve, uma vez que a simples intenção de um trabalhador em aderir à greve não pode ter como efeito que necessidades sociais impreteríveis

---

[89] Cfr. Ac. TC n.º 868/96 (Tavares da Costa), de 16 de Outubro, publicado no D.R. I Série, n.º 240, de 16/10/1996, pp. 3619 e ss.
[90] Cfr. Ac. TC 289/92 (ASSUNÇÃO ESTEVES), de 2 de Setembro, publicado no D.R. II Série de 19 de Setembro, pp. 8834 e ss.
[91] Cfr. GOMES CANOTILHO/VITAL MOREIRA, *op. cit.*, p. 312. Também no sentido de que a constitucionalização do direito à greve não o transforma em direito absoluto, cfr. JUSTO LÓPEZ, "Significado de la constitucionalización del derecho de huelga" em *Civitas. Revista española de Derecho del Trabajo* 39 (1989), pp. 349-365.

fiquem por realizar[92]. Dado que essas representam direitos e interesses constitucionalmente protegidos, que prevalecem sobre o direito à greve, este apesar de se integrar entre os direitos, liberdades e garantias dos trabalhadores, pode ser restringido, desde que a restrição se limite "ao necessário para salvaguardar outros direitos ou interesses constitucionalmente protegidos" (art. 18.º, n.º 2 CRP), tendo as leis retritivas que "revestir carácter geral e abstracto e não podem ter efeito retroactivo nem diminuir a extensão e o alcance do conteúdo essencial dos preceitos constitucionais" (art. 18.º, n.º 3 CRP). Ora, essa restrição passa necessariamente pela imposição da obrigação de prestação de serviços mínimos aos trabalhadores grevistas, uma vez que não existe outra forma eficaz de resolver esse conflito entre direitos e interesses constitucionalmente protegidos[93].

O novo regime de prestação dos serviços mínimos reveste todas estas características. Efectivamente, mantém-se a sua aplicação exclusivamente em caso de necessidades sociais impreteríveis ou de segurança e manutenção do equipamento e instalações (art. 584.º CT); estabelece-se em termos equilibrados a forma da sua definição que é deixada a um acordo das partes, sendo que apenas na falta deste se prevê a sua definição em despacho ministerial, com observância dos princípios da necessidade, da adequação e da proporcionalidade.

Os serviços mínimos são assim definidos ou de forma concertada entre as partes ou de forma imparcial a qualquer delas, sendo neste caso expressamente exigida a necessidade, adequação e proporcionalidade na sua fixação. Sabendo-se que está em causa a salvaguarda de necessidades sociais impreteríveis, parece extremamente adequada e correcta esta forma de fixação[94]. E não se coloca qualquer problema de desvio ao

---

[92] Conforme refere JOSÉ JOÃO ABRANTES, "Greve, serviços mínimos e requisição civil", em ID, *Estudos de Direito do Trabalho*, Lisboa, AAFDL, 1992, pp. 127-149 (131), neste caso sobrepõe-se "o interesse *geral* da comunidade aos interesses *privados* de um grupo de trabalhadores".

[93] Conforme se refere no Ac 289/92 (ASSUNÇÃO ESTEVES), de 2 de Setembro, a pp. 8839, "não se diga que o direito à greve não está sujeito a restrições: o que não está sujeito a intervenção restrtiva do legislador é a delimitação dos interesses a defender através da greve (Constituição da República Portuguesa, artigo 57.º, n.º 2); foi esta a decisão do legislador constituinte em termos do programa normativo-constitucional da greve. O direito à greve está sujeito à reserva de lei restritiva, desde que a lei restritiva observe os pressupostos formais e materiais que a Constituição lhe impõe".

[94] Conforme refere MENEZES CORDEIRO, *Manual*, p. 390, "a satisfação das necessidades sociais impreteríveis visa o interesse da colectividade e não o do empregador; este, tal como os trabalhadores, fica legalmente investido no dever de assegurar essas necessidades".

princípio constitucional de reserva de lei, ao se permitir que os serviços mínimos sejam fixados por despacho com observância dos princípios da necessidade, adequação e proporcionalidade, conforme foi expressamente julgado pelo Tribunal Constitucional perante a idêntica solução anteriormente vigente[95].

Também não parece haver qualquer inconstitucionalidade na norma do art. 586.º CT ao prever que quer no caso de prestação de serviços mínimos, quer no caso de serviços necessários à segurança e manutenção do equipamento e instalações, os trabalhadores se mantêm sob a autoridade e direcção do empregador, na estrita medida do necessário à sua prestação. Esta solução é efectivamente a única possível e viável. Conforme bem salienta MENEZES CORDEIRO, "todos conservam, no decurso da greve, embora por imposição legal, as responsabilidades que lhes advenham da sua posição no processo produtivo. Assim, não parece admissível defender que as associações sindicais (...), venham assegurar, através

---

[95] Cfr. Ac. TC 289/92 (ASSUNÇÃO ESTEVES), a pp. 8841, cujos argumentos se transcrevem:

"A formulação da norma afigurar-se-á, à primeira vista, redundante: o dever de fundamentação expressa dos actos administrativos que afectem direitos ou interesses legalmente protegidos dos cidadão decorre já do artigo 268.º, n.º 3 da Constituição. Além disso, por força da eficácia geral e da aplicabilidade imediata das normas constitucionais sobre direitos, liberdades e garantias (Constituição da República Portuguesa, artigo 18.º), a Administração está directamente vinculada aos princípios da necessidade, adequação e proporcionalidade.

Ora, na norma (...) há-de reconhecer-se algo mais do que isso. A norma traça um *indirizzo* à autoridade administrativa *no sentido de estruturar a fundamentação do despacho de acordo com aqueles princípios*. O autor do despacho tem de explicar como é que aquele está observar os critérios de adequação, necessidade e proporcionalidade. A reiteração por lei destes critérios constitui ela própria *afixação de uma directiva* ou parâmetro legal do dever de fundamentar, parâmetro este que a natureza das coisas dificilmente permitiria que fosse mais determinado. Ao que acresce, no plano dos pressupostos fácticos, a indicação clara [...) das empresas ou estabelecimentos que se destinam à satisfação de necessidades sociais impreteríveis.

A motivação e justificação do acto administrativo haverá assim de explicitar directamente um princípio de concordância prática. A fundamentação é, aqui, fundamentação qualificada por critérios de adequação, necessidade e proporcionalidade. A expressa imposição legal destes critérios, perfeitamente definidos e delimitados na dogmática jurídico-constitucional, garante a eficácia do controlo contencioso – de anulação ou suspensão – do despacho conjunto de fixação dos serviços mínimos.

A solução em apreço não se desvia, pois, do princípio constitucional da reserva de lei. E não cabe ao Tribunal Constitucional conceber alternativas de escolha política que porventura o legislador pudesse nesta sede consagrar".

da sua direcção, as prestações de serviços mínimos (...). Se assim fosse, tudo se passaria à margem do contrato de trabalho (...) e, daí, fora da própria situação jurídica laboral. Tal esquema não pode ter sido querido pelo legislador, por ser impraticável: os sindicatos são associações profissionais de defesa de classe; não são empresas. Nenhuma greve teria, pois, a virtualidade de transformar sindicatos em entidades patronais, numa conjunção para que não estão apetrechados nem vocacionados e que, como é fácil imaginar, iria pôr em causa a sua liberdade e a sua independência. Em última análise, a direcção do empregador deve sempre manter-se"[96].

§ 7.º DA CONSTITUCIONALIDADE DA CLÁUSULA DE PAZ SOCIAL RELATIVA

No art. 592.º CT vem introduzir-se uma cláusula de paz social relativa, ao se prever que "para além das matérias referidas no n.º 1 do art. 585.º, pode a contratação colectiva estabelecer normas especiais relativas a procedimentos de resolução dos conflitos susceptíveis de determinar o recurso à greve, assim como limitações, durante a vigência do instrumento de regulamentação colectiva, à declaração de greve por parte dos sindicatos outorgantes por motivos relacionados com o conteúdo dessa convenção". Trata-se de uma solução nova, em relação ao actual enquadramento da LG, cujo art. 1.º, n.º 3, o qual refere singelamente que "o direito à greve é irrenunciável".

Nos termos da Constituição, o direito à greve constitui um dos direitos, liberdades e garantias dos trabalhadores, referindo o art. 57.º, n.º 1, que "é garantido o direito à greve" e o n.º 2 que "compete aos trabalhadores definir o âmbito de interesses a defender através da greve, não podendo a lei limitar este âmbito"[97]. Há, portanto, que analisar se daquela norma resulta de alguma forma afectada a garantia constitucional do direito à greve, por via da previsão legal de uma renúncia a esse mesmo direito, por parte dos representantes dos trabalhadores.

---

[96] Cfr. MENEZES CORDEIRO, *Manual*, p. 390. No mesmo sentido, ROMANO MARTINEZ, *Direito*, pp. 1090-1091.

[97] Sobre a natureza do direito à greve, que qualifica como uma liberdade constitucionalmente tutelada, cfr. ANTÓNIO MONTEIRO FERNANDES, "Reflexões sobre a natureza do direito à greve", em JORGE MIRANDA (org.), *Estudos sobre a Constituição*, Lisboa, Petrony, 1978, pp. 321-333. Cfr. ainda GOMES CANOTILHO / VITAL MOREIRA, *op. cit.*, p. 309.

É manifesto que os direitos, liberdades e garantias, tais como os direitos de personalidade não podem ser objecto de renúncia. É preciso, no entanto, referir que apenas se considera renúncia a extinção do direito por acto unilateral do seu titular. Admite-se, no entanto, que no âmbito da contratação, se estabeleçam limitações voluntárias ao exercício dos direitos de personalidade, as quais a lei considera válidas se não forem contrárias à ordem pública (art. 81.º, n.º 1 C.C.). Daí que a doutrina tenha considerado que, no âmbito dos direitos fundamentais, se não se admite a renúncia, é possível estabelecer limitações ao seu exercício, designadamente no âmbito da contratação privada[98].

Ora, é manifesto que no art. 592.º CT não se prevê qualquer renúncia ao direito à greve, mas apenas uma limitação contratualizada ao seu exercício. Os subscritores da convenção colectiva não perdem a possibilidade de declarar uma greve, mas apenas aceitam limitar o exercício desse direito no quadro da negociação de uma convenção. Neste enquadramento, o art. 592.º é perfeitamente legítimo, constituindo uma manifestação do princípio do respeito pelas convenções. Ora, se o art. 56.º, n.os 3 e 4 da Constituição assegura às associações sindicais o direito à negociação colectiva e garante a eficácia das respectivas normas, naturalmente que permitirá às associações sindicais negociar em que termos pode ser exercido o direito à greve durante a vigência da convenção.

Além disso, deve-se referir que a instituição desta cláusula de paz social relativa não constitui nenhuma novidade, nem em termos de Direito Comparado, nem sequer no âmbito do Direito Nacional.

No âmbito da doutrina e da jurisprudência italianas, tem-se admitido a validade das cláusulas de paz social, exigindo-se apenas que elas constem de declaração expressa, considerando-se que elas não afectam o cariz irrenunciável do direito à greve, uma vez que este, enquanto direito fundamental, coloca-se no plano individual, pertencendo aos trabalhadores individualmente considerados, ao passo que a convenção colectiva é celebrada pelos sindicatos, vinculando-os enquanto partes outorgantes. Assim, o sindicato pode vincular-se por declaração expressa a não declarar uma greve, respondendo por incumprimento se o fizer, o que não implica qualquer privação do direito dos trabalhadores à greve[99].

---

[98] Cfr. JORGE MIRANDA, *Manual*, IV, p. 357.

[99] Cfr. MÁRIO PINTO, *Direito*, Lisboa, Universidade Católica, 1996, pp. 292 e ss. e MONTEIRO FERNANDES, *Direito*, p. 752.

Na doutrina alemã, entende-se mesmo que um dever de paz social (*Friedenspflicht*) é inerente à celebração de qualquer convenção colectiva, uma vez que esta, no âmbito da sua eficácia normativa, desempenha uma função de paz social (*Friedensfunktion*). Aceita-se, por isso, que, no âmbito da eficácia obrigacional da convenção colectiva, esteja sempre implícita uma cláusula de paz social com carácter relativo, que obriga as associações sindicais e patronais subscritoras da convenção, impedindo-as de desenvolver lutas laborais, podendo ser responsabilizadas por incumprimento da convenção, caso o venham a fazer[100].

No âmbito do Direito Nacional já há precedentes de celebração de cláusulas de paz social relativa no âmbito de convenções colectivas[101]. Não admira, por isso, que a grande maioria dos autores portugueses, onde se incluem os nomes de MENEZES CORDEIRO, ROMANO MARTINEZ, MONTEIRO FERNANDES, e MÁRIO PINTO se pronuncie no sentido da admissibilidade da cláusula de paz social relativa, mesmo perante o actual enquadramento legislativo, considerando que esta não afecta em nenhuma medida a irrenunciabilidade do direito à greve[102].

Parece assim de concluir que a cláusula de paz social relativa em nada contende com a irrenunciabilidade do direito à greve e constitui um exercício normal do direito de negociação colectiva por parte das entidades sindicais e patronais. Não se colocam, assim, quaisquer problemas de inconstitucionalidade.

---

[100] Cfr. MÁRIO PINTO, *Direito*, pp. 295 e ss. e MONTEIRO FERNANDES, *Direito*, p. 751.

[101] Sirva de exemplo a convenção colectiva celebrada entre a Associação de Agentes de Navegação do Centro de Portugal outras e o SAP-Sindicato dos Trabalhadores Administrativos da Actividade Portuária, publicada no BTE I Série 28 de 29/7/1987, pp. 1179-1197 e o acordo da Lisnave, subscrito por sindicatos de ambas das centrais sindicais, não publicado oficialmente. Cfr. MENEZES CORDEIRO, *Manual*, p. 277, nota (5) e MÁRIO PINTO, *Direito*, p. 293.

[102] Neste sentido, cfr. MENEZES CORDEIRO, *Manual*, pp. 403-404, e *Convenções colectivas*, pp. 46 e ss., ROMANO MARTINEZ, *Direito*, pp. 979 e 1055, MONTEIRO FERNANDES, *Direito,* pp. 754 e ss., e MÁRIO PINTO, *Direito do Trabalho*, pp. 298-299. Em sentido contrário, ao que julgamos, apenas GOMES CANOTILHO / VITAL MOREIRA, *op. cit.*, p. 310, defendendo que da garantia constitucional do direito à grave resulta a imposição ao legislador de interditar as cláusulas contratuais anti-greve. Não se vê, porém, a que propósito deveria o legislador estabelecer esta limitação à negociação colectiva.

§ 8.º CONCLUSÕES

A análise realizada permite apresentar as seguintes conclusões principais:

UM -- A Constituição laboral portuguesa não pode actualmente ser interpretada com base no mesmo enquadramento que tinha em 1976, uma vez que as normas que a compõem sofreram uma evolução decorrente da alteração do enquadramento geral da Constituição económica e da recepção por Portugal da ordem jurídica comunitária.

DOIS – A redacção dos preceitos constitucionais de 1976 sofreu a influência de um modelo hiper-garantista da relação laboral, predominante até ao primeiro choque do petróleo, segundo o qual a situação jurídica dos trabalhadores beneficiaria de um progresso contínuo, que caberia ao Direito do Trabalho assegurar.

TRÊS – Esse modelo entrou em crise, a partir do momento em que se reconheceu que é a evolução da economia e não as normas jurídico-laborais que permite assegurar a melhoria de condições dos trabalhadores.

QUATRO – Torna-se, por isso, necessário assegurar que a legislação laboral não constitua um espartilho à evolução económica, instituindo-se uma maior flexibilidade na relação laboral.

CINCO – Uma reforma da legislação laboral é absolutamente necessária, não apenas por esse motivo, mas também porque o carácter arcaico, fragmentário e disperso da actual legislação laboral constitui um óbice ao seu pleno conhecimento por parte dos seus destinatários.

SEIS – A Proposta de Código do Trabalho que nos foi apresentada cumpre cabalmente o objectivo da reforma da legislção laboral, constituindo uma codificação no verdadeiro sentido do termo, que, mantendo-se extremamente equilibrada socialmente, não deixa de contemplar alguma evolução no sentido de uma maior flexibilização da rígida disciplina laboral.

SETE – Essa flexibilização limitada da relação laboral constitui uma opção do legislador ordinário, que não conflitua com a Constituição, mas até se pode pode considerar subjacente ao dever que lhe incumbe de promover a execução de políticas de pleno emprego (art. 58.º, n.º 2 a) da Constituição).

OITO – O regime da proposta relativamente ao contrato de trabalho a termo é conforme à evolução da legislação de outros países europeus, bem como à Directiva n.º 1999/70/CE, do Conselho de 28 de Junho de 1999 relativa ao Acordo-quadro CES, UNICE, CEEP sobre os contratos de trabalho a termo.

NOVE – O novo regime do contrato de trabalho a termo não levanta quaisquer problemas de constitucionalidade, uma vez que a celebração destes contratos é justificada pelas necessidades temporárias de trabalho que visam satisfazer, o que a lei vai controlar já que, além de se estabelecer inovatoriamente um limite máximo de seis anos e três renovações para o contrato de trabalho a termo certo, apenas se admite a sua celebração em determinadas situações, legalmente enumeradas.

DEZ – A proposta institui, em termos de mobilidade geográfica, temporal e funcional, um modelo equilibrado, que não permite uma total liberdade do empregador na definição do local, tempo e funções do trabalhador, mas também não consagra o total imobilismo desses factores, caso em que a consequência seria o total fracasso das empresas nacionais perante a cada vez maior concorrência internacional.

ONZE – Nesses temos, o regime da mobilidade geográfica, funcional e temporal é perfeitamente compatível com os arts. 59.º e 53.º da Constituição.

DOZE – O alargamento efectuado na enumeração exemplificativa das situações que integram o conceito de justa causa de despedimento (art. 385.º CT) corresponde a uma louvável medida de combate ao absentismo e não se mostra desconforme com o art. 53.º da Constituição, uma vez que qualquer das situações descritas constitui indubitavelmente uma justa causa de despedimento.

TREZE – A previsão de que, sendo o despedimento declarado ilícito por nulidade do procedimento, se poderá reiniciar o prazo interrompido para a instauração da acção, mas não mais do que uma vez (art. 425.º, n.º 2 CT), não contende com o art. 2.º da Constituição, uma vez que não se ofende o princípio da intangibilidade do caso julgado, já que uma decisão que não toma conhecimento da questão de fundo com fundamento em irregularidades formais não constitui caso julgado quando a essa mesma questão de fundo.

CATORZE – O reinício do prazo de prescrição instituído pelo art. 425.º, n.º 2 CT, não ofende a Constituição, uma vez que estando a decorrer o processo de impugnação do despedimento não há qualquer situação de confiança do trabalhador, que mereça ser tutelada através do instituto da prescrição da infracção laboral.

QUINZE – Em termos paralelos, também não se verifica qualquer inconstitucionalidade no facto de se prever no 434.º CT que, se a resolução for declarada inválida por nulidade do procedimento, o trabalhador possa, no prazo de trinta dias após o trânsito em julgado da decisão, corrigir o vício existente, não se aplicando, no entanto, este regime mais do que uma vez.

DEZASSEIS – A previsão nos arts. 427.º e 428.º, n.os 4 e 5, CT que, em certas relações laborais de grande proximidade entre o empregador e os trabalhadores, aquele se possa opor à reintegração do trabalhador com fundamento em que esta é gravemente prejudicial ou perturbadora da actividade empresarial, o que, a ser julgado procedente pelo tribunal, determina a substituição da reintegração por uma indemnização agravada, não se apresenta como desconforme com o art. 53.º da Constituição.

DEZASSETE: Efectivamente, o art. 53.º da Constituição admite claramente o despedimento em situações objectivas em que, mesmo sem culpa do trabalhador, a sua permanência na empresa se tenha tornado gravemente prejudicial ao seu funcionamento, o que constitui precisamente o critério que está subjacente ao art. 427.º CT.

DEZOITO: O novo regime de caducidade das convenções colectivas é perfeitamente conforme à Constituição, sendo expressamente permitido ao legislador fixar essa vigência, conforme determinam os arts. 56.º, n.os 3 e 4 da Constituição.

DEZANOVE: A eliminação da previsão, constante do art. 15.º da LRCT, de que uma nova convenção colectiva teria que ser globalmente mais favorável aos trabalhadores não se apresenta como desconforme à Constituição, dado que a essa disposição não se poderia atribuir um conteúdo útil, uma vez que atentaria contra o direito à negociação colectiva constitucionalmente garantido (art. 56.º, n.º 3 da Constituição).

VINTE: Independentemente de se considerar ou não existente um princípio de não retrocesso social em matéria de direitos dos trabalhadores, esse princípio limitar-se-ia a tutelar o núcleo essencial desses direitos, e dele não poderia resultar qualquer proibição de revogação do art. 15.º da LRCT, uma vez que tal implicaria dar às convenções colectivas força superior à de actos legislativos, subvertendo o art. 112.º da Constituição.

VINTE E UM: O novo regime de prestação dos serviços mínimos em caso de greve, instituído no art. 584.º CT, corresponde a uma solução equilibrada e cuja conformidade material com a Constituição já tinha sido reconhecida pelo Tribunal Constitucional, através do Acórdão 289/ /92 (Assunção Esteves), de 2 de Setembro, publicado no D.R. II Série de 19 de Setembro.

VINTE E DOIS: Efectivamente, a imposição de serviços mínimos para a satisfação de necessidades sociais impreteríveis aparece como óbvio limite imanente ao direito de greve, cabendo ao legislador assegurar uma forma equilibrada e imparcial de definir esses serviços mínimos, o que é adequadamente realizado.

VINTE E TRÊS: A cláusula de paz social relativa, instituída no art. 592.º CT, não constitui uma renúncia ao direito à greve, mas apenas uma limitação contratualizada ao seu exercício, a qual é perfeitamente comum no Direito Comparado e já tem precedentes no Direito Nacional.

VINTE E QUATRO: Assim, a disposição do art. 592.º é constitucionalmente legítima, constituindo uma manifestação do princípio do respeito pelas convenções, já que, se o art. 56.º, n.ºs 3 e 4 da Constituição assegura às associações sindicais o direito à negociação colectiva e garante a eficácia das respectivas normas, naturalmente que lhes permitirá negociar em que termos pode ser exercido o direito à greve durante a vigência da convenção.

VINTE E CINCO: Não se encontra assim na Proposta de Lei 29/IX (Código do Trabalho) qualquer desconformidade com a Constituição.

Tal é, salvo melhor juízo, o nosso parecer.

Lisboa, 22 de Dezembro de 2002

(Luís Menezes Leitão)

**NATUREZA JURÍDICA DA COMPENSAÇÃO
DECORRENTE DA CADUCIDADE
DO CONTRATO A TERMO
E SUA ELEGIBILIDADE NO ÂMBITO
DO FUNDO SOCIAL EUROPEU**

PARECER

SUMÁRIO: 1. CONSULTA. A – Enquadramento. B – Questões. 2. PARECER. § 1.º Introdução. § 2.º Enquadramento jurídico da elegibilidade das despesas no âmbito das operações financiadas pelo Fundo Social Europeu. § 3.º Determinação da natureza jurídica da compensação decorrente da caducidade do contrato a termo. § 4.º Determinação de quais as prestações que, no ordenamento nacional, conformam a noção jurídica de "encargos obrigatórios da entidade patronal". § 5.º Determinação do conceito de remuneração em face da fórmula "remuneração base mensal" e "outras prestações regulares e periódicas que integram a retribuição". § 6.º A questão da elegibilidade da compensação decorrente da caducidade do contrato de trabalho a termo no âmbito do Fundo Social Europeu. § 7.º Conclusões.

CONSULTA

A – ENQUADRAMENTO

I – Considerando as orientações de intervenção do Fundo Social Europeu (FSE), do Quadro Comunitário de Apoio III, para o período de 2000 a 2006, na definição do conjunto das linhas directrizes da política europeia e nacional para os recursos humanos.

II – Considerando a experiência colhida anteriormente e a adequação aos novos regulamentos comunitários tendo em vosta o reforço dos níveis de relevância, qualidade, eficácia e eficiência nas acções apoiadas por fundos públicos, nacionais e comunitários.

III – Considerando o conceito de elegibilidade decorrente do n.º 1 do art. 29.º do Decreto-Regulamentar n.º 12-A/2000, de 15 de Setembro, nos termos do qual são considerados custos elegíveis as despesas susceptíveis de financiamento nos termos da legislação comunitária e nacional relativa ao FSE e admissíveis no âmbito das intervenções operacionais.

IV – Considerando que o valor máximo elegível da remuneração dos formadores é calculado constante do n.º 1, do art. 17.º do Despacho Normativo n.º 42-B/2000, de 20 de Setembro (rbm x 14 meses/11 meses), em que *rbm* é definida como a "remuneração base mensal acrescida dos encargos obrigatórios da entidade patronal decorrentes da lei e dos instrumentos de regulamentação colectiva de trabalho, e de outras prestações regulares e periódicas documentalmente comprováveis e reflectidas na contabilidade da entidade patronal que integrem a remuneração".

B – QUESTÕES

Com base neste enquadramento, são-nos colocadas pelo Instituto de Gestão do Fundo Social Europeu as seguintes questões:

1 – Qual a natureza jurídica da compensação decorrente da caducidade do contrato a termo?

2 – Quais as prestações que, no ordenamento nacional, conformam a noção jurídica de "encargos obrigatórios" da entidade patronal?

3 – Qual a configuração dos conceitos de retribuição face às variáveis incluídas na referida fórmula "rbm", "remuneração base mensal" e "outras prestações regulares e periódicas que integrem a remuneração"?

4 – Deve-se concluir pela elegibilidade ou pela inegibilidade da compensação decorrente da caducidade do contrato a termo, no âmbito do FSE?

PARECER

§1.º INTRODUÇÃO

A presente consulta reconduz-se essencialmente à questão de averiguar se, no âmbito do Fundo Social Europeu, pode ou não considerar-se como elegível para efeitos de financiamento a compensação decorrente da caducidade do contrato a termo.

As outras questões apresentadas são meramente antecedentes desta questão principal, reconduzindo-se à determinação da natureza jurídica da compensação decorrente do contrato a termo, à determinação de quais as prestações que se podem considerar encargos obrigatórios da entidade patronal, e à configuração dos conceitos de retribuição, face às variáveis incluídas na referida fórmula "rbm", "remuneração base mensal", e "outras prestações regulares e periódicas que integrem a remuneração".

A análise jurídica que iremos efectuar procurará responder por essa ordem a todas as questões que nos são colocadas. Para esse efeito, é necessário, no entanto, começar por analisar os arts. 29.º, n.º 1 do Decreto Regulamentar, n.º 12-A/2000, de 15 de Setembro e 17.º, n.º 1, do Despacho Normativo n.º 42-B/2000, de 20 de Novembro, de acordo com o processo clássico de prévia descoberta da regra aplicável, a partir do exame da fonte, para depois se proceder à sua aplicação ao caso concreto.

§2.º ENQUADRAMENTO JURÍDICO DA ELIGIBILIDADE DAS DESPESAS NO ÂMBITO DAS OPERAÇÕES FINANCIADAS PELO FUNDO SOCIAL EUROPEU

O art. 29.º, n.º 1 do Decreto Regulamentar n.º 12-A/2000, de 15 de Setembro refere o seguinte:

> "Consideram-se custos elegíveis as despesas susceptíveis de financiamento nos termos da legislação comunitária e nacional relativa ao FSE e admissíveis no âmbito das intervenções operacionais".

Esta disposição é puramente remissiva, limitando-se a remeter genericamente para outras disposições nacionais e comunitárias, sem as quais não fica preenchido o seu conteúdo normativo. Entre estas disposições inclui-se o art. 30.º do Regulamento (CE) n.º 1260/1999 do Conselho de 21 de Junho de 1999 que estabelece disposições gerais sobre os Fundos estruturais. Nos termos do seu n.º 1, o critério relevante para a elegilibilidade da despesa é apenas o da sua integração na intervenção em causa, efectuando-se, no entanto, uma delimitação temporal que exclui, quer as despesas efectuadas pelo beneficiário antes da recepção pela Comissão do pedido de intervenção, quer as despesas efectuadas posteriormente à data limite de elegibilidade fixada na decisão de participação dos Fundos (art. 30.º, n.º 2 do Regulamento (CE) n.º 1260/1999). Não há, assim, neste âmbito uma definição específica em termos materiais do que constituem despesas elegíveis, referindo por isso o art. 30.º, n.º 3 do mesmo Regulamento que "as regras nacionais relevantes são aplicáveis às despesas elegíveis salvo se, em caso de necessidade, a Comissão estabelecer regras de elegibilidade de despesas, nos termos do n.º 2 do art. 53.º".

A Comissão deu seguimento a essa faculdade, estabelecendo através do Regulamento (CE), n.º 1685/2000 da Comissão, de 28 de Julho de 2000, regras relativas à elegibilidade de despesas, as quais constam do anexo a esse regulamento. Na parte, por este não abrangida, mantém-se por isso o recurso às leis nacionais.

Assim, a averiguação da elegibilidade da despesa, na parte não abrangida pelas regras constantes do Regulamento (CE), n.º 1685/2000, passa essencialmente pelas leis nacionais, no caso concreto, o art. 17.º, n.º 1 do Despacho Normativo n.º 42-B/2000, de 20 de Setembro, que dispõe o seguinte:

"O valor máximo elegível da remuneração dos formadores internos permanentes não pode exceder a remuneração a que esses formadores tenham direito, por força da sua relação laboral com a entidade titular do pedido de financiamento ou centros e estruturas de formação das mesmas, calculado de acordo com a seguinte fórmula:

$$\frac{Rbm * 14 \text{ (meses)}}{11 \text{ (meses)}}$$

em que:

Rbm = remuneração base mensal acrescida dos encargos obrigatórios da entidade patronal decorrentes da lei e dos instrumentos de regulamentação colectiva de trabalho, e de outras prestações regulares e periódicas documentalmente comprováveis e reflectidas na contabilidade da entidade patronal que integrem a remuneração".

Resulta assim desta norma que a legislação nacional estabelece neste âmbito como elegíveis as seguintes despesas:

a) a remuneração base mensal, que resulte da relação laboral estabelecida com a entidade patronal;
b) os encargos obrigatórios que a lei ou os instrumentos de regulamentação colectiva de trabalho imponham à entidade patronal por força do pagamento dessa remuneração base mensal;
c) outras prestações regulares e periódicas que integrem a remuneração.

§3.º DETERMINAÇÃO DA NATUREZA JURÍDICA DA COMPENSAÇÃO DECORRENTE DA CADUCIDADE DO CONTRATO A TERMO

A compensação pela caducidade do contrato de trabalho a termo certo encontra-se prevista no art. 46.º, n.º 3 do D.L. 64-A/89, de 27 de Fevereiro (LCCT), o qual dispõe que "a caducidade do contrato confere ao trabalhador o direito a uma compensação correspondente a três dias de remuneração base por cada mês completo de duração, calculada segundo a fórmula estabelecida no artigo 2.º do Decreto-Lei 69-A/87, de 9 de Fevereiro, não podendo ser inferior a um mês". A mesma solução vigora no âmbito do contrato a termo incerto, por força da remissão do art. 50.º, n.º 4 da LCCT. A lei deixa, no entanto, em aberto importantes questão de regime, como a de saber se a compensação apenas é devida quando a caducidade do contrato decorre da iniciativa da entidade patronal ou se também terá que ser paga quando a denúncia do contrato para o fim do termo resulta da iniciativa do próprio trabalhador[1]. A nosso ver, é a primeira solução a correcta, como aliás defende a maioria da doutrina.

---

[1] No sentido de apenas ser devida na primeira situação, cfr. Vítor Ferraz, "A estabilidade na relação laboral", em António Moreira (org.), *I Congresso Nacional de Direito do Trabalho. Memórias*, Coimbra, Almedina, 1998, pp. 345-364 (360), Paula Ponces Camanho, "Algumas reflexões sobre o regime jurídico do contrato de trabalho a termo", em AAVV, *Juris et de jure. Nos 20 anos da Faculdade de Direito da UCP – Porto*, Porto, UCP, 1998, pp. 969-986 (985) e Pedro Furtado Martins, *A cessação do contrato de trabalho*, Cascais, Principia, 1999, pp. 30-31. Generalizando a sua atribuição a todos os casos de cessação do contrato de trabalho a termo, apenas a considerando não devida quando o contrato passe a sem termo, veja-se António José Moreira, "Caducidade do contrato de trabalho a termo", em ID (org.), *IV Congresso Nacional de Direito*

A natureza jurídica da compensação pela caducidade do contrato a termo é um tema que não tem merecido grande atenção na nossa doutrina[2]. As referências doutrinárias a esta questão são por isso limitadas. É, no entanto, possível descortinar na doutrina três posições:

a) a compensação pela caducidade do contrato de trabalho corresponde a uma compensação ao trabalhador pela natureza precária do seu vínculo, visando-se através da sua concessão desincentivar a contratação a termo;

b) A compensação pelo caducidade do contrato de trabalho a termo corresponde a um prémio de fim de contrato;

c) A compensação pela caducidade do contrato de trabalho a termo tem uma natureza mista, desempenhando tanto as funções de compensação pela natureza precária do vínculo, como as de prémio de fim de contrato.

A primeira posição foi defendida, entre nós por MENEZES CORDEIRO para quem, com esta figura *"pretende-se dar um suplemento de tutela ao trabalhador contratado a termo e ainda, em geral, desincentivar a contratação precária"*[3]. A sua posição foi depois seguida por BERNARDO LOBO XAVIER[4], por JOSÉ JOÃO ABRANTES[5], e por PAULA PONCES CAMANHO[6].

A posição de que a caducidade do contrato de trabalho a termo corresponde a um prémio de fim do contrato, parece-nos ser defendida

---

de Trabalho (Memórias), Coimbra, Almedina, 2002, pp. 381-395 (386). Em *Compêndio de Leis do Trabalho,* 10.ª ed., Coimbra, Almedina, 2002, p. 512, nota (2), este autor reconhece, no entanto, que a sua posição entra em contradição com o art. 7.º, n.º 3, do D.L. 119/99, de 14 de Abril. Refere a questão sem tomar posição JOSÉ JOÃO ABRANTES, "Contrato de trabalho a termo", em PEDRO ROMANO MARTINEZ (org.), *Estudos do Instituto do Direito do Trabalho,* III, Coimbra, Almedina, 2002, pp. 155-178 (172-173, nota (63)).

[2] Não é feita referência detalhada a esta questão nas obras gerais de MENEZES CORDEIRO, *Manual de Direito do Trabalho,* Coimbra, Almedina, 1991, p. 638, PEDRO ROMANO MARTINEZ, *Direito do Trabalho,* Coimbra, Almedina, 2002, pp. 617 e ss. e 817 e ss. e MONTEIRO FERNANDES, *Direito do Trabalho,* 11.ª ed., Coimbra, Almedina, 2002, pp. 302 e ss.

[3] Cfr. MENEZES CORDEIRO, *Manual,* p. 639.

[4] Cfr. BERNARDO LOBO XAVIER, *Curso de Direito do Trabalho,* 2.ª ed., Lisboa, Verbo, 1993, p. 471.

[5] Cfr. JOSÉ JOÃO ABRANTES, *Direito do Trabalho. Ensaios,* Lisboa, Cosmos, 1995, p. 99

[6] Cfr. PAULA PONCES CAMANHO, "Algumas reflexões sobre o regime jurídico do contrato de trabalho a termo", em AAVV, *Juris et de jure. Nos 20 anos da Faculdade de Direito da UCP – Porto,* Porto, UCP, 1998, pp. 969-986 (985, nota 45).

por SÉRGIO GONÇALVES DO CABO, para quem a compensação pela caducidade do contrato de trabalho a termo "visa premiar o trabalhador pela disponibilidade da sua força de trabalho"[7].

A posição de que a compensação pela caducidade do contrato de trabalho a termo desempenha uma natureza mista foi defendida por ANTÓNIO JOSÉ MOREIRA, para quem "a natureza jurídica da compensação prevista nos arts. 46.º-3 e 50.º-4 da LCCT reveste carácter misto: visa compensar o trabalhador da natureza precária do vínculo, desincentivando o empregador da sua celebração com ânimo leve, e é, também, um prémio de fim de contrato"[8].

A nosso ver, a primeira posição é a correcta. Efectivamente, não nos parece que o objectivo do art. 46.º, n.º 3 e 50.º, n.º 4 da LCCT, seja o de premiar o trabalhador pelo fim do contrato. Trata-se antes de uma compensação pela natureza precária do vínculo que ele celebrou, através da qual se visa tornar mais onerosa para a entidade patronal a contratação a termo. A sua natureza é assim uma compensação pecuniária pela precariedade do vínculo laboral, que, no entanto, apenas se concretiza aquando da extinção da própria relação laboral por iniciativa da entidade patronal. A compensação surge assim como uma contrapartida da extinção da relação laboral por parte da entidade patronal, cuja ameaça esteve sempre presente em consequência da celebração de uma relação laboral precária.

§4.º DETERMINAÇÃO DE QUAIS AS PRESTAÇÕES, QUE NO ORDENAMENTO NACIONAL, CONFORMAM A NOÇÃO JURÍDICA DE "ENCARGOS OBRIGATÓRIOS DA ENTIDADE PATRONAL"

Em relação à determinação de quais as prestações que, no ordenamento nacional, conformam a noção jurídica de "encargos obrigatórios" da entidade patronal, haverá que começar por definir o que se entende por encargo. A definição é difícil pelo facto de a expressão "encargo" ser em Direito uma expressão polissémica. Em sentido privatístico, "encargo" é uma expressão sinónima de "modo" que se pode definir como uma

---

[7] Cfr. SÉRGIO GONÇALVES DO CABO, "O novo regime jurídico do contrato de trabalho a prazo" na *RJ* 15 (1991), pp. 56 e ss. (115).

[8] Cfr. ANTÓNIO JOSÉ MOREIRA, "A caducidade...", p. 386.

prestação acessória, enxertada num negócio jurídico a título gratuito, sendo esse o sentido com que a expressão vem referida no art. 963.º do Código Civil. Manifestamente, não é esta a designação que interessa para o caso em análise.

Em sentido mais genérico, porém, a expressão "encargo" significa *toda e qualquer prestação com expressão pecuniária* imposta ou realizada por determinado sujeito. É manifestamente esse o sentido em que a expressão aparece em disposições como os arts. 23.º e 42.º do Código do IRC.

Neste entendimento, quaisquer prestações com expressão pecuniária que a entidade patronal tenha que realizar em consequência do pagamento da remuneração base mensal poderão ser incluídas na noção de encargos obrigatórios da entidade patronal, designadamente os encargos fiscais e parafiscais, que o art. 23.º alínea f) do Código do I.R.C. inclui expressamente no conceito de "encargo".

Assim, a expressão "encargos obrigatórios da entidade patronal" abrangerá todas e quaisquer prestações com expressão pecuniária que a lei ou os instrumentos de regulamentação colectiva de trabalho imponham à entidade patronal por força do pagamento da remuneração base mensal, apenas se excluindo aqueles que não sejam admitidos pela legislação comunitária. Neste caso, e conforme referido na Regra n.º 7, anexa ao Regulamento (CE) da Comissão n.º 1685/2000, para além do caso do IVA, que obviamente não é devido nesta situação, "quaisquer outros impostos, contribuições ou taxas (nomeadamente impostos directos e contribuições para a segurança social sobre as remunerações) relativas às operações co-financiadas pelos Fundos estruturais não constituem despesas elegíveis, salvo se forem efectiva e definitivamente suportadas pelo beneficiário final ou pelo destinatário último".

Sendo esta a única restrição que existe estabelecida na legislação comunitária, parece que qualquer outro encargo que a entidade patronal tenha obrigatoriamente que suportar em consequência do pagamento da remuneração base mensal ao trabalhador se inserirá no âmbito desta situação. Esses encargos têm, no entanto, que ser referentes ao pagamento da remuneração base mensal, constituindo, consequentemente, acréscimos ou descontos à mesma, não sendo assim abrangidas situações que não sejam referentes a essa remuneração base.

§ 5.º DETERMINAÇÃO DO CONCEITO DE REMUNERAÇÃO EM FACE DA FÓRMULA "REMUNERAÇÃO BASE MENSAL" e "OUTRAS PRESTAÇÕES REGULARES E PERIÓDICAS QUE INTEGRAM A RETRIBUIÇÃO"

O conceito de remuneração é um dos mais importantes da dogmática laboral. Inclusivamente, segundo a *teoria da remuneração*, sustentada na Alemanha por SCHWERDTNER e defendida entre nós por MENEZES CORDEIRO[9] toda a relação laboral se explica através da remuneração, sendo, em consequência, consideradas como tal todas e quaisquer prestações do empregador a favor do trabalhador, incluindo deveres acessórios, como o dever de assistência e a própria formação profissional[10].

Na Lei do Contrato de Trabalho (LCT), aprovada pelo D.L. 49408 de 24 de Novembro de 1969 adopta-se, no entanto, outro conceito de remuneração. Assim, o art. 82.º, n.º 1, da LCT refere-se que "só se considera retribuição aquilo a que, nos termos do contrato, das normas que o regem ou dos usos, o trabalhador tem direito como contrapartida do seu trabalho". O n.º 2 acrescenta que "a retribuição compreende a remuneração de base e todas as outras prestações regulares e periódicas feitas, directa ou indirectamente, em dinheiro ou em espécie", referindo o n.º 3 que "até prova em contrário, presume-se constituir retribuição toda e qualquer prestação da entidade patronal ao trabalhador". No entender de MENEZES CORDEIRO, "*a diferença essencial [entre os conceitos amplo e restrito de remuneração] está na ideia de <<contrapartida>>: enquanto a remuneração em sentido amplo pode apresentar elementos que não operam como contrapartida clara do trabalho – p. ex., o direito à antiguidade correspondente ao período de suspensão ou de licença ou os deveres acessórios equivalentes a esse mesmo período – em sentido estrito essa equivalência aparece*".

A identidade de formulação adoptada entre a fórmula do art. 17.º, n.º 1 do Despacho Normativo n.º 42-B/2000, de 20 de Setembro, e o art. 82.º, n.º 2 da LCT leva a presumir que o critério da elegibilidade da remuneração toma por base o sentido restrito de retribuição, constante dos arts. 82.º e ss. da LCT. Assim, são elegíveis no âmbito do FSE, tanto a remuneração base paga aos formadores, como todas outras as prestações regulares e periódicas, feitas, directa ou indirectamente, em dinheiro

---

[9] Cfr. MENEZES CORDEIRO, *Manual*, p. 96.
[10] Cfr. MENEZES CORDEIRO, *Manual*, p. 717.

ou em espécie. Se, no entanto, a prestação não revestir natureza regular ou periódica, mas antes excepcional ou extraordinária, deixará de ser considerada elegível como remuneração. Por esse motivo, não serão em princípio elegíveis as remunerações de trabalho extraordinário (art. 86.º LCT), as ajudas de custo e outros abonos (art. 87.º LCT), as gratificações (art. 88.º LCT) e a participação nos lucros da empresa (art. 89.º LCT).

Há assim que concluir que os conceitos de "remuneração base mensal" e "outras prestações regulares e periódicas que integram a remuneração" referidos no art. 17.º, n.º 1 do Despacho Nomrativo n.º 42-b//2000, de 20 de Setembro, são idênticos ao conceito restrito de retribuição estabelecido nos arts. 82.º e ss. da LCT, excluindo assim todas as prestações que o trabalhador receba com carácter irregular ou extraordinário.

§ 6.º A QUESTÃO DA ELEGIBILIDADE DA COMPENSAÇÃO DECORRENTE DA CADUCIDADE DO CONTRATO DE TRABALHO A TERMO NO ÂMBITO DO FSE

Nos parágrafos anteriores procedemos à análise da natureza da compensação decorrente da caducidade do contrabo de trabalho a termo e dos conceitos de encargos obrigatórios da entidade patronal, bem como dos conceitos de remuneração referidos no art. 17.º, n.º 1 do Despacho Normativo n.º 42-B/2000, de 20 de Setembro. A análise efectuada permite-nos agora resolver a magna questão da elegibilidade da compensação decorrente da caducidade do contrato de trabalho a termo.

Já acima se salientou que a caducidade decorrente da celebração do contrato de trabalho a termo só poderia ser considerada elegível no âmbito do FSE se fosse enquadrável numa dos seguintes conceitos: o de "encargos obrigatórios da entidade patronal" ou o de "prestações regulares e periódicas que integram a remuneração".

Comecemos por averiguar se a compensação decorrente da caducidade do contrato de trabalho a termo se pode enquadrar na noção de "encargos obrigatórios da entidade patronal", referida nessa norma.

Conforme acima se referiu, a expressão "encargos obrigatórios da entidade patronal" abrange toda e qualquer prestação com expressão pecuniária, que o empregador venha a suportar em consequência do pagamento da remuneração base. Neste enquadramento, a compensação pela caducidade do contrato de trabalho a termo poderia ser à primeira vista aqui enquadrada, uma vez que corresponde, no fundo, a um acréscimo de três dias à remuneração base, que os arts. 46.º, n.º 3 e 50.º, n.º 4 da

LCCT impõem no caso de se optar por esta específica forma de relação laboral, que é o contrato de trabalho a termo.

Militam, no entanto, contra este enquadramento vários aspectos do regime da compensação pela caducidade do contrato de trabalho a termo. O primeiro é o facto de esta só ser devida quando a entidade patronal opta pela não renovação do contrato, pelo que naturalmente só nesse caso poderia ser elegível como custo. Efectivamente, não faria qualquer sentido que a entidade patronal pudesse considerar elegíveis custos que na verdade não suportou, pelo que nunca poderia reclamar essa compensação se na realidade não viesse a ter que a pagar ao trabalhador. Mas nesse enquadramento, dificilmente se poderá considerar ocorrer um encargo obrigatório da remuneração base mensal. Na verdade, o encargo obrigatório é antes consequência da não renovação do contrato de trabalho a termo, aparecendo assim como um ónus da decisão da entidade patronal de extinguir a relação laboral. Neste enquadramento não pode ser visto como um encargo obrigatório que acresce à remuneração base mensal por força da lei ou dos instrumentos de regulação colectiva de trabalho. Efectivamente, estes pressupõem a vigência da própria relação laboral, enquanto que a compensação pela caducidade do contrato de trabalho a termo é uma consequência da decisão de a extinguir.

Analisemos agora se a compensação pela caducidade do contrato de trabalho a termo se pode integrar no conceito de "prestações regulares e periódicas que integram a remuneração". Conforme se referiu, a mais moderna doutrina integra num cocneito amplo de remuneração toda e qualquer prestação a que o trabalhador tem direito e uma das posições em torno da natureza jurídica da compensação decorrente da caducidade do contrato de trabalho a termo vê nela mesmo um prémio de fim do contrato, admitindo o art. 88.º, n.º 2 da LCT que estes prémios possam integrar a remuneração se forem devidos por força do contrato ou das normas que o regem.

Não parece, porém, que a compensação decorrente da caducidade do contrato de trabalho a termo se possa considerar abrangida pelo conceito de "prestações regulares e periódicas que integram a remuneração". Efectivamente, apesar de a compensação pela caducidade do contrato de trabalho a termo ser calculada a partir da remuneração base mensal, como um acréscimo desta, tal não lhe atribui natureza regular e periódica, como a que possui a remuneração base mensal. Efectivamente, a compensação pela caducidade do contrato de trabalho a termo constitui uma única prestação e, se o seu conteúdo é delimitado em função do tempo de vigência do contrato, é manifesto que não possui as características de regularidade e periodicidade. Efectivamente, a característica da regularidade é afastada pelo facto de ser devida apenas em resultado de uma situação extraordinária que é a não renovação do contrato de trabalho a termo por iniciativa da entidade patronal. E a característica da periodicidade também não se verifica, uma vez que a prestação não é sucessivamente renovável, em períodos de tempo delimitados, mas antes devida uma única vez, em consequência da decisão da entidade patronal de não renovar o contrato de trabalho a termo.

A análise literal destes conceitos levam-nos a concluir assim pela não elegibilidade da compensação decorrente da caducidade do contrato de trabalho a termo. Tal não impediria, no entanto, que se viesse a concluir em sentido contrário, se se pudesse afirmar que, no âmbito da interpretação extensiva, o espírito da lei visa igualmente abranger essa solução. No entanto, a reconstituição do pensamento legislativo aponta igualmente no sentido da não elegibilidade da compensação decorrente da caducidade do contrato de trabalho a termo.

Efectivamente, contra a elegibilidade da compensação decorrente da caducidade do contrato de trabalho a termo no âmbito do FSE militam importantes razões teleológicas. Constituindo, conforme se referiu, a compensação decorrente da caducidade do contrato de trabalho a termo uma forma de desincentivar a contratação precária, tornando-a mais penosa para a entidade patronal em benefício do trabalhador, se se admitisse a sua elegibilidade como custo, naturalmente que o objectivo do legislador seria totalmente defraudado, dado que a entidade patronal deixaria de suportar qualquer ónus pelo facto de optar pela contratação a termo. Com isso se colocaria em causa o objectivo legislativo que preside a esta compensação, que é o de desincentivar a contratação a termo e a não renovação pela entidade patronal dos respectivos contratos.

Antes pelo contrário, ao se considerar elegível esta compensação, verificar-se-ia um fortíssimo estímulo à não renovação dos contratos a termo, pois sendo a elegibilidade dos custos no âmbito do FSE limitada a certo período temporal, naturalmente que a entidade patronal se sentiria estimulada a não renovar os contratos a termo durante o período de elegibilidade das despesas. Ora, seguramente que essa é uma solução que atenta contra o próprio objectivo da compensação pela caducidade do contrato de trabalho a termo, pelo que uma interpretação que tenha em consideração a unidade do sistema jurídico não a admitirá.

Há, portanto, que concluir pela não elegibilidade da compensação resultante da caducidade do contrato de trabalho a termo no âmbito do Fundo Social Europeu.

§7.º CONCLUSÕES

A análise realizada permite apresentar as seguintes conclusões:

UM – A compensação pela caducidade do contrato de trabalho a termo tem a natureza de uma compensação pecuniária pela precariedade do vínculo laboral, que, no entanto, apenas se concretiza aquando da extinção da própria relação laboral por iniciativa da entidade patronal.

DOIS – A noção de "encargos obrigatórios da entidade patronal" abrange qualquer prestação com expressão pecuniária que a entidade patronal tenha que realizar em consequência do pagamento da remuneração base mensal, tendo, porém, que constituir um acréscimo ou desconto a essa remuneração base.

TRÊS – Os conceitos de "remuneração base mensal" e "outras prestações regulares e periódicas que integram a remuneração" referidos no art. 17.º, n.º 1 do Despacho Nomrativo n.º 42-b/2000, de 20 de Setembro, são idênticos ao conceito restrito de retribuição estabelecido nos arts. 82.º e ss. da LCT, excluindo assim todas as prestações que o trabalhador receba com carácter irregular ou extraordinário.

QUATRO – A compensação pela caducidade do contrato de trabalho a termo, não se pode considerar um encargo obrigatório que a entidade patronal suporta em consequência do pagamento da remuneração base mensal, nem se integra no âmbito das prestações regulares e periódicas que integram a remuneração, não sendo consequentemente elegível no âmbito do FSE.

Tal é, salvo melhor juízo, o nosso parecer.

Lisboa, 4 de Novembro de 2002

(Luís Menezes Leitão)

ÍNDICE

I – ESTUDOS

A REPARAÇÃO DE DANOS EMERGENTES DE ACIDENTES DE TRABALHO 7

PARTE I – OS VÁRIOS SISTEMAS DE REPARAÇÃO DOS ACIDENTES DE TRABALHO 9

1. Generalidades 9
2. A responsabilidade civil como sistema de reparação dos acidentes de trabalho 11
   2.1. Pressuposto: a necessidade de um nexo de imputação 11
   2.2. A culpa como nexo de imputação 11
      2.2.1. Consequências deste sistema 11
      2.2.2. Consequências de qualificação de reparação dos acidentes de trabalho como responsabilidade delitual 14
      2.2.3. Consequências de qualificação da reparação dos acidentes de trabalho como responsabilidade obrigacional 14
      2.2.4. A teoria da inversão do ónus da prova 15
   2.3. O risco como nexo de imputação dos acidentes de trabalho 16
      2.3.1. Generalidades 16
      2.3.2. As diversas concepções do risco 18
      2.3.3. Consequências deste sistema 19
   2.4. Insuficiência da responsabilidade civil como sistema reparatório dos acidentes de trabalho 20
3. A Reparação do Acidente de Trabalho como dever emergente da relação de trabalho 21
4. A Reparação dos Acidentes de Trabalho através do Sistema da Segurança Social 22
   4.1. Generalidades 22
   4.2. Características deste sistema 23

PARTE II – A ACTUAL SOLUÇÃO DO DIREITO PORTUGUÊS 25

1. Pressupostos da reparação dos danos emergentes de acidentes de trabalho 25
   1.1. Generalidades 25

2. A categoria do trabalhador protegido 28
3. A causa do dano 29
4. A espécie do dano 32
5. Conclusão 35

PARTE III – CARACTERÍSTICAS E NATUREZA JURíDICA DA REPARAÇÃO DE DANOS EMERGENTES DE ACIDENTES DE TRABALHO 36

1. Generalidades 36
2. O Seguro obrigatório de responsabilidade 36
3. O carácter tarifário e limitado da reparação 39
4. A inalienabilidade, impenhorabilidade e imprescritibilidade dos créditos derivados de acidentes de trabalho 40
5. Conclusão: A natureza jurídica da reparação de danos emergentes de acidentes de trabalho 40

PARTE IV – O PROBLEMA DO CONCURSO DA RESPONSABILIDADE CIVIL COM A REPARAÇÃO DE DANOS EMERGENTES DE ACIDENTES DE TRABALHO 43

1. Posição do problema 43
2. A não cumulabilidade de indemnizações 44
3. O acidente de trabalho devido a dolo ou culpa da entidade patronal ou do seu representante 44
4. O acidente de trabalho causado por terceiros ou companheiros de trabalho 48
5. Conclusão 49

O PROCEDIMENTO ADMINISTRATIVO TRIBUTÁRIO DE LIQUIDAÇÃO E COBRANÇA DAS CONTRIBUIÇÕES PARA A SEGURANÇA SOCIAL   51

1. Introdução 53
2. O Direito da Segurança Social 53
3. Natureza das contribuições para a segurança social 54
4. O Procedimento de liquidação e cobrança das contribuições 56
    4.1. A aplicação do Código de Procedimento e Processo Tributário ... 56
    4.2. O procedimento tributário de liquidação e cobrança das contribuições   56
        A) A obrigação de comunicação de admissão de trabalhadores 56
        B) A obrigação de entrega da declaração de remunerações e pagamento das contribuições 61
        C) A liquidação oficiosa de contribuições 62
        D) A cobrança das contribuições 64

A TRIBUTAÇÃO DOS RENDIMENTOS DE TRABALHO DEPENDENTE EM IRS	65
1. Introdução	67
2. A incidência real da categoria A do IRS	67
2.1. Generalidades	67
2.2. O núcleo central da categoria A do IRS (art. 2º, nº1 C.I.R.S.)	68
2.2.1. Generalidades	68
2.2.2. Trabalho por conta de outrem, prestado ao abrigo de contrato individual de trabalho ou de outro a ele legalmente equiparado (art. 2º, nº1 a) C.I.R.S.)	68
2.2.3. Trabalho prestado ao abrigo de contrato de aquisição de serviços ou outro de idêntica natureza, sob a autoridade e direcção da pessoa ou entidade que ocupa a posição de sujeito activo na relação jurídica dele resultante (art. 2º, nº1 b) C.I.R.S.)	70
2.2.4. Exercício de função, serviço ou cargo público (art. 2º, nº1 c) C.I.R.S.)	71
2.2.5. Situações de pré-reforma, pré-aposentação ou reserva, com ou sem prestação de trabalho, bem como de prestações atribuídas, não importa a que título, antes de verificados os requisitos exigìveis nos regimes obrigatórios de segurança social aplicáveis para a passagem à situação de reforma, ou, mesmo que não subsista o contrato de trabalho, se mostrem subordinadas à condição de serem devidas até que tais requisitos se verifiquem, ainda que, em qualquer dos casos anteriormente previstos, sejam devidos por fundos de pensões ou outras entidades, que se substituam à entidade originariamente devedora (art. 2º, nº1 d) C.I.R.S.)	71
A) Pré-reforma	71
B) Pré-aposentação	72
C) Reserva	72
D) Prestações pagas antes de verificados os requisitos para a passagem à reforma	73
2.2.6. Natureza das remunerações abrangidas nesta sede	73
2.3. Situações periféricas introduzidas no âmbito da categoria A do IRS	74
2.3.1. Generalidades	74
2.3.2. Remunerações dos órgãos estatutários de gestão das pessoas colectivas e entidades equiparadas, com excepção dos que nela participem como revisores oficiais de contas (art. 2º, nº 3 a) C.I.R.S.)	74
2.3.3. Remunerações acessórias *(fringe benefits)*	74
2.3.4. Os abonos para falhas devidos a quem, no seu trabalho tenha que movimentar numerário na parte em que excedam 5% da remuneração mensal fixa (art. 2º, nº3 c) C.I.R.S)	82

2.3.5. As ajudas de custo e as importâncias auferidas pela utilização de automóvel próprio em serviço da entidade patronal, na parte em que ambas excedam os limites legais ou quando não sejam observados os pressupostos da sua atribuição aos servidores do Estado e as verbas para despesas de deslocação, viagens ou representação de que não tenham sido prestadas contas no termo do exercício fixa (art. 2º, nº3 d) C.I.R.S) 83

2.3.6. Quaisquer indemnizações resultantes da constituição, extinção ou modificação de relação jurídica que origine rendimentos de trabalho dependente, incluindo as que respeitem ao incumprimento das condições contratuais, ou sejam devidas pela mudança de local de trabalho fixa (art. 2º, nº 3 e) C.I.R.S), sem prejuízo do disposto no nº4 do art. 2º C.I.R.S 84

2.3.7. A quota-parte, acrescida dos descontos para a segurança social, que constituam encargo do beneficiário, devida a título de participação nas companhas de pesca aos pescadores que limitem a sua actuação à prestação de trabalho fixa (art. 2º, nº 3 f) C.I.R.S) 85

2.3.8. As gratificações auferidas pela prestação ou em razão da prestação de trabalho, quando não atribuídas pela entidade patronal (art. 2º, nº3 g) C.I.R.S) 86

2.3.9. Outras situações 86

3. Benefícios fiscais em sede da categoria A de IRS 86
4. A determinação da matéria colectável no âmbito da categoria A do IRS 87
5. Taxas e liquidação do imposto 88
6. Responsabilidade pelo pagamento do imposto 89

A PROTECÇÃO DOS DADOS PESSOAIS NO CONTRATO DE TRABALHO 91

1. Generalidades 93
2. A tutela da vida privada do trabalhador 94
3. A recolha de informações pela entidade patronal 95
4. A licitude do tratamento dos dados pessoais no âmbito da relação laboral 98
5. A excepção relativa aos dados sensíveis 99
6. O problema dos meios de vigilância electrónicos 101
7. O problema do contrôlo das comunicações na empresa 103
8. O problema da recolha de dados biométricos 105
9. Limitações ao registo de dados de justiça 105
10. Obrigação de notificação do tratamento dos dados e eventual controlo prévio pela CNPD 106
11. Conclusão 106

FORMAS DE CESSAÇÃO DO CONTRATO DE TRABALHO E PROCEDIMENTOS	107
1. Generalidades	109
2. A caducidade do contrato de trabalho	109
2.1. Verificação do termo	110
2.2. A impossibilidade superveniente, absoluta ou definitiva de o trabalhador prestar o seu trabalho ou de o empregador o receber	111
2.3. A reforma do trabalhador por velhice ou invalidez	112
3. A revogação do contrato de trabalho	113
4. A resolução do contrato de trabalho	114
4.1. Generalidades	114
4.2. Despedimento por facto imputável ao trabalhador	115
4.3. Despedimento colectivo	117
4.4. Despedimento por extinção do posto de trabalho	119
4.5. Despedimento por inadaptação	120
4.6. Resolução do contrato por iniciativa do trabalhador com fundamento em justa causa	120
5. A denúncia do contrato de trabalho	121

II – PARECERES

A CONFORMIDADE DA PROPOSTA DE LEI 29/IX (CÓDIGO DO TRABALHO) COM A CONSTITUIÇÃO DA REPÚBLICA PORTUGUESA	125
SUMÁRIO	127
CONSULTA	127
PARECER	129
§ 1.º Introdução	129
§ 2.º Da constitucionalidade do novo regime do contrato de trabalho a termo	138
§ 3.º Da constitucionalidade do novo regime da mobilidade geográfica, funcional e temporal	145
a) Mobilidade geográfica	146
b) Mobilidade temporal	148
c) Mobilidade funcional	150
§ 4.º Da constitucionalidade do novo regime da cessação do contrato de trabalho	153
A) A dilatação do conceito de justa causa de despedimento	154
B) A possibilidade de reiniciar o processo disciplinar se o despedimento vier a ser declarado ilícito por motivos formais	157

C) A possibilidade de, no caso de a resolução por iniciativa do trabalhador ser judicialmente declarada nula por razões formais, este possa no prazo de trinta dias corrigir o vício existente 159

D) A possibilidade de o despedimento não desencadear a reintegração do trabalhador da empresa 160

§ 5.º Da constitucionalidade do novo regime de extinção e sucessão de convenções colectivas 166

A) Apreciação geral 166

B) A constitucionalidade do novo regime relativo à extinção de convenções 168

C) A constitucionalidade da eliminação da imposição de que a nova convenção seja globalmente mais favorável para os trabalhadores 170

§ 6.º Da constitucionalidade do novo regime de prestação dos serviços mínimos em caso de greve 176

§ 7.º Da constitucionalidade da cláusula de paz social relativa 181

§ 8.º Conclusões 184

NATUREZA JURÍDICA DA COMPENSAÇÃO DECORRENTE DA CADUCIDADE DO CONTRATO A TERMO E SUA ELEGIBILIDADE NO ÂMBITO DO FUNDO SOCIAL EUROPEU 189

SUMÁRIO 191

CONSULTA 191

A – Enquadramento 191
B – Questões 192

PARECER 193

§ 1.º Introdução 193

§ 2.º Enquadramento jurídico da elegibilidade das despesas no âmbito das operações financiadas pelo Fundo Social Europeu 193

§ 3.º Determinação da natureza jurídica da compensação decorrente da caducidade do contrato a termo 195

§ 4.º Determinação de quais as prestações que, no ordenamento nacional, conformam a noção jurídica de "encargos obrigatórios da entidade patronal" 197

§ 5.º Determinação do conceito de remuneração em face da fórmula "remuneração base mensal" e "outras prestações regulares e periódicas que integram a retribuição" 199

§ 6.º A questão da elegibilidade da compensação decorrente da caducidade do contrato de trabalho a termo no âmbito do Fundo Social Europeu 200

§ 7.º Conclusões 203